市民後見人養成講座

1 成年後見制度の位置づけと権利擁護

第3版

公益社団法人 成年後見センター・リーガルサポート 編

発行 民事法研究会

第３版の発刊にあたって

公益社団法人成年後見センター・リーガルサポート　理事長　矢頭　範之

　平成28年４月に「成年後見制度の利用の促進に関する法律」が成立し、平成29年３月に、①利用者がメリットを実感できる制度・運用の改善、②権利擁護支援の地域連携ネットワークづくり、③不正防止の徹底と利用しやすさとの調和の３点をポイントとして掲げた５か年計画を期間とする「成年後見制度利用促進基本計画」が定められました。

　そして今般、５か年の中間年度である令和２年３月に「成年後見制度利用促進基本計画に係る中間検証報告書」がとりまとめられました。

　この中間検証報告書においては、「市民後見人の育成に取り組んでいる市区町村は、全体の約４分の１にとどまり、育成研修の修了者数に占める後見人等の受任者数の割合も１割程度にとどまるなど、市民後見人が十分に育成・活用できていない状況である」と指摘されています。

　特に、人口規模が小さい市町村において成年後見人等の担い手が少ないとされていることから、小規模市町村において市民後見人の養成・活用事業が可能となるよう、都道府県が広域市町村による取組みを進めることや法人後見の活用等の適切な支援を行う必要があります。

　また、厚生労働省が公表した「成年後見制度利用促進施策に係る取組状況調査結果（令和２年２月27日付）」によると、市民後見人の養成事業により市民後見人として登録された人数が平成31年４月１日現在で6999人であるのに対し、そのうちの成年後見人等の受任者数は1430人にすぎません。つまりせっかく養成されたにもかかわらず約８割の方が受任できていない状態です。

　よって今後は、より市民後見人が活用されるよう、更なる市町村と家庭裁判所との更なる連携と中核機関等の整備とその機能の充実を進めていくことが肝要です。

　自治体による市民後見人関連事業の嚆矢である東京都が「成年後見活用あんしん生活創造事業」を開始して15年を経ていますが、上記のとおり市民後見人の養成と活用についてはいまだ多くの課題を抱えています。

　このような中、今般刊行する第３版では、民法および介護保険法の改正を網羅するとともに、各地の成年後見制度利用促進の取組みを踏まえ、今後の市民後見人の養成と活用がさらに促進されることを念頭に置き編集いたしました。

　本書は、市民後見人の養成の場面で活用されるほか、市民後見人が本書を傍らに置き、担当する成年後見事務において立ち止まって確認していただくような利用方法を想定しています。

　熱意あふれる市民後見人の皆さまが、その特性を活かし、全国すべての地域で必要な見識と責任をもって活躍され、成年後見制度の利用者がメリットを実感できる制度運用の一翼を担っていただけるよう、また本書がその一助となれるよう祈念しております。　　　　　　　　　　　　　　　　　　　　〈令和2年5月〉

《編者》

公益社団法人成年後見センター・リーガルサポート

〈編集担当〉〔50音順〕

秋浦良子、荒早苗、稲岡秀之、稲田眞紀、井上広子、大貫正男、大貫結子、梶田美穂、木村一美、田中智子、中澤明、中野篤子、西川浩之、芳賀裕、本多絵美、松井秀樹、松内邦博、松本恵子、宮崎彩織、矢頭範之、山崎貴子、山﨑政俊、山竹葉子、吉田崇子、吉田剛、和田佳人

《第1巻執筆者（50音順）》

青木　佳史（弁護士、日本弁護士連合会高齢者・障害者権利支援センター）

秋浦　良子（司法書士、リーガルサポート）

新井　誠（中央大学教授）

井上　広子（司法書士、リーガルサポート）

太田　章子（最高裁判所事務総局家庭局付）

大貫　正男（司法書士、リーガルサポート）

小澤　吉徳（司法書士、日本司法書士会連合会）

小田　誉太郎（最高裁判所事務総局家庭局付）

梶田　美穂（司法書士、リーガルサポート）

上山　泰（新潟大学教授）

公益社団法人日本社会福祉士会

公益社団法人日本精神保健福祉士協会クローバー運営委員会

厚生労働省社会・援護局障害保健福祉部障害福祉課地域生活支援推進室

厚生労働省社会・援護局地域福祉課成年後見制度利用促進室

厚生労働省老健局総務課認知症施策推進室

隈本　武（司法書士、リーガルサポート）

小島　浩（公証人）

小林　祥之（法務省民事局民事第一課後見登録係長）

社会福祉法人全国社会福祉協議会地域福祉部

関哉　直人（弁護士・日本弁護士連合会高齢者・障害者権利支援センター）

高橋　隆晋（司法書士、リーガルサポート）

竹下　慶（法務省民事局付兼登記所適正配置対策室長）

利谷　信義（東京大学名誉教授）

西川　浩之（司法書士、リーガルサポート）

芳賀　裕（司法書士、リーガルサポート）

松本　恵子（司法書士、リーガルサポート）

矢頭　範之（司法書士、リーガルサポート）

※利谷信義先生は令和元年8月19日に逝去されました。謹んでお悔やみ申し上げます。

参考

凡例

《法令》

医療観察法	心神喪失等の状態で重大な他害行為を行った者の医療及び観察等に関する法律
後見登記法	後見登記等に関する法律
憲法	日本国憲法
高齢者虐待防止法	高齢者虐待の防止、高齢者の養護者に対する支援等に関する法律
高齢者住まい法	高齢者の居住の安定確保に関する法律
障害者虐待防止法	障害者虐待の防止、障害者の養護者に対する支援等に関する法律
障害者雇用促進法	障害者の雇用の促進等に関する法律
障害者差別解消法	障害を理由とする差別の解消に関する法律
障害者総合支援法	障害者の日常生活及び社会生活を総合的に支援するための法律
精神保健福祉法	精神保健及び精神障害者福祉に関する法律
成年後見制度利用促進法	成年後見制度の利用の促進に関する法律
特定商取引法	特定商取引に関する法律
任意後見契約法	任意後見契約に関する法律
年金時効特例法	厚生年金保険の保険給付及び国民年金の給付に係る時効の特例等に関する法律
年金確保支援法	国民年金及び企業年金等による高齢期における所得の確保を支援するための国民年金法等の一部を改正する法律
ハーグ条約	国際的な子の奪取の民事上の側面に関する条約

《団体》

リーガルサポート	公益社団法人成年後見センター・リーガルサポート

《その他》

後見人	成年後見人、保佐人、補助人の総称
被後見人	成年被後見人、被保佐人、被補助人の総称
監督人	成年後見監督人、保佐監督人、補助監督人、任意後見監督人の総称
成年後見支援センター（中核機関）	市民後見事業を実施する後見実施機関
NPO法人	特定非営利活動法人

序章

市民後見人のすすめ

●この章で学ぶこと●

市民後見人が求められるに至った社会的背景を学習するとともに、親族後見人や専門職後見人との違い、さらには後見活動が一般的なボランティア活動とは違う面があることを学習します。

また、成年後見制度利用促進法における市民後見人の位置づけについても学習します。

序
章

1　はじめに

　成年後見制度は、認知症高齢者、知的障害者、精神障害者など、判断能力の不十分な人々に対し、後見人を選任するなどして、本人の権利や財産が侵害されることのないように、法律面や生活面で社会が支援するという権利擁護のしくみです。そして、この成年後見制度における最も基本的な担い手が、後見人です。家庭裁判所の審判によって選任された後見人は、本人の財産管理および身上保護に関する事務を行い、本人の権利や財産を守るために全力で活動することになるからです。後見人は、まさに「制度の要」であり、本人と並んで「主役」の役割を果たします。ですから、成年後見制度がうまく機能するかどうかは、本人にふさわしい後見人をいかに得られるか、という点にかかっています。もし、本人にふさわしい後見人が得られなければ、本人の権利や財産を守るという目的は絵に描いた餅となってしまいます。適正な後見人を養成し、確保することが、成年後見制度の最大の課題であるといっても決して過言ではないのです。

　急速に進む高齢化や核家族化の中で、医療や介護などの利用契約を結べない、消費者被害や詐欺の標的にされている、家族等から預金や年金を取り上げられる、暴力を受けるなどの虐待にあっている等、成年後見制度の利用が必要かもしれないケースが増加しています。

　従来、こうした問題を解決していく担い手として親族後見人や司法書士、弁護士、社会福祉士等の専門職後見人などが中心となり、その役割を果たしてきました。しかし今、適正な後見人の確保は、このような従来の後見人の枠組みだけではもはや太刀打ちできない本質的な課題であることがわかってきました。そこで、本人の心身の状態や生活状況を把握することが容易な一般市民の参加に期待が高まってきたのです。同じ地域で暮らす住民同士ならばきめ細かい支援ができ、そのことにより地域に助け合いの輪ができ、そして地域も活性化につながるのでは、という願いです。

2　市民後見人の新たな位置づけ

　一般の市民の方が研修を経て、「市民後見人」になれば、専門職にない資質を発揮できるのでは、という大きな構想から、平成28年4月8日に成立した「成年後見制度の利用の促進に関する法律」（成年後見制度利用促進法）において市民後

見人について明確な位置づけがなされています。

民法843条（成年後見人の選任）では、単に「職権で、成年後見人を選任する」となっているものを、成年後見制度利用促進法３条２項では、具体的に、育成・確保・活用等と踏み込んだ表現となっています。また、「市民の中から成年後見人等」は、市民後見人を指していますが、同法11条８号の成年後見人一般と区別し、市民後見人を基本理念の３本の柱の１つとして特別に位置づけていることが注目されます。

成年後見制度利用促進法は、市民後見人の意義を次のように明らかにしています。

第１に、市民後見人を、「認知症、知的障害その他の精神障害があることにより財産の管理又は日常生活等に支障がある者を社会全体で支え合う」、地域「共生社会の実現」に資するような重要な担い手としてとらえ、そのシンボルとして特別の地位を与えています。

前述したように、後見人は本人の権利や財産を守り、権利が侵害されたら救うという権利擁護の担い手ですが、市民後見人には権利擁護だけでなく、地域共生社会の担い手という２つの性格をもつ人材として位置づけたのです。同じ住民同士、「支え手側」と「受け手側」という関係を超えて支え合い、本人の意思や生き方を尊重する社会を創っていく主体としての意味が込められています。

第２に、市民後見人を支え合う社会をつくる新たな「専門（職）後見人」として位置づけを試みているように考えられます。今までの専門職後見人は「地域共生社会の実現」というよりは、権利擁護の担い手としての役割が求められていますが、市民後見人には前述のように２つの役割が求められ、その特性に市民後見人にしか果たせない専門職というべき独自性と専門性があると考えられます。市民後見人を「専門（職）後見人」として位置づけるなら、やや閉塞感が漂う成年後見制度に新しいムーブメントが生起するきざしを予測します。社会はこれをどう迎い入れるのか、地域共生社会の創造に向けた試金石となります。

第３に、行政、家庭裁判所、社会福祉協議会等の体制整備が確実に進むと思われます。市民後見人が安心して活動するためには、行政、家庭裁判所等が継続的にサポートするしくみが不可欠です。主として、成年後見制度利用促進法に基づく成年後見制度利用促進基本計画で示された中核機関や社会福祉協議会等がその役割を果たすことになりますが、研修プログラムが提供され、受任後も継続して支援が受けられる体制が整備されるものと思われます。

市民後見人がこれまでの経験を活かして安心して活躍できる舞台が用意される

方向にあり、市民後見人は、いわば「第2のスタートを踏み出した」といえます。

　本章では、影も形もない時代からスタートし、徐々にその活動が評価され、今やなくてはならない担い手とされている市民後見人について、発展してきた経緯・背景などを述べ、そのうえで、市民のみなさまに、ぜひ市民後見人をおすすめしたいと考えます。

≪参考≫　成年後見制度利用促進法

（基本理念）第3条

1　（略）

2　成年後見制度の利用の促進は、成年後見制度の利用に係る需要を適切に把握すること、市民の中から成年後見人等の候補者を育成しその活用を図ることを通じて成年後見人等となる人材を十分に確保すること等により、地域における需要に的確に対応することを旨として行われるものとする。

3　（略）

（基本方針）第11条

1　成年後見制度の利用の促進に関する施策は、成年後見制度の利用者の権利利益の保護に関する国際的動向を踏まえるとともに、高齢者、障害者等の福祉に関する施策との有機的な連携を図りつつ、次に掲げる基本方針に基づき、推進されるものとする。

一～七　（略）

八　地域において成年後見人等となる人材を確保するため、成年後見人等又はその候補者に対する研修の機会の確保並びに必要な情報の提供、相談の実施及び助言、成年後見人等に対する報酬の支払の助成その他の成年後見人等又はその候補者に対する支援の充実を図るために必要な措置を講ずること。

九～十一　（略）

3　第三者後見人＝専門職後見人の時代

　話はさかのぼりますが、平成17年頃、成年後見の利用件数が増加することに伴い、制度の根幹にかかわる大きな課題が指摘されるようになりました。それは、「後見人不足」です。

　後見人といえば、一般的にはまず親族を思い浮かべますが、身寄りがない、疎遠であるなどの理由で、親族の中から信頼できる後見人が容易に見つからないケースが増えてきました。親族の中から見つからなければ、第三者後見人から選択することになります。成年後見制度がスタートした頃は、親族以外の後見人（第

三者後見人）といえば、司法書士、弁護士、社会福祉士などの専門職後見人を指していました。しかし、成年後見の利用件数が増加するにつれて、将来の見通しとして、その専門職後見人が不足することが予想されました。リーガルサポートが改善提言を公表した平成17年当時、後見人に選任されている専門職後見人は、多く見積もっても9000人程度でした。そして、その9000人は、すでに複数の事案の後見人として活動しており、さらに毎年、新しい事案が増えて蓄積していくため、長期的には新しい事案を受任するだけの受け皿が不足する事態が危惧されるようになったのです。もちろん、リーガルサポート、弁護士会、社会福祉士会等の専門職後見人団体は、後見人を引き受けるための資質を備えた人を確保できるよう、各会において努力してきましたが、需要には追いつきませんでした。

　また、「後見ニーズが爆発する」という予測もありました。成年後見制度の利用を検討すべき認知症高齢者、知的障害者、精神障害者、高次脳機能障害者等を合わせると、少なくとも600万人は存在するとされていました。仮に、そのうちの２％にあたる12万人が成年後見制度を利用し、そのうち40％にあたる４万8000人の人々について第三者後見人を選任することが必要となったら（これを「後見爆発」とよぶ人もいます）、専門職後見人だけで引き受けることに相当な無理が出てきます。しかし、成年後見制度は、判断能力が不十分な人の権利を守るものです。そのような制度を利用したいと希望している人が、「第三者後見人が見つからないから、制度の利用をあきらめた」という事態が起こることは、どうしても避ける必要があります。

4　市民後見人の登場

　そこでクローズアップされたのが市民後見人です。これは、成年後見制度の最も基本的な担い手の一翼に市民の参加を求めるという、遠大な構想でした（なお、ここでいう市民後見人は、もっぱら、法定後見人（成年後見人・保佐人・補助人）として活動する人を指しています）。

　リーガルサポートは、平成17年に公表した改善提言の中で、「国、地方公共団体は、その責任において良質な市民後見人の養成・供給を行うべきである」と指摘しました。これは、ドイツの名誉職世話人（☞５）からヒントを得たものです。司法書士は、リーガルサポートを設立するにあたってドイツを視察し、名誉職世話人を知っていたことから、行政や世話協会が名誉職世話人をその責任において養成・確保していることに注目したのです。しかし、当時は、「家族や法律・福

祉の専門家でもない市民に後見人を任せることはできない」「不祥事が起これば
制度は信頼を失う。専門職後見人を増やすのが先決だ」といった消極的な意見が
大勢を占めていました。リーガルサポートは、それでも市民後見人の意義を主張
し続けました。

　他方で、東京都、品川区、世田谷区、大阪市等の先進的な自治体やNPO法人
などにより、市民後見人を養成・支援する独自の事業が進められるようになりま
した（こういった取組みを、本書では「市民後見事業」とよぶことにします）。この
地道な取組みが家庭裁判所等から評価され、市民後見人の胎動が始まったのです。
始めは、「後見人不足」を端緒として提唱されたのが市民後見人ですが、その活
動から、親族や専門職にはみられない市民後見人に特有の支援のあり方が出てく
るようになりました。そこから、「市民後見人は、親族後見人や専門職後見人の
補充や代替以上の存在である」という認識が広まってきました。

　これらを背景として、平成23年、国（厚生労働省）は、老人福祉法を改正し、
市民後見推進事業をスタートさせました。これによって、公的な責任において市
民後見人の養成・研修を行うという重い扉が開かれたのです。国が、市民後見人
を社会的に承認し、その位置づけを明確にしました。そして、親族、法律・福祉
の専門家でなくても、誠実な市民であれば、一定の研修を積むことで後見人とし
て地域で活躍できるようになったのです。

5　ドイツの市民後見人の様子

　わが国では、成年後見制度が施行されてからの実績や試行錯誤の「成果」とし
て市民後見人が登場しました。

　一方、ドイツをはじめ、先進的な成年後見制度を導入している諸外国では、成
年後見制度について定めている法律で市民後見人についても詳しく定められてい
るところもあり、制度が実施された最初の段階から「市民後見人」が存在してい
ました。それらの国々では、ボランティア活動や寄付文化という土壌があったた
め、市民の権利を擁護する役割を市民に任せるという発想が、ごく自然に生まれ
たのではないかと考えられます。

　それでは、ドイツの市民後見人をみてみましょう（図表1−1）。ドイツでは、
後見人のことを世話人と呼んでいます。その世話人には、名誉職世話人（親族・
市民）、職業世話人などがいます。その中で、日本の市民後見人に相当するのが
「名誉職世話人」であり、すでに多数の市民が活躍しています。「名誉職世話人」

図表1-1　日本とドイツとの比較

後見人の属性 ＼ 国		日本	ドイツ
親族		親族後見人	名誉職世話人（注1）
第三者	市民	市民後見人	
	専門職	専門職後見人	職業世話人（注2）
	国	なし	公後見人

（注1）　市民の場合は無償。ただし、実費として年間323ユーロが支給されます。また、1人で4人まで後見を担当することが認められます。
（注2）　日本の場合、司法書士・弁護士・社会福祉士等ですが、ドイツは世話制度に関する専門教育を受けた人が「専門職世話人」となります。資格や受けた教育により3等級に分かれています。

には、親族による世話人と市民による世話人が含まれていますが、ここから、「市民は家族に代わる役割を担う」という意味があると考えることができます。ドイツには、キリスト教系の福祉団体をはじめとする多くのボランティア団体があり、いわば世話人予備軍が存在することから、当初から名誉職世話人が家族と同格の担い手として位置づけられていたと考えられます。

　名誉職世話人は、1992年（平成4年）1月に施行された成年者世話法（ドイツ民法における成年後見に関する規定をこのように呼ぶことがあります）において詳細に規定されています。ここでは、無報酬の名誉職世話人が選任されることを基本的なしくみとしており、適任の名誉職世話人がいない場合に限り、例外的に職業世話人が選任されることになっているのです。また、行政は、世話協会（民間におけるボランティア団体や宗教団体等）に対し、毎年、一定の人数の名誉職世話人を確保するように義務づけており、この点も興味深いところです。世話協会は、名誉職世話人を指導し、世話（後見）の実施にとって不可欠な最低限の知識（世話法の基本概念、裁判所の許可を要する事項、報告や財産目録の作成等）を伝えます。

　名誉職世話人は、単に本人の生活を支援する存在というだけでなく、社会福祉国家に貢献する役割を担うものと位置づけられています。また、名誉職世話人の強化が後見裁判所や行政の責任であるとされています。

　ドイツでは、1992年（平成4年）に世話法が施行されてから2007年（平成19年）まで、約120万人の成年後見の利用があったとされています。その陰に名誉職世話人の活躍があったことを見逃してはなりません。ドイツの取組みは、成年後見制度の利用促進を図るには市民に後見人の給源を求める必要があることを示唆しています。ドイツに限らず、イギリス、スウェーデン等でも一般市民が後見人として活躍していることから、「市民後見人」は普遍的な担い手であり、その養成

は世界的な潮流になっているといえます。

　先に紹介したように、日本では、公的な責任の下で市民後見人を養成・支援するという取組みが、平成23年にスタートしました。日本の成年後見制度は、施行から12年目にして、ようやく世界標準に近づいたといえます。

6　社会貢献を生きがいとして

　こうして、市民後見推進事業が始まりました。しかし、市民後見人の活躍の場が用意されても、市民が後見人となることに名乗りを上げなければ、「後見人不足」は解消されず、成年後見制度の根幹が遥らいでしまいます。人材が不足することを防ぎ、判断能力が不十分な人の権利や財産を守ることのできる社会を現実のものとしていくためには、市民に後見人として活躍してもらうしか方法がないといってもよいでしょう。

　市民の皆さんには、ぜひ市民後見人となることをおすすめします。それは、人を支えること、人の役に立つことは、生きがいにつながるからです。

　「生きがい」という言葉を広辞苑で紐解いてみると、「生きるはりあい。生きていてよかったと思えるようなこと」と説明されています。人々が、いかに生きがいを感じ、充実した生活を過ごすかということは、現代的なテーマとなっています。いかに生きがいを感じるか、何によって生きがいを感じるかは人によってさまざまですが、市民後見人をめざすことで、退職した後の学びの場ができ、社会への参加を図ることができ、そして自分なりの役割をもって人の役に立つことをすることができます。趣味や旅行などと一味違った充実感が得られ、自分の人生を価値あるものとしてポジティブに考えることにつながります。

　市民後見人の活動の目的は、判断能力の不十分な人の権利や財産を守ることにあります。金銭を管理したり、介護サービス利用契約を結んだり、見守りなどを行ったりします。時には、本人から、人生の思い出話や苦労話を聞いたり、トラブルの相談に乗って、本人や関係者から感謝されることもあるでしょう。こうした後見活動を通じて、それまであまり地域との接触や交流がなかった人でも、社会との結び付きを深めていくことができます。また、市民後見人の活動は、これまでの人生で得た貴重な社会経験や実務経験を活かす場になりますので自分の人生を肯定的に感じられることにつながります。

　ところで、総務省統計局は、2019年９月15日、高齢者は3588万人となり、高齢化率（全人口の中で65歳以上の人が占める割合）は28.4％である、と発表しました

（「統計からみた我が国の高齢者」統計トピックスNo.121）。今後、総人口が減少して
いく中で、2060年には高齢化率は38.1％に達し、2.5人に1人が65歳以上となり、
かつ75歳以上の人口が総人口の25.7％となり、4人に1人が75歳以上になるとい
う推計が示されています（国立社会保障・人口問題研究所「日本の将来推計人口（平
成29年推計）」）。

　長寿社会は喜ばしいことですが、認知症高齢者の増加、高齢者一人暮らし世帯
の増加などによって、介護や医療、高齢者虐待・障害者虐待、消費者被害などと
いった問題が増大してくると、既存の施策では応えきれなくなることが考えられ、
もはや行政に頼るだけでは立ちゆかなくなります。「役所が何とかしてくれるだ
ろう」「誰かがやってくれるだろう」という他者依存の発想ではなく、市民の1
人ひとりが、「我が事」としてとらえ、地域で支え合うしくみづくりに主体的に
加わっていくという「自助」が、今、求められているのです。

　支え合うしくみは、助け合いの循環につながります。元気なときは市民後見人
として地域の人を支える。そして、その人の判断能力が低下したときには、元気
な人の世話を受けるのです。市民後見が端緒となり、次から次へ、助け合いの輪
が広がります。この小さな輪が人と人、人と資源を結び付け、やがて地域を支え
る大きな生活の基盤となる可能性を内包しています。

　これからの市民には、可能な限り自立し、社会参加を図ったり、何らかの社会
的な貢献をめざしたりするなど、より前向きな生き方が求められています。市民
後見人の活動は、その象徴であり、市民後見人は、地域共生社会の実現をめざす
旗手なのです。

7　市民後見人の活動とボランティア活動との違い

　ボランティア活動とは、自発的な意思に基づいて他人や社会に貢献する実践的
な活動です。一般的には、「無償性」「公益性」「継続性」「創造性」などの原則を
有する活動と理解されています。

　ボランティア活動の内容は多様化しており、福祉、医療、地域安全、環境、教
育、文化、被災者救助、介護予防、日常生活支援など多岐にわたっています。

　それでは、市民後見人の活動はボランティア活動と同じものと考えられるので
しょうか。

　市民後見人の活動は、「自発的な意思に基づいて行う社会貢献活動」という点
でボランティア活動と共通しています。しかし、市民後見人は、家庭裁判所とい

う公の機関の判断（審判）によってはじめて活動できるようになるという点で、一般的なボランティア活動とは違います。ボランティア活動のように、相手（受け入れ先）と直接に契約を結んだり、委託を受けて活動が始まるわけではありません。市民後見人になろうという人が、いかに意欲や高い志があったとしても、法律や福祉の知見を有していても「本人の権利擁護者にふさわしい」という「お墨付き」（審判）がなければ、一歩も前に進むことができないのです。また一方で、いったん審判を受けると、「後見活動を辞めたい」と思っても、病気や転居などといった正当な理由がなければ、基本的に、本人が死亡するまで後見活動を継続しなければなりません。

　つまり、市民後見人の活動は、家庭裁判所の審判により生じた「公的任務」であるという点で、ボランティア活動と異なります。市民後見人の活動には、単なる隣人や仲間としての支援でなく、また善意のみによるものでもなく、国家からの「公的任務」というミッションを背負っているのです。たとえば、家庭裁判所が、後見人の活動に対して監督責任を負う点も、その1つの現れです。後見人は、家庭裁判所に対して定期的に報告をしなければなりませんし、市民後見人が後見人として不適切な行動をした場合には「解任」という処分を受けることになります。

　誤解を恐れずわかりやすくいえば、後見人は家庭裁判所からいわば「雇用」されたような関係におかれているのです。審判とは「採用」であり、公的任務は「業務」のようなものです。

　このように、市民後見人は、単なる互助としての活動でなく、家庭裁判所の審判に基づく権利擁護と地域共生社会実現の担い手としての位置づけが判断基準になっている点を注意しなければなりません。

　その代わり、たとえば、身寄りのない隣人が食事や掃除ができなくなっても、また悪質商法にだまされていても、隣人であることだけでは救助の手を差し伸べることにためらいを覚えるかもしれませんが、市民後見人となり、家庭裁判所の審判によって公的任務という衣装をまとうことによって、より直接的な支援をすることができるようになるのです。

8　地域の住民としての市民後見人

　前に述べたように、市民後見人は専門職後見人の不足を補う臨時の担い手ではなく、本来的な担い手であると位置づけられます。そうであるならば、専門職後

見人との支援の質の違いに着目し、それを明確にし、市民後見人の優れた面をより積極的に伸ばしていく必要があります。

　そのキーワードとして、まず地域性が考えられます。市民後見人は、同じ地域で暮らす市民を支援することになります。「あの山や川で遊んだ」「○○を卒業した」「駅前の○○という飲み屋の魚は美味しい」といったことまで、本人と共通の話題をもっています。そうして、世間話をしている中から打ち解けた関係が生まれ、気持ちが通い合い、よりきめ細かい対応につながるという強みがあります。同じ地域に住んでいるという関係から生まれる支援の質に、専門職後見人との違いを見出すことができるでしょう。

　一方、後見サービスの受け手である本人や関係者は、専門職後見人と市民後見人との違いをどのように考えるでしょうか。専門職後見人の場合、あくまで「職業」として支援することになりますから、どうしても時間や効率に縛られてしまう傾向があります。他方、市民後見人は「社会貢献」としての支援ですから本人に対する姿勢にもゆとりをもつことができますし、さらに、「同じ住民同士」というゆとりがあれば、身近さから親しみも増すことでしょう。「仕事をこなしている感じの専門職後見人に比べ、市民後見人の方は本当に親身になってかかわっている」と指摘する関係者もいます。ここに、市民後見人のメリットが端的に表現されています。

　このように、市民後見人はその強みを発揮することにより、もともと本人がもっている能力を呼び覚まし、さらに生きる力（パワー）をつけていくという支援をすることができる可能性があります。ソーシャルワークの分野では、これをエンパワメント（Empowerment）といいます。自己実現と幸福追求の権利を援助の中心におく実践的な理念です。法律や福祉の専門家でなくても、「同じ住民同士」という強みを発揮することにより、よりエンパワメントの視点に立った支援が可能と考えられます。市民後見人の寄り添う気持ちや何気ない会話から共感し合う気持ちが生まれ、本人が自分らしさを取り戻し、生きていく力を湧き出させることにつながっていくのです。

　実際の成年後見の事案を分析してみると、日常的な金銭管理と身上保護が中心というものが、一定の割合で存在します。本人が施設等に入所しているケースであれば、身上保護事務は、本人との面会や交流をはじめとした見守りが中心となります。「地域性」という要素を加味してこのような事案を想定したときには、法律や福祉の専門家よりも、むしろ、時間にゆとりがあってきめ細かな身上保護が可能な市民後見人のほうが適任であり、エンパワメントの視点からより本人に

ふさわしい支援をすることができるのではないかと思います。

　事案の中には、法律や福祉の専門知識が求められるものもあります。市民後見人には、一般的には、本人を支援するために法律や福祉の知識が必要とされます。しかし、そこで習得している内容は、専門的であるとまではいえないでしょう。もちろん、本人の権利擁護者としての責任を果たすために、成年後見制度の全体像や後見活動をするのに必要な民法などの法制度を学ばなくてはなりませんが、それは、法律や福祉を専門的な職業としている人のもっている知識・理解とは異なるものと考えるべきです。

　また、後見活動は長期にわたりますので、後見人だけでは安定した活動を続けていくことに不安があります。

　そこで専門職後見人には、それぞれに司法書士会、社会福祉士会、弁護士会といった組織があります。さらに後見人の活動に特化したサポート組織（たとえば、リーガルサポートなど）が設けられ、会員を指導・監督する体制ができています。

　このサポート組織についていえば、ドイツにおいても、世話協会があり、名誉職世話人は世話協会に所属して活動しています。こういった状況を考えると、市民後見人についても、専門職後見人に準じたサポート組織が必要であるといえます。なぜなら、高齢者・障害者に対する継続的支援は、どんなに意欲があっても、社会経験や知識があっても、1人では実現することが困難だからです。市民後見人は、市町村と連携した実施機関（社会福祉協議会、NPO法人等）に所属し、そこから継続研修、相談などの支援や監督を受けることによってはじめて、権利擁護者・支援者としての役割が果たせるものと考えます。

9　市民後見人像を考える

　市民後見人には、特別な経験や専門職のような知識は要求されません。これまで耳にしたことのない法律用語が出てきたとしても、たじろぐことはありません。本人に寄り添って権利や財産を守り、同じ市民として本人の尊厳ある生き方を支援するという理念をもっていれば、一定の研修を経て市民後見人として活動することができます。

　以上に述べたことなどを踏まえて、市民後見人の要素を以下のとおりまとめました。

　①　司法書士・弁護士・社会福祉士等の専門職でない一般の市民である。

　②　市民後見人養成講座を修了している。

③　実際に家庭裁判所から後見人として選任されている。

④　個人受任が原則である（多数の社会福祉協議会、NPO法人等が法人後見を行っている現状から、法人後見の「支援員」として活動している形態もある）。

⑤　任意後見人は含まない（☞第1章Ⅴ）。

⑥　自治体またはその委託を受けた社会福祉協議会、NPO法人等の実施機関、さらに専門職等のサポートを受けている。

⑦　本人と同じ地域に住んでいる。

⑧　社会貢献として本人のための権利擁護活動をする。

　以上を要素として、市民後見人像を考えるならば、「市民後見人とは、家庭裁判所から後見人として選任され、社会福祉協議会、NPO法人等のサポートを受け、地域社会で社会貢献を目的として本人の権利擁護活動を行う一般の市民のことである」ということができます。

10　社会貢献に意欲のある市民をいかに確保するか

　すでに述べたように、市民後見人の活動は、自発的な意思に基づく社会貢献活動です。

　一般的なボランティア活動に取り組む人・団体の数は、平成21年4月現在で、全国で約730万人・17万グループといわれています。これは、都道府県や市区町村をはじめとするさまざまな組織が市民に参加を呼びかけ、必要なノウハウや活動事例を提供するなどの支援を行った結果といえるでしょう。

　市民後見人についても、これから市町村が市民に参加を呼びかけ、社会貢献に意欲のある人々を募集（発掘）していくことが必要となります。市民後見人の養成・支援は、単年度で終わるわけではありません。市民後見人による支援を必要とする人も毎年出てくるわけですから、新しい希望者を募り続け、養成・支援の活動を継続して行っていくことになります。

　一方で、市民後見人の活動は、一般的なボランティア活動と異なる「権利擁護」が中心となります。そのため、市民後見人となるには、養成研修を受け、さらに家庭裁判所の審判を受けなくてはなりません。どんなに意欲があっても、それだけでは活動できない高いハードルがあるのです。

　こうしたハードルの高さゆえに、市民後見活動に対して市民が容易には手をあげない可能性があるということを、市町村の担当者は理解する必要があります。このような場合、従来の事務的な周知方法を行っているだけでは限界があります。

　それでは、市民が高いハードルを超えて市民後見人をめざすようになるにはどうすればよいのでしょうか。まず何よりも、呼びかける側が高い志や熱意をもち、市民後見人の魅力や意義を伝えることが必要になります。養成研修の受講者を募集するときはもちろん、家庭裁判所から市民後見人に選任された後も社会貢献の意義を説き、市民後見人の高い志をさらに伸ばしていくことが求められます。

　一方で、市民後見人も、被後見人への支援をするだけでなく、地域において市町村とともに誠実な市民を発掘し、仲間を増やす取組みをしていくことが求められます。そのためには、市町村が、専門職後見人等を交えたディスカッションや経験交流の場を設け、市民後見人の高い志に応え、さらに高める工夫をしていくことが必要でしょう。

　市民後見人の高い志に応えるということについては、養成研修を終了した市民が、すぐに市民後見人に選任されるかというと、そうとも限らないことには注意しておかなければなりません。家庭裁判所としても、実施機関の体制整備の状況や市民後見人にふさわしい事案などを考慮して、市民後見人を選任することになるでしょう。しかし、多くの市民後見人候補者が、家庭裁判所から声がかかるまで何もせずにただ待っているだけでは、研修で得た知識が社会の役に立たなくなるおそれもあります。この事態が続けば、市民の意欲を低下させるだけでなく、人材の損失にもなりかねません。そこで、市町村や実施機関等は、養成研修を修了した市民についても定期的な研修や情報交換の場などを設け、その意欲が低下しないように配慮すべきです。

　このように考えると、市民後見人の養成・支援に関する事業を持続可能なシステムとするためには、まず市町村・社会福祉協議会等が、成年後見制度に関心をもち、その利用に積極的にならなければなりません。後見人に、親族や専門職だけでなく市民も参加する時代になったことを理解する必要があります。さらに、養成研修を実施する社会福祉協議会・NPO法人等では、市民後見人の意義を正しく理解し、説明できる旗振り役が必要となります。情熱ある担当者が市町村における市民後見事業の中核となり、家庭裁判所や専門職等との連携をまとめる要としての役割を果たすことになるのです。

11　市民後見人の活動形態

(1)　市民後見人の活動形態を考える

　市民後見事業を進めていくにあたり、市民後見人の定義、募集方法、継続研修、

報酬、財源の確保等、多くの課題が山積しています。これらの課題については、事業を先行させ、いわば走りながら解決に向けた方策を探っていくという方法をとらざるを得ません。

　ただし、市民後見人の活動形態は、実施機関の体制整備にも関係することで、早急に決めるべき課題であるといえます。なぜなら、研修を終えた市民にとって、自分がどのような環境のもとで活動するかということは大きな関心事であり、モチベーションに影響します。実施機関は、市民後見人としてどのような活動形態を用意しているかを説明する必要があります。

　想定される活動形態としては、主に次のようなものがあります。

① 　法人後見の担当者

② 　市民後見人の個人受任

③ 　個人受任＋成年後見監督人等

④ 　個人受任＋専門職後見人

⑤ 　個人受任＋法人後見

⑵　法人後見の担当者として活動するタイプ

　社会福祉協議会が実施機関となる場合、多くのところで法人後見の形態をとっています。研修を受けた市民後見人は、法人後見の担当者（支援員）として、後見活動を行うことになります。

　全国社会福祉協議会の資料によると、法人後見の担当者は履行補助者と位置づけられ、法人の指揮命令系統の下におかれます。すなわち、社会福祉協議会との雇用関係にある職員でなければならないとしています（全国社会福祉協議会『社会福祉協議会における法人後見の取り組みの考え方～法人後見の適正性の確保に向けて』(22頁～24頁)）。しかし、市民後見人は社会福祉協議会の職員ではありませんので、社会福祉協議会と雇用契約を結ぶのは難しいのではないかと思われます。そこで、法人後見の支援員として委嘱するなどの方法が考えられます。

　法人後見は、社会福祉協議会が現在行っている日常生活自立支援事業を発展させたものであることから、社会福祉協議会のノウハウを活かし、組織として後見活動を行う手堅い方法です。実際、法人後見の担当者である「支援員」であっても、単なる補助者といった意識ではなく一定の責任のもとで、やりがいをもって充実した活動をしている人は少なくありません。

　一方、社会福祉協議会が、実際に法人後見を経験してみると、「組織の担当者としての役割で、はたしてきめ細かい支援ができるのか、やりがいをもつことができるのか、達成感をもつことができるのか」「担当者とすると管理されている

ような気がするのではないか」という疑問が、現場から出てくるのも事実です。もちろん、「法人後見のほうが負担が少ないので、法人後見のほうがよい」という人もいます。

(3)　個人で受任して活動するタイプ

　そこで、単独で後見人に選任される「個人受任」という形態が必要となります。このタイプでは、個人が市民後見人になり、みずからの社会経験と価値観に従い、主体的に本人を支援することになります。この個人受任型では、「住民同士」「打ち解けた関係」「エンパワメント」など、市民後見人の強みを十分に発揮することができます。実際、大阪市では、家庭裁判所から個人として後見人に選任され、その個人が成年後見支援センターの手厚い支援を得て、多数の市民後見人が活躍しています。家庭裁判所は、「サポート組織がしっかり機能しているから、個人受任でも特に心配はない」としています。

　しかし、家庭裁判所が選任することの意味は重いものがあります。仮に、不適格な人を後見人に選任して不祥事などが起きれば、家庭裁判所の責任を問われることになります。そこで、個人受任の場合は、原則として、社会福祉協議会等を監督人に選任する方式が採用されています（大阪市では監督人が選任されていませんが、非常に充実した支援システムが整備されています）。

(4)　法人後見と個人受任とを併用するタイプ

　法人後見も個人受任も、後見人としては同一で、法律上は区別されていません（民法843条4項参照）。しかし、同一の組織が2つの形態を採用するとなると、サポートの仕方も異なりますので、一定の組織整備が必要となります。

　そこで工夫されたしくみが、成年後見支援センターです（市町村によって名称は異なります）。成年後見支援センターは、社会福祉協議会から独立した別法人ではありませんが、成年後見制度の普及・啓発や研修事業を行い、市民後見人を養成し、個人受任をサポートする一部門です。センターは、いわば2階部分であり、これを立ち上げることにより、従来から実績を上げ、定着している既存の事業とは区別した成年後見に特化した活動が可能になります。社会福祉協議会は、受任する事案の内容によって、法人後見が適しているか、個人受任が適しているのかという受任調整を行い、適切な振り分けをすることが可能となります。この場合、市民後見人は、どちらに活動の場を求めるかを選択することが可能となるでしょう。

　2形態の併用は、「モデル」とよんでもよいしくみといえます。しかし法人後見の経験のない市町村は、まず法人後見を開始し、職員が成年後見事務に慣れ、

一定の理解を得た後に個人受任型・併用型を導入するほうが、スムーズに進行すると考えられます。もちろん、家庭裁判所の理解を得られるなら、大阪市のように最初から「個人受任」方式でスタートさせることも可能です。

(5)　活動の形態は家庭裁判所との協議に委ねられる

いずれにしても、「個人受任」が認められるかどうかは、選任する家庭裁判所に委ねられています。実施機関における体制整備の状況などを考慮し、最も妥当な形態が決められることになるでしょう。

なお、本人が生活困窮者である事案、本人やその家族が暴力や犯罪等に巻き込まれる危険性が高い事案、本人が他害のおそれがある事案などのように、個人受任では対応が難しい事案もあります。現在は、そうした困難事案の多くについては専門職後見人が対応していますが、おのずと限界があります。そのため、今後、そうした事案は、セーフティネットである社会福祉協議会に持ち込まれる可能性があります。したがって、そういった事案に対応するために、「法人後見」という形態も維持しておくことが必要となるでしょう。そこでは、「法人後見」と「個人受任」の併用型を、１つのモデルとして描くことができます。

そのメリットは、まず法人後見で受任し、後見業務が安定した段階で市民後見人に移行させる工夫が可能となることがあげられます。

具体的には、家庭裁判所の許可を得て法人後見を辞任するとともに、その担当者が新たに市民後見人に選任され、これまでの業務を引き継ぐものです。

(6)　市民後見人と専門職後見人等の複数後見

市民後見人と専門職後見人（場合によっては親族）の複数後見は、ドイツでは、タンデム方式（２人乗り自転車）と呼ばれ、それぞれの持ち味を発揮する形態として活用されています。具体的には、身上保護を市民後見人が担当し、財産管理を専門職後見人が担当する職務分担方式です。両者が、相互の役割を尊重し、かつ補い合うような関係をつくれるかどうかが重要となります。

(7)　NPO法人、一般社団法人等の場合

NPO法人、一般社団法人等が市民後見事業にかかわる場合、一般的には法人後見方式がとられるものと考えられます。したがって、市民後見人は、組織の「担当者」として、活躍することになります。NPO法人等は単一の事業をしていることが多いため、成年後見事業に特化することが可能です。一方、「個人受任」を希望する市民の方が多いことなどから、会員の主体性や自主性を重んじて、「個人受任」を志向するNPO法人等が増えています。今後、NPO法人等がより積極的に「個人受任」を推進していくには、前述したサポート体制を整備すること

序
章

にあると考えます。NPO法人等も、経験と実績を重ね、法人後見と個人受任の
併用をめざすべきと考えます。

<u>(8)　地域の実情を踏まえた形態</u>

　実際にどのような活動形態を採用するかは、各市町村の実情を踏まえ、また家
庭裁判所との協議によって決まるものでしょう。しかし、市民後見人が、後見人
の担い手の「最後の切り札」であるとすれば、失敗は許されません。無理なく安
定した体制で進められる必要があります。したがって、「成果」を上げるために、
急ごしらえの体制や拙速な受任をすることは避けなければなりません。市民後見
事業を持続可能なシステムとするためには、先進市町村の取組みを視察するなど
して、システムを一つひとつつくり上げていくことが大切であるといえます。

12　家庭裁判所の対応

<u>(1)　家庭裁判所との連携強化</u>

　市民後見人にとって、家庭裁判所は後見人として選任されることから始まり、
監督、報告、相談等においてかかわることになる極めて重要な機関です。

　市民後見人が意識するかどうかにかかわらず、後見人としての活動は、家庭裁
判所によってコントロールされています。そもそも後見人は、家庭裁判所の審判
によって生まれ、公的な任務を任されているのです。したがって、市民後見人が
活動をしていくうえで、いかにして家庭裁判所との連携や調整を図るか、活動を
支援してもらえるような関係を築くかということが、充実した後見活動をしてい
くための鍵となります。

　市民後見人の養成・支援を行う市町村担当部署や社会福祉協議会等の実施機関
は、これまで家庭裁判所との接点が少なかったところも多いでしょう。そのため、
どのようにかかわってよいのかわからず、不安や戸惑いがあるようです。まして、
市民後見人にとっては、なおのことなじみが少なく、敷居が高く感じられるかも
しれません。

　このような垣根を取り払い、家庭裁判所と連携をしていくためには、社会福祉
協議会等の実施機関の中に、家庭裁判所との連携を深めるための部門（委員会等）
を設ける必要があります。これにより、家庭裁判所から実施機関に対して要望や
協議すべき事項がある場合は、その部門が窓口となることで、組織として受け止
めることができますし、実施機関または市民後見人から家庭裁判所に対して意見
や協議すべき事項がある場合は、その部門がとりまとめて家庭裁判所に連絡をと

ることもできます。家庭裁判所としても、「実施機関が市民後見人の活動をサポートする」という前提のもとで連携体制をとることにより、信頼して市民後見人を選任できるのではないでしょうか。

　また、専門職後見人である司法書士・弁護士に、家庭裁判所との橋渡しの役割を担ってもらうのもよいでしょう。この２職種には、家庭裁判所で行われる手続について職務上の権限が認められているため、従来から家庭裁判所との交流を行っています。実施機関は、この２職種を委員会のメンバーにするなどして活用すべきです。

(2)　市民後見人の育成と関与

　家庭裁判所においては、市民後見人が登場した背景、市民後見人の活動のもつ意義を理解し、市民後見人を受け入れる姿勢をもつことが求められます。

　厚生労働省は、平成28年度から、「認知症施策推進総合戦略（新オレンジプラン）」の具体化として新たに「市民後見人育成・活用推進事業」を実施しています。家庭裁判所には、これまでにない積極的な姿勢が求められるところです。

　しかし、平成31年／令和元年における市民後見人の選任件数296件はあまりに少ないと言わざるをえません。家庭裁判所において市民後見人の選任を慎重に行う理由は理解できますが、前述した(1)の整備が進むことを前提にすれば、市民後見人の活用にさらに積極的になることが求められていると考えます。

　なお、大阪市や埼玉県志木市においては市民後見人が円滑に選任されるよう、審判申立ての際、家庭裁判所に対し、市民後見人の選任が適格である旨の報告書（意見書）を添付するなどの工夫をしています。

　市民後見人は専門職ではありませんから、審問のときなどは、家庭裁判所の担当者は時間を惜しむことなく、後見事務について親切に教えるべきでしょう。また、実施機関に対しては、長期にわたる市民後見人の活動のバックアップについて、必要となる支援をすべきでしょう。家庭裁判所の姿勢によって、「家庭裁判所の対応が冷たい」「市民後見人として続けられる自信がなくなった」といったことがあってはなりません。家庭裁判所が、自治体や実施機関とともに「市民後見人を育てる」という意識をもち、その活動を推し進めるための配慮が期待されています。

　具体的には、市民後見人の育成に関する協議です。内容は、養成後の支援、市民後見人選任の手続、市民後見人候補者名簿の提出、実施機関に求められる監督の方法等が考えられます。市民後見人養成研修への講師派遣についても打ち合わせをする必要があります。家庭裁判所は市町村等から出席依頼があった場合、支

障がない限り積極的に対応する必要があります。ただし、家庭裁判所は行政からの独立、そして中立性を堅持する必要があることも理解しなければなりません。

　現在、家庭裁判所は、市町村、実施機関、専門職後見人団体等に参加を呼びかけ、連絡協議会を開催しています。これは、市民後見人やそれを支える市町村・成年後見支援センターにとって、成年後見にかかわる機関や団体の役割を理解し、本人を支えるしくみを社会全体で築き上げるうえで重要なことです。

⑶　体制整備

　家庭裁判所は、これまで成年後見関係事件数の増加に対応して、専門部を設置するなど組織の見直し、申立ての際に添付する書類のスリム化、診断書の記載事項の改善、事情聴取体制の整備（参与員の増強、即日事情聴取方式の導入）など、手続の迅速化・合理化に向けて多くの工夫を重ねています。今後は、市民後見人という新たな担い手を迎え、支援や監督のあり方などの課題に直面することになります。家庭裁判所には、成年後見関係事件の迅速・適正な処理のため、さまざまな方策を試みつつ、さらなる体制の充実・強化が求められていると考えます。

13　民法と関係法制度のしくみをつかみ、実践につなげる

　市民後見人をめざすには、特別な経験や専門的な知識をもっている必要はありません。本人に寄り添って権利や財産を守り、本人の尊厳のある生き方を支援するという理念をしっかりともっていれば、誰でも一定の研修を経て、市民後見人として活躍することができます。これまで耳にしたことのない法律用語や、行ったことのない家庭裁判所が出てきたとしても、たじろぐことはありません。市民自身の人生や経験を活かすということが市民後見の1つの理念ですから、自信をもって対応すればよいのです。

　しかし、成年後見は、法律・福祉・医療が錯綜する新しい分野であり、難しい面があることは否定できません。これを克服するために、市民後見人として活動を始めようとする人は、まず民法および関係する法制度の大まかなしくみをつかんでおくとよいでしょう。

　これまでにみてきたように、成年後見制度は、法務省が所管する民法、任意後見契約法などに基づくものです。しかし、実際に成年後見を利用しようとすると、本人や親族等は市町村から戸籍謄本や住民票等を取り寄せ、法務局から「登記されていないことの証明書」を取得し、医師に診断書の作成を依頼するなど、さまざまな書類を集めます。そして、申立てのために家庭裁判所の門を叩くことにな

ります（ここから「司法」の領域に入ります）。

　市民が、市民後見人に選任されて後見活動を開始すると、身上保護においては、施設、病院、市町村、社会福祉協議会等と日常的に密接にかかわっていきます。虐待に対応する場面では、警察や法務局にも支援を求めることがあります。また、財産管理については、金融機関、証券会社、税務署等に足を運ぶことになります。

　このように、成年後見制度は、家庭裁判所を中心にして、多くの機関や団体によって支えられて運用がなされているのです。いってみれば、多くの機関や団体と、縦横に網の目のようにつながり、本人を支えているのです。

　実際の後見活動になれば、市民後見人は本人を支援するため、イメージとしての「つながり」を具体的につなげていかなくてはなりません。そのためには、各機関や団体の基本的な役割や業務内容を理解し、困ったり悩んだりしたとき、情報が欲しいときには、いつでも相談できるようなネットワークをつくっておくことが求められます。また、日頃から、そういった機関や人とコミュニケーションをとるように心がけておくことも大切です。後見人の力量は、ネットワークを構築する能力やコミュニケーションをとる能力がどれだけあるかによって決まります。成年後見制度というグラウンドはとても広く、後見人1人の力だけでは、どんなに頑張ってもすべてをカバーすることは難しいことを理解しなくてはなりません。市民後見人としての活動を充実したものとするためには、まず成年後見制度のしくみ全体を鳥瞰し、次にそれを関連する制度や機関につなげていく意欲が求められているのです。

14　新たな地平を切り拓く市民後見人

　人が、みずからの尊厳を守り、幸福を追求し、生存（衣食住）を確保していくためには、みずから声を上げることが必要となります。しかし、判断能力の不十分な人々がそういった主張をすることには困難が伴います。たとえ、親族や施設職員から虐待をされても、また消費者被害にあっても、1人では対応できないことが少なくありません。それゆえ、成年後見制度は、資産の少ない人でも、申立人や後見人候補者が見つからない人でも、「誰でも利用できる制度」として位置づけられるべきです。「後見人の見つからない人は利用できなくても仕方がない」「利用するかしないかは、本人や親族の判断に任せておけばよい」と言う人もいますが、このような考えは改められなければなりません。

　ここまでに述べてきたように、新たな第三者後見人として、市民後見人が登場

序章

しました。成年後見制度ができて20年、さらに前述したように利用促進法においては、市民後見人がこれからの社会に欠かすことのできない後見人の担い手として位置づけられています。暦がちょうどひとめぐりした節目の平成23年に新たな担い手が登場したことは喜ぶべきことです。少しオーバーに表現すれば、市民後見人という第3の担い手を得たことにより、ノーマライゼーション、自己決定の尊重、残存能力（現有能力）の活用という成年後見制度の理念のより一層の充実に向けて、大きな一歩を踏み出したといえるでしょう。

　市民後見人構想は、市民層を広く「権利擁護の担い手」に巻き込もうとする壮大な挑戦です。市民後見人には、行政、家庭裁判所、専門職後見人と連携を深め、成年後見制度を必要としている人々のために新たな地平を切り拓くことを期待します。

（序章　大貫　正男）

第 1 章

成年後見制度の
位置づけ

I 旧い制度（禁治産制度）から新しい制度（成年後見制度）へ

●この節で学ぶこと●

　明治31年施行の「民法」に規定された禁治産・準禁治産制度（旧制度）は、平成12年4月1日に新しい成年後見制度が施行されるまで、100年以上続いた制度です。ここでは、旧制度の概要とその問題点、そして新しい成年後見制度が生まれた社会的背景、新しい成年後見制度の考え方（理念）、主な特徴、旧制度との違いなどについて学習します。

1 旧制度はどのような制度だったか

(1) 旧制度の考え方はどのようなものか

　現在の成年後見制度は、平成12年4月に開始されました。それまでも、判断能力が不十分な人に後見人を選任するという制度はありました。これを禁治産・準禁治産制度といいます。

　この制度は、明治31年に施行された「民法」で規定されている、「判断能力が不十分な人の財産を管理する制度」でした。判断能力が不十分な本人を、一律に「みずから法律行為を行うことが困難な人」であるとし、本人にとって利益であると考えられる保護のための方策を、後見人・保佐人に選ばれた親族などが本人に代わって決定するものでした。したがって、後見人や保佐人が本人に代わって決定をする際に、本人の意思に配慮するという考え方はありませんでした。このように、後見人や保佐人（支援者）が「本人にとってよいことである」と判断し、本人の意思に配慮せず押し付けることをパターナリズムといいます。

(2) 旧制度のしくみはどのようなものだったか

(A) 禁治産・準禁治産という2つの類型

　旧制度では、心神喪失の常況にある者については禁治産、心神耗弱者と浪費者については準禁治産という2つの制度が設けられていました。そして、禁治産者

には後見人が、準禁治産者には保佐人が選任されることになっていました。

後見人には、禁治産者のすべての法律行為について、代理権と取消権がありました。

保佐人には、準禁治産者が、民法に規定された所定の行為（借財・保証、不動産または重要な動産の処分等）をする場合に同意する権限がありました。もしも本人が保佐人の同意を得ずに行った場合、その行為は取り消すことができました。

　⒝　**家族による支援を基本的な考え方としていた**

禁治産・準禁治産を利用するには、家庭裁判所に申立てをすることが必要でした。この申立てについては、誰でもできるわけではありません。申し立てることのできる人は、次のように限定されていました。

　①　本人

　②　配偶者

　③　４親等内の親族

　④　後見人

　⑤　保佐人

　⑥　検察官

　⒞　**禁治産・準禁治産の宣告が公示されていた**

禁治産・準禁治産が開始されて後見人・保佐人が選任されるには、家庭裁判所が宣告をすることとなっていました。

家庭裁判所が禁治産宣告をして後見人を選任した場合、あるいは、準禁治産宣告をして保佐人を選任した場合には、次のような方法で、その宣告がされたという事実が公示されていました。

　①　官報に掲載して公告する。

　②　家庭裁判所の掲示板に掲示される。

　③　本人の戸籍に記載される。

　⒟　**家族による支援を基本的な考え方としていた**

夫婦の一方がこの制度を利用する場合には、他方の配偶者が必ず後見人・保佐人になることとされ、後見人・保佐人は１人でなければならないとされていました。禁治産・準禁治産制度では、家族による支援が基本的な形として考えられていたといえます。

　⒠　**その他の特徴**

申立てがされた後、家庭裁判所が宣告をするまでの間に、本人が禁治産・準禁治産にあたるかどうかを判断するために、精神鑑定を受けなければなりませんで

した。この鑑定については、費用が数十万円、期間が約6カ月もかかっていました。

さらに、このような旧制度では、制度を利用することによって、多くの制限もありました。約160件もの資格制限（欠格事由）の規定が設けられていたのです。

(3) 旧制度はどれくらい利用されていたか

旧制度の最終年度となった平成11年度において、禁治産・準禁治産が申し立てられた件数は、禁治産が2963件、準禁治産が671件となっています。それまでも、禁治産・準禁治産をあわせて毎年3000件前後の申立てがなされていたにすぎませんでした。

なぜ利用者数が少なかったのか、その問題点はどこにあったのかについて、以下でみていくことにしましょう。

2　旧制度にはどのような問題があったか

旧制度については、次のような問題点が指摘されていました。

① 　2類型であったこと――硬直的であったこと、利用するための要件が厳格であったこと　　禁治産・準禁治産の対象である本人は、その判断能力や保護を必要とする程度はさまざまです。ところが、旧制度では、効果が大きく異なる2つの類型のみというしくみであったため、一人ひとりの状況に応じた弾力的な対応をすることが難しいという問題がありました。また、旧制度を利用するには、心神喪失や心神耗弱という状態になっていなければなりませんでした。そして、この程度が重くなければ利用することができず、たとえば軽度の認知症・知的障害・精神障害などの人が利用するのは難しいという問題がありました。

② 　用語に対する社会的な偏見があったこと　　「禁治産」という言葉は、「治産（財産の管理）を禁ずる」という意味からつくられました。この意味のため、用語それ自体に差別的なイメージがあり、そこから、制度そのものに対する社会的な偏見も生じていました。

③ 　宣告が公示されること　　旧制度では、禁治産・準禁治産が宣告されたという事実が公示されていました。現在でもなくなったとはいえないかもしれませんが、当時は、認知症高齢者・知的障害者・精神障害者が家族のうちにいることを「○○家の恥」「家族の結婚に影響がある」などと考える社会的な偏見が強くありました。そのため、宣告されたことが一般の人の目に触れ

たり戸籍に記載されたりすることについて、親族等の関係者に抵抗感がありました。

④ 後見人・保佐人の権限の問題　　後見人は禁治産者のすべての法律行為を取り消すことができる、と定められていました。そのため、認知症高齢者・知的障害者・精神障害者がみずから日常生活に必要な買い物をするような場合には、制度を利用することが困難でした。また、保佐人には同意権しかありませんでした。そのため、保護の実効性に欠けるといわれていました。

⑤ 申立人が限定されていたことで利用に結び付きづらかったこと　　申立人が極めて限られていました。そのため、認知症高齢者・知的障害者・精神障害者等に配偶者や4親等内の親族がいなかったり、これらの親族があっても音信不通の状況にあったりする場合には、家庭裁判所に申立てをすることができず、本人の支援に支障を生ずることもありました。

⑥ 配偶者が必ず後見人・保佐人に選任されること　　前に説明したように、夫婦の一方に禁治産・準禁治産が宣告されると、その配偶者は、必ず後見人・保佐人に選任されることとなっていました。しかし、たとえば認知症のため高齢者に禁治産が宣告されたような場合には、配偶者も高齢であることが多いわけです。そのため、後見人・保佐人の役割を果たすことができないということも少なくありませんでした。

⑦ 後見人・保佐人になれる人が限定されていたこと　　旧制度では、後見人・保佐人になれるのは1人だけとされていました。そのため、事務を分担したり共同で行ったりする必要のある場合でも1人で行わざるを得ませんでした。また、法人が、後見人・保佐人に選任されるという運用が、事実上なされていませんでした。そのため、若年者が禁治産・準禁治産宣告を受けて長期的な対応が必要な場合や、本人を取り巻く状況が複雑・困難で後見人・保佐人の負担が重い場合など、人的・物的体制を備えた法人が後見人・保佐人となって適切な対応をすべき場合もありましたが、そのような対応をとることはできませんでした。

⑧ 鑑定の費用が高く、長期間かかること　　禁治産・準禁治産の利用をする場合、精神鑑定を受けなければなりませんでしたが、この鑑定については、数十万円という費用がかかっていました。これでは、資産や収入の少ない人が利用することは困難でした。また、鑑定するための期間が約6カ月もかかっていました。そのため、後見人・保佐人の保護をすぐに受けなければならない人が利用するのは困難でした。

⑨　多くの資格制限があったこと　　禁治産者・準禁治産者は、「行為無能力者」とよばれ、保護される対象とされていました。そのため、禁治産・準禁治産の宣告がなされると、その事実を欠格事由として、形式的に多くの資格が制限されていました。たとえば、禁治産者・準禁治産者は公務員になることができなくなりました。また、禁治産者には選挙権がなくなってしまいました。このように禁治産・準禁治産の宣告の事実を欠格事由とする規定は各種の法令中に、162件も設けられていました。

3　旧制度の改正が求められた社会的背景

このような旧制度でしたが、高齢社会への対応、障害者福祉の充実、世界各国の成年後見に関する法律の整備といった事情を背景として、改正へ向けた動きが進められていきました。

(1)　高齢社会への対応

急速な高齢化と少子化・核家族化の進行によって、認知症高齢者の増加、一人暮らしの高齢者や高齢者夫婦のみの世帯が増加していたことなどを受けて、高齢社会への対応が急がれ、その一環として、介護保険制度が導入されることとなりました。

介護保険制度は、福祉のしくみを根底から見直す社会福祉基礎構造改革の流れの中に位置づけることができます。社会福祉基礎構造改革の具体的な動きとして、生活困窮者の保護・救済が中心であった社会福祉事業法（昭和26年施行）が、平成12年に、①個人の自立を基本としその選択を尊重した制度の確立、②質の高い福祉サービスの拡充、③地域での生活を総合的に支援するための地域福祉の充実などをめざして社会福祉法へ改正されたことなどあげられます。この一環として、介護の社会化をめざした介護保険法が平成12年4月から施行されたというわけです。この介護保険法の施行により、高齢者福祉サービスを提供する方法が、大きく変わりました。それまでは、誰にどのようなサービスを提供するかということは、行政庁の判断による「措置」によって行っていたのですが、平成12年4月からは、サービスの利用者と提供者が対等な立場で契約を結ぶ「契約」によることになったのです。これが、「措置から契約へ」といわれるものです。

これによって、本人が必要と思う福祉サービスを受けられるしくみが整ったのですが、一方では、判断能力が不十分な人が福祉サービスを利用しようとするときに、契約を結ぶ段階において本人の判断能力を補うため、後見人による支援が

必要になりました。

⑵　障害者福祉の充実

　国際連合は、1983年（昭和58年）の国際障害者年およびこれに続く「国連・障害者の10年」において、「障害者に関する世界行動計画」をとりまとめています。

　このような国際的な流れを受けて、わが国においてもノーマライゼーションの理念が各種施策の中で推進されることとなりました。具体的には、平成5年の障害者基本法の改正、平成7年の「障害者プラン（ノーマライゼーション7か年計画)」の策定など、障害者福祉の充実が重要な施策として進められてきました。

⑶　世界各国の成年後見に関する法律の整備

　ドイツにおいては、1992年（平成4年）に世話制度が導入されました。イギリスにおいては1986年（昭和61年）に持続的代理権授与法が制定されるなどしています。また、フランス、カナダ・ケベック州、オーストリア、アメリカ、オーストラリアなど世界各国において、成年後見制度の改正が相次いで行われていました。

　これら諸外国における立法の動きは、自己決定の尊重、ノーマライゼーション等の新しい理念とそれまでの本人保護の理念との調和を図ることで柔軟で弾力的な利用しやすい制度をめざしたものといえます。

4　新しい制度はどのような制度になったか

⑴　新しい制度が施行されるまでの経緯

　法務省は、平成7年6月、法制審議会民法部会財産法小委員会で禁治産制度の見直しを含む民法の改正作業に着手し、同年7月「成年後見問題研究会」を設置しました。

　この研究会では、海外における同様の制度の運用状況調査や関係団体へのヒアリングなど、2年間にわたって調査・研究を行いました。その後、平成9年9月30日に報告書が公表されました。これを受けて、同年10月、新たに設置された法制審議会民法部会成年後見小委員会において本格的な審議が行われ、平成10年4月に「成年後見制度の改正に関する要綱試案」がまとめられました。

　その後、司法書士、弁護士、社会福祉士をはじめとする関係各界に対する意見照会等が行われ、それを踏まえて、平成11年2月に「民法の一部を改正する法律案等要綱」が決定されました。

　これらの関係法案が、平成11年12月1日第146回臨時国会において、以下の「成年後見関連4法」として可決され成立し、同月8日に公布されました。

① 民法の一部を改正する法律

② 任意後見契約に関する法律

③ 民法の一部を改正する法律の施行に伴う関係法律の整備等に関する法律

④ 後見登記等に関する法律

(2) 新しい成年後見制度の考え方

平成12年4月1日に、新しい成年後見制度が施行されました。

新制度には、高齢社会への対応と知的障害者・精神障害者などの福祉を充実させる観点から、次のような新しい理念が掲げられています。

① 自己決定の尊重　　本人が自分で判断して決めることを尊重するという考え方です。

② 残存能力の活用（「現有能力の活用」ともいわれます）　　本人が、その時点で有している能力を最大限に使って生活をすることを尊重するという考え方です。

③ ノーマライゼーション　　障害のある人も家庭や地域で通常の生活をすることができるようにするという社会福祉の考え方です。

新しい成年後見制度では、これらの理念と、本人の保護という旧制度の理念との調和が図られたのです。

これらの理念を実現するために、後見人が本人の身上保護および財産管理を行うにあたっては、本人の心身や生活の状況に配慮しなければならないとする身上配慮義務が課されています。また、身寄りのない人であっても成年後見制度を利用することができるよう、市町村長に申立権が与えられました。

また、従来の禁治産・準禁治産制度を全面的に見直すとともに、「補助」「任意後見」「成年後見登記」等の新しい制度を設けることで、柔軟かつ弾力的な、利用しやすい制度の実現がめざされました。

このように、旧制度の「本人の財産を管理する」という制度から、認知症、知的障害、精神障害などによって判断能力が不十分な人々の権利を擁護する新しい制度へと生まれ変わったのです。

これらの考え方の根源は、基本的人権の1つとして憲法13条に定められている幸福追求権の保障に求められます。

《憲法13条》

すべて国民は、個人として尊重される。生命、自由及び幸福追求に対する国民の権利については、公共の福祉に反しない限り、立法その他の国政の上で、最大の尊重を必要とする。

(3)　新しい制度のしくみと特徴はどのようなものか

新しい成年後見制度のしくみとその特徴は、次のようなものです。

(A)　3類型の法定後見制度となった

事理を弁識する能力（一般的には「判断能力」と表現されます）の程度により、補助・保佐・後見という3つの類型が法定後見制度として設けられました（☞第1章Ⅳ）。

旧制度における後見・保佐の2類型を抜本的に改め、旧制度では対象とされていなかった軽度の精神上の障害によって判断能力が不十分な人を対象とする「補助」類型が加えられました。

補助類型では、自己決定の尊重の観点から、支援者である補助人の権限の内容や範囲を決定する過程で、本人がかかわるしくみがとられています。さらに、被補助人には、補助開始により各種の資格が制限されることはありません。

なお、旧制度の準禁治産者の対象者であった「浪費者」は、新しい成年後見制度の対象から除外されました。

★用語解説★

●浪費者

　浪費者とは、一般的に、自分の財産状態を考慮しないで、財産を使ってしまう癖のある人のことをさします。

　旧制度では、浪費者も準禁治産宣告の対象とされていました。その趣旨は、浪費者が思慮なくその資産を浪費することを防止し、浪費者の財産を保護することとされ（最高裁昭和36年12月13日判決）、また、浪費者の行為能力を制限することによって、その家族（特に家の財産）を保護することにあるとされていました。

　しかし、新しい成年後見制度においては、浪費者はその対象から除かれることになりました。それは、十分な判断能力のある人の財産の使い方に裁判所が介入して規制を加えることは、市民生活に対する国家のかかわり方として不適当であって、行為能力の制限は、判断能力の不十分な人を支援するために最小限の範囲に限定するという新制度の立法趣旨に反する等の理由からです。

　もっとも、判断能力が不十分であるために浪費をしてしまう人は、新制度においても、保佐または補助の対象となります。

(B)　自己決定を尊重した任意後見制度が創設された

本人が契約の締結に必要な判断能力を有している間に、後見事務について任意後見人に代理権を付与する任意後見契約を締結し、判断能力が衰えたときに備える任意後見制度が創設されました（☞第1章Ⅴ）。

⒞　**本人の意思尊重義務と身上配慮義務が定められた**

本人の心身の状態および生活の状況に配慮すべき義務（身上配慮義務）に関する一般的規定とともに、自己決定の尊重の観点から本人の意思を尊重すべき義務（本人意思尊重義務）があわせて規定されました。

⒟　**成年後見登記の制度が新設された**

旧制度の公示方法を改め、法定後見および任意後見契約に関する新しい登記制度として成年後見登記制度が新設されました（☞第1章Ⅵ）。

⒠　**市町村長が申立てすることができるようになった**

市町村長が、認知症高齢者・知的障害者・精神障害者等について、その福祉を図るため特に必要があると認めるときには、補助・保佐・後見の開始に向けた申立てができるよう、老人福祉法・知的障害者福祉法・精神保健福祉法の中に規定が設けられました。

これは、成年後見制度が、判断能力の不十分な人を親族のみで支える制度から社会全体で支える制度に変わったこと（後見の社会化）の1つの現れといわれます。

⒡　**後見人（成年後見人・保佐人・補助人）の充実**

⒜　**適任者を選任するようになった**

後見人が行う事務は、生活・療養看護に関する事務（身上保護事務といいます）と財産管理事務です。1人の人を支えるにあたって後見人に求められる役割は、多様な範囲にわたります。そのため、配偶者が必ず後見人や保佐人となる旧制度から、家庭裁判所が事案に応じて適任者を選任するしくみに改められました。

⒝　**複数後見人・法人後見人を選任できるようになった**

新しい制度では、複数の後見人を選任することができるようになりました。これによって、親族と法律の専門家、法律の専門家と福祉の専門家等、さまざまな組み合わせによる複数後見人を選任することが可能になり、複雑な事案にも対応できるようになりました。

また、専門的知識や体制を整えた法人を選任できることが明らかとなりました。これも後見の社会化の現れといわれます。

⒞　**新設された「補助人」の権限**

補助人は、当事者が申立てにより選択した特定の法律行為（預金の管理、重要な財産の処分、介護契約の締結等）について、家庭裁判所による個別の審判により代理権・同意権（取消権）を付与されます。

(d)　「保佐人」の同意権・取消権

　保佐人は、民法に規定された所定の行為（借財・保証、不動産または重要な動産の処分等）について法律上当然に同意権・取消権を有します。また、当事者が申立てにより選択した「特定の法律行為」について、家庭裁判所による個別の審判により代理権・同意権（取消権）を付与されます。

(e)　「成年後見人」の取消権の例外──日常生活に関する行為

　成年後見人は、本人を代表し、広範な代理権と取消権を付与されます。

　ただし、自己決定の尊重の観点から日用品の購入その他日常生活に関する行為については、取消権の対象から除外されています。

（第1章Ⅰ　芳賀　裕）

II　人権と成年後見

●この節で学ぶこと●

　基本的人権の尊重、個人の尊厳と生命・自由・幸福追求の権利を保障した憲法11条（基本的人権）、13条（幸福追求権）等の実現をめざして、こんにちの新しい成年後見制度が形作られたことを学習します。

1　はじめに

　成年後見は判断能力が不十分な成人の人権を護るための制度です。そういわれても、どのような人の人権を誰がどのように護るのか、それはどのような社会的意味をもっているのかピンとこない、と思われるかもしれません。これを一言で説明するのは難しいので、回りくどいようですが、成年後見の制度が、人権の歴史の中で人権保障のシステムの一環として育ってきた過程を概観し、日本の現在の制度に至っていることを説明したいと思います。

2　人権宣言と憲法

　人権は憲法によって保障されています。近代国家の憲法は、国民を統治する国のしくみを定めた統治機構の部分と、国が保障しなければならない国民の人権を明示した人権宣言の部分とから成っています。統治機構も、国民の人権を護るためのしくみであるとすれば、近代憲法の核心は人権宣言にあるといっても過言ではありません。歴史的にも、人権宣言が憲法に先行した例があります。

　1776年のイギリス本国に対するアメリカの独立宣言は、「われわれは、自明の真理として、すべての人は平等に造られ、造物主によって、一定の奪いがたい天賦の権利を付与され、そのなかに生命、自由および幸福の追求の含まれることを信ずる」と宣言しました。憲法の制定はずっと後のことでした。

　また、1789年のフランス革命における「人および市民の権利宣言」は、憲法に先立って、「人は、自由かつ権利において平等なものとして出生し、かつ生存する。社会的差別は共同の利益の上にのみ設けることができる」（1条）、「所有権は、一の神聖で不可侵の権利である……」（17条）と宣言しました。

アメリカの独立宣言は、イギリス本国の植民地支配に抗して経済的活動の自由と平等を要求する当時のアメリカ植民地の人々の立場を反映するものでした。またフランスの人権宣言は、王制による身分的支配と経済活動の抑圧に抗し自由平等な社会を求めた新興ブルジョアジーの要求を背景とするものでした。その意味では、これらはアメリカやフランスの当時の歴史が生み出した特殊で個別の例にすぎません。

しかしこれらは、支配者の抑圧に悩む多くの国民の利益をも代弁する面をもち、また他の諸国民に対しても大きな影響を与え、その改革への要求を基礎づけるという役割を果たしました。さらに、社会の近代化が、市民革命によってではなく、国の主導で推し進められたドイツや日本の場合でも、憲法に人権を認める規定をおかざるを得ませんでした。その意味では、人権宣言は普遍性をもつといえるでしょう。もっとも、ドイツや日本の場合には、人権は国家が与えるものであり、法律によって制限できるという制約（法律の留保）を設けていたことに注意すべききです。

3　人権宣言の内容

人権宣言の中心をなす人権は、アメリカの独立宣言やフランスの人権宣言にみるように、自由と平等、そして所有権の不可侵です。これらの人権の保障が経済活動を保障し、富の獲得に寄与しました。自由・平等・所有権の不可侵が近代憲法の根幹となった所以です。さらに、これらの保障をより具体化するために、居住・移転の自由、言論や集会の自由、逮捕や処罰など刑事事件についての適正な手続の保障などが規定されました。このように、自由・平等・所有権を中核として、これをさらに具体化した一群の人権をまとめて「自由権」と呼んでいます。しかし、自由権は経済発展に大いに役立ったものの、一方に富める者を、他方に多くの貧困者を生み、深刻な社会問題を引き起こすことになりました。人権がこれに対応して新たな発展を迫られたことは、後にみるとおりです。

4　人権を支える法のしくみ

さて、人権宣言は、抑圧された人たちが危機に臨んで生きのびるために必要な要求をぎりぎりのところまで煮つめたものであって、将来に託した理想であり、これから実現すべき目標でした。だからこそ近代憲法は、これをその核心として

取り入れ、国がその実現に責任をもつことを約束したのでした。さらに、憲法に基づいて制定された各種の法律もまた、人権宣言を支え、これを実現するという役割を担いました。その中で市民社会の基本秩序を規定したものが民法でした。

　近代民法は、社会を構成する主体（人）と、人間に必要な財産（物）と、主体と主体との間の交流（行為）を定めています。その内容は自由と平等と所有権を保障する自由権に適合し、これを具体化するものでなければなりません。近代民法は、この要請にどのように応えたのでしょうか。

　まず民法は、すべての人間を、平等に社会を構成する主体（人）として認めました。近代以前の社会では、主人に従属する奴隷や領主に従属する農奴は、社会を構成する主体とは認められませんでした。憲法における全国民に対する自由権の保障によって、はじめて民法においても、すべての人間が社会を構成する主体として権利をもつ資格をもつと定めることができたのです。このように権利の主体となる資格を権利能力とし、それをもつ人間を人（ひと）と呼んでいます。多くの近代民法は、権利能力は出生と同時に認められるとしています。これはすべての人間が平等に社会を構成する主体であることを意味するもので、人類の進歩を示すものといえるでしょう。

　人間の生活に必要な財産については、土地をはじめ所有に関する制約を取り除き、自由に使い、そこから利益を上げ、さらに自由に処分できることを定めました。所有権の自由の確立は、人間の身分解放、自由の獲得と表裏一体をなすものです。

　人と人とが取り結ぶ関係については、自由な意思による限りどのような取り決めも自由にできることにし、契約の自由を確立しました。同時に、自由な意思によって生じた結果については自分が責任をとるという自己責任の原則を確立しました。したがって、他人に対して違法に損害を与えたときは、不法行為として損害賠償責任を負わなければなりません。

　以上のように近代民法は、市民社会の財産秩序と取引秩序（財産の帰属と取引のあり方）を規定しました。

　ここで強調しておきたいのは、このような民法のしくみにおける基本的な前提として、すべての行為が自由な意思に基づいているということです。この前提が崩れれば、民法が規定した財産秩序・取引秩序は崩れます。

　しかし、自由な意思が害される場合も珍しくありません。たとえば、重大な思い違い（錯誤）や、詐欺・強迫によって本来の意思が害されるような場合です。これに対しては、その意思を無効としたり取り消したりすることによって、本人

の保護を図るとともに、財産秩序・取引秩序が回復されることになります。

　それでは、そもそも自由な意思形成の基礎となる判断能力が不十分な場合はどうでしょうか。人間の生涯は、生まれ、成長し、社会的に一人前になって働き、また病気になったり、けがをしたり、高齢に達したりと、極めて多様な過程をたどります。人間の判断能力も、それに対応して多様なあり方を示します。

　これに対してまず近代民法は、社会的な一人前の指標として成年の制度（ほぼ20歳前後）を定め、未成年者は父の親権に服し、養育され財産の管理を受けることとしました。未成年者の判断能力の不足はこれによって補充されました。したがって、未成年者の成長の程度に応じて、補充の程度の強弱が定められました。

　それでは、成年者の判断能力が不十分な場合、どのように対処したのでしょうか。それが一時的な問題で、すぐ回復するような場合には、先に述べたような錯誤、詐欺・強迫による対処も考えられます。しかし、障害や高齢によって判断能力の不十分な状態が継続している場合にはこれでは対処しきれませんので、何らかの対応を迫られることになります。

5　成年後見の登場

　そもそもこの問題は、すべての人間を平等な権利主体として認めたことに端を発しています。そうするためには、現実の人間がもつさまざまな特質を無視し、抽象的な人間を想定しなければなりません。しかし、主体間の交流における自由な意思決定に必要な判断能力の問題は無視しきれません。無視すれば本人に損害を生じるばかりでなく、財産秩序・取引秩序の安定を害するおそれがあるからです。これらに対処するため、本人の意思形成を支援し補充するために用意された制度が成年後見でした。

　そこで問題となるのは、本人の保護と財産秩序・取引秩序の安定のいずれに重点をおくかということです。多くの民法が採用した方向は、すべての人間が平等に権利主体であることを承認しつつも、これを行為能力者と行為無能力者に二分することでした。行為能力とは、他の構成員との交流において支障なく関係を結び、その責任を負うことのできる能力であり、行為無能力はそのような能力に欠けることです。これは、平等な権利主体を二群に区別して、社会構成員の交流において注意すべき相手を明らかにすることになります。

　行為無能力者とするためには、裁判所の判断が必要です。行為無能力者には後見人がつけられ、後見人は本人に代わって行為をし、また本人の行為に同意を与

え、後見人の同意のない無能力者の行為は、本人の保護のために取り消すことができます。したがって相手方は、無能力者の行為が取り消される危険を計算に入れておかなければなりません。

このような成年後見制度のあり方は、財産の保全に重点をおき、財産秩序・取引秩序の安定に適合するものとなっています。それに対して、本人自身の尊厳や福祉の観点は軽視されています。このことは、すべての人間の平等という建前の下で、実は主として財産のある健常者の自由と平等の保障が重視されているのではないか、そして成年後見制度は、権利主体の中に区別を設け、社会からの排除とまではいかないとしても警戒すべき対象を明示し、経済活動の支障にならないようにしたのではないか、という疑問を生じさせます。実際問題として、無資産の人々は成年後見制度の対象とならず、放置される結果となりました。人間の尊厳と福祉の問題は、その後の人権宣言において追求されることになりました。

6　人権宣言の発展

抑圧に抗する人々の要求を煮つめたものが人権宣言で示された自由権でした。その実現のための制度がすべての人間にあてはまるようにするため、極度に抽象化された権利主体としての人が生み出されたこと、その矛盾を解決するために行為無能力者と成年後見の制度がおかれたことをみてきました。

しかし人間の極度の抽象化によって、すべての人間が自由と平等を保障されるというのは虚構にすぎません。これに対して現実の人間のおかれた姿を直視することを迫ったのが、第一次世界大戦で敗れたドイツ国民の生活の破綻でした。1919年のワイマール憲法は、生活の危機に瀕したドイツ国民の生き延びるための要求を反映したものと思われます。そこでは、これまでのような自由権の保障に加えて、「経済生活の秩序は、すべての者に人間たるに値する生活を保障する目的をもつ正義の原則に適合しなければならない」（151条）とし、教育制度の整備、労働条件・経済条件の維持・改善のための団結権の保障、「健康および労働能力を維持し、母性を保護し、かつ、老齢、虚弱および生活の転変に備えるため」の包括的保険制度の設置などを宣言しました（161条）。これらは、社会倫理的原則の確定や立法の指針という面をもちつつも、「人間たるに値する生活」の保障を人権宣言の中にとりこんだ点において画期的です。これらを、「自由権」に対し「社会権」と呼んでいます。これは、人権宣言の内容の部分的な増加にとどまるものではなく、人権宣言全体の性格を大きく変えるものといえましょう。自由と

平等は、抽象的な人間のそれでなく、その社会において人間がおかれた状況に即して実現されなければならないのです。人権宣言の実現にあたる法律や制度にもその趣旨が徹底され、これに即した制度の制定・改革がなされなければなりません。

　人権宣言は、第二次世界大戦の惨禍を教訓として、さらに国際的な発展を遂げました。まず1945年に国連が、戦争の惨害から将来の世代を救い、基本的人権と人間の尊厳および価値と男女および大小各国の同権を実現することをめざして設立されました。国連は1948年に世界人権宣言を採択しました。これは法的な拘束力はないものの、自由権と社会権を包括する人権保障の目標ないし基準を宣言するものでした。1966年の国際人権規約はその内容を条約としたもので、社会権規約と自由権規約からなり、1976年に発効しました。さらに国連は、女子差別撤廃条約や児童の権利条約など人権保障の実質的な実現を図るための諸条約を採択しました。2006年に国連で採択された障害者権利条約もその１つですが、日本では政府がその批准を躊躇したため2014年２月18日にようやく発効に至りました。この条約は、「障害者が全ての人権及び基本的自由を差別なしに完全に享有することを保障することが必要であることを再確認」したうえで、「この条約は、全ての障害者によるあらゆる人権及び基本的自由の完全かつ平等な享有を促進し、保護し、及び確保すること並びに障害者の固有の尊厳の尊重を促進することを目的とする」と宣言し、そのための施策を要求しています。このことは、人権保障が健常者であれ障害者であれ、すべての人に及ぶことを再確認した点において極めて重要な意義をもっています。このような人権宣言の国際的発展は、各国の人権宣言とその施策に大きな影響を与えています。日本もその例外ではありません。

7　日本国憲法の人権宣言

　1947年の日本国憲法は、このような人権宣言の大きな流れを受け継いでいます。
　自由権については、まず憲法13条において、「すべての国民は、個人として尊重される。生命、自由及び幸福追求に対する国民の権利については、公共の福祉に反しない限り、立法その他の国政の上で、最大の尊重を必要とする」と総括的に保障されています。これは総括的で抽象的な規定ですが、これを詳細に展開するために、人身の自由、表現の自由、集会・結社の自由、信仰の自由、学問の自由、財産権の不可侵が保障されました。これらは、いずれも大日本帝国憲法の下で弾圧の対象となった経緯に照らし、明確にされたものです。

　平等権については、憲法14条が「すべて国民は、法の下に平等であつて、人種、信条、性別、社会的身分又は門地により、政治的、経済的又は社会的関係において、差別されない」と宣言しました。さらに憲法24条は、家族関係に関する立法については、個人の尊厳と男女の平等に即して制定されなければならないとしています。このことも、大日本帝国憲法下の民法が戸主権と家督相続を中心とする「家」制度を規定し、家族を戸主権と夫権によって統制し、財産を戸主に集中したことに対する反省に基づくものでした。憲法24条は民法の改正を促しましたが、この点は後に触れます。

　社会権についても、教育を受ける権利、労働権、労働者の団結権・団体交渉権・団体行動権、生存権の保障を宣言しています。

　憲法は、その25条において、「すべて国民は、健康で文化的な最低限度の生活を営む権利を有する」と国民の生存権を保障しました。そして、「国は、すべての生活部面について、社会福祉、社会保障及び公衆衛生の向上及び増進に努めなければならない」と国の責務を明らかにしました。

　このような社会権の保障は、第二次世界大戦の惨禍によって人々の生活が危機に陥ったことを反映するものでした。破綻した生活を立て直し、新しい社会を築くためには、教育によって新しい社会にふさわしい能力を身につけ、安定した労働条件で働くことを保障し、生活が破綻した場合でも人間にふさわしい生活を保障する社会権の保障が不可欠でした。

　多様な人間のあり方を直視し、抽象的・理念的保障ではなく、人間の具体的なあり方に即してその要求を保障しようとする社会権、特に生存権の考え方は、自由権にも人間の具体的なあり方に即して自由と平等が保障されることを迫ることになりました。また、そのことによって、憲法13条の生命・自由・幸福を追求する権利に、豊かな内容を与えることになりました。社会の変化による新しい要求についても、氏名権、プライバシー権など人権としての保障を認めたことがその例といえるでしょう。

　このように画期的な意義をもつ日本国憲法の人権宣言は、憲法下の法のしくみ、特に民法にも大きな影響を与えました。

8　戦後の憲法改正と成年後見制度

　日本国憲法下の成年後見の検討に進む前に、それに先立つ1889年の大日本帝国憲法と、それを受けた明治民法（1896年・1898年）の成年後見について触れてお

きましょう。

　大日本帝国憲法は国に主導された近代化の結果であったため、国民の人権は君主から与えられたものとされ、自由と平等の保障も極めて不徹底で制約の多いものでした。その人権保障が外見的人権宣言と評された所以です。

　しかし、活発な経済活動の発展を望んだ国は、民法においてすべての人間を平等な権利主体とする道を選んだものの、判断能力の不十分な人を、「無能力者（禁治産者・準禁治産者）」として戸籍に公示しました。また、権威主義的な社会秩序の基盤として、家族を戸主・父・夫の統制下におく「家」制度を規定しました。家族は戸主によって居所を指定され、結婚や養子縁組の際には戸主の同意を必要としました。子は父の強大な親権に服し、女性は結婚すると「無能力者」とされ、雇用のように身体に制約を受ける契約や重要な財産上の行為をする場合には、夫の同意を受けなければならなくなりました。成年後見制度も、後見人は戸主と親族会の統制の下に「家」の存続を図るための財産管理を主な任務としましたが、本人の療養看護にも努めるものとされました。

　それでは、大日本帝国憲法にとってかわった日本国憲法の下で、民法はどのように変えられたのでしょうか。

　1947年の民法改正は、個人の尊厳と男女平等の原則を基軸とし、これに反する部分を改廃するという方針で進められました。「家」制度と妻の無能力制度は、この２つの原則に反するものとして廃止されました。さらに、民法２条は、「この法律は、個人の尊厳と両性の本質的な平等を旨として、解釈しなければならない」と宣言しました。

　成年後見制度も、「家」制度の廃止に伴う改正がなされ、戸主や親族会にかかわる規定は削除・改正されました。しかし民法改正は、人と後見制度の基本的な枠組みに手を触れることはありませんでした。その枠組みとは、すべての人間が権利主体となることを認めながらも、財産秩序・取引秩序の安定を図るために行為無能力者を区別し、本人の人間としての尊厳と福祉を後回しにしたことです。本来ならば、すべての人間に対し、社会権の支えを基盤として生命、自由、幸福追求の権利を認めた日本国憲法の人権宣言の理想への前進が図られるべきだったでしょう。しかし残念ながら、戦後の改正ではそこまでいきませんでした。また、その後の改正においても、準禁治産宣告の要件から、目耳口が不自由であることが除かれたにすぎません。

　したがって、改正民法下の成年後見制度は、「禁治産・準禁治産」という名称に伴うマイナス感、それらが戸籍に記載されることによるプライバシーの侵害、

後見人は1名に限り、まず配偶者を後見人にあてるなどといった制度の硬直性、費用と時間を要する精神鑑定を不可欠とするなど煩雑な手続、本人の尊厳と福祉よりも財産の管理・保全を中心とし財産秩序・取引秩序への適合を図っている制度の性格など、多くの問題点をもち続けることになりました。それらの解決は、新しい成年後見制度の出現を待たなければなりませんでした。

9　新しい成年後見制度とその特色

　これに対して、1999年の民法改正（法定後見、保佐、補助）、任意後見契約法・後見登記法の制定は、本人の意思の尊重とノーマライゼーション（家庭や地域において通常の生活を送ることができること）とを、基本理念として強く打ち出した画期的なものでした。その特徴を、法定後見を中心にみることにしましょう。

　まず後見人は、その職務である生活・療養看護に関する事務、および財産管理事務を行うにあたっては、「成年被後見人の意思を尊重し、かつ、その心身の状態及び生活の状況に配慮しなければならない」（民法858条）とされました。これまでの後見法が財産の管理と保全に重点をおいていたことと比較すると、本人の尊厳と福祉を重視する観点が強まったといえるでしょう。

　また、「日用品の購入その他日常生活に関する行為」については、被後見人本人の行為を取り消すことができないものとしました（民法9条ただし書）。このことは、本人の日常生活の行為の相手方を安心させることにより、本人が日常的な取引関係から忌避され締め出されることを防ぐものです。これも、本人の意思の尊重とノーマライゼーションの理念に沿うものといえるでしょう。また、本人の居住用の土地・建物の処分については、後見人だけで決めることができず、家庭裁判所の許可が必要であるとされました（民法859条の3）。これも、本人の日常生活の変更をできるだけ避けようとする趣旨だと思われます。

　さらに新制度は、これまで指摘されてきた問題点について改善を試みました。「禁治産・準禁治産宣告」というマイナス要因をもつ名称を避け、判断能力の程度に応じて後見（あるいは保佐および補助）開始という言葉を使ったこと、戸籍への記載を避けて新たに後見登記を設けプライバシーの保護を一歩進めたこと、後見人の選任について配偶者を第1順位とすることをやめ、また複数の後見人の就任を可能として制度の柔軟性を図ったことなど、成年後見制度をできるだけ使いやすくするための努力をしています。

　さらに、最近の法改正において後見事務の円滑化が図られています。平成28年

４月の民法及び家事事件手続法の一部を改正する法律は、成年後見人の権限を２点強化しました。

　まず、家庭裁判所が後見事務において必要であると認めたときは、請求により成年被後見人あての郵便物等を成年後見人に配達すべき旨を嘱託できることとしました。もちろん信書の自由や自己決定権に対する配慮が払われています。

　また、成年被後見人の死後の事務が以下の３点について認められました。すなわち、①相続財産に属する特定財産の保存行為、②期限の到来した相続債務の弁済、③死体の火葬、埋葬のための契約の締結その他相続財産の保存行為であり、③については家庭裁判所の許可を要するものとしています。

　なお、成年後見制度の発展が、他の関連諸制度に残存する古い成年後見観に影響してきたことにも注目すべきでしょう。たとえば、平成25年の公職選挙法の改正は欠格条項から成年被後見人を除いたことから、成年被後見人は選挙権および被選挙権を回復しました。

10　新しい成年後見制度の社会的・制度的要因

　それでは、このような制度改革が、なぜ憲法制定に伴う戦後期の民法改正においてなされなかったのでしょうか。それは、改正作業の時間的な切迫ということもあって、憲法との法律的な抵触を取り除くことに力が注がれ、憲法13条・25条の精神の積極的な実現にまで力が及ばなかったこと、またそれを要求する社会的要因もまだ熟するに至っていなかったことからきたものと思われます。しかし、その後の日本社会の発展と変化は、制度改革を迫る社会的要因を前面に押し出すことになりました。

　まず、社会的要因として最も重要な点は、高齢化の進行により、高齢者・障害者の存在は少しも珍しいことではなく、それに伴い判断力の不十分な人も増加し、社会はこの人たちをごく普通の構成員として受け入れるに至ったことです。これまでは、親族・家族が、判断力の不十分な人を支えてきました。それによって問題は表面化しなかったのです。しかし、高度経済成長による人口の流動化は、核家族化による急激な世帯規模の縮小を招き、さらに急速な少子高齢化は高齢者夫婦世帯・単身世帯の増加をもたらしました。親族・家族が高齢者・障害者を支援し介護する力は大きく低下したのです。

　したがって社会は、この人たちを区別し特別扱いすることなく、通常の構成員として受け入れ、個人の尊重と生命・自由・幸福追求を実現するためのしくみを

社会的に用意しなくてはなりません。

　そのためには、高齢者・障害者の支援と介護を社会的に解決することが必要です。成年後見制度の改革と併行して行われた社会保障制度改革、特に福祉サービスの社会化がこれに対応しています。

　成年後見制度が改革され、社会に広く普及することは、他の諸制度、特に社会福祉・社会保障の期待するところとなりました。これまでの社会福祉は、憲法25条に基づくものとはいえ、行政措置として行政の判断によって給付の可否と給付内容が決められていました。これに対して新しい制度は、介護の必要度は公的に判断されますが、介護サービスなどの供給は広く市場に求め、介護を必要とする人は、事業者とサービス内容とを契約を通じて選択することとしました。その選択が適切であったかどうかのリスクは、その人が自己責任として負わなければなりません。これは、判断力の不十分な人にとって大変に困難な局面です。成年後見制度は、このような場合に、高齢者・障害者の支援に大きな役割を果たすものと期待されます。こんにちの市民生活は、社会福祉・社会保障システムとの関係を抜きにしては考えられません。成年後見制度は市民とこれらのシステムとの結節点として重要な役割を果たすものです。それは、高齢者・障害者の人権を、個人を尊重し、生命・自由・幸福追求の権利を保障する憲法13条に即して擁護することにほかなりません。

11　後見人の責務

　このように、成年後見制度の果たす役割は極めて大きいのですが、実際にこの制度を担うのは後見人です。

　後見人は、被後見人の生活および療養看護に関する事務や財産管理の事務を担当し、管理する財産に関する法律行為について本人を代表し、本人の行為について取消権を与えられています。このような極めて大きな権限は、もちろん本人の個人としての尊厳を護り、その生命と自由を護り、幸福を追求する権利を支援するためのものです。

　しかし現実において、その実現を妨げる困難のいかに多いことか。これまでの成年後見制度自体が財産の管理と保全に熱心で、本人の尊厳と福祉をなおざりにしてきたことはすでに述べたとおりです。新しい制度は、本人の意思を尊重し生活に配慮すべきことを明示しました。これは大きな前進ですが、制度や施設の利用、市民活動との連携などにより、さらに生活の質の向上を図ることが必要であ

り、後見人の役割が大きく期待されるところです。

　このような本人の福祉を追求する積極的な役割と並んで、その生活防衛のための役割も現代社会では極めて重要となっています。高齢者・障害者に対する虐待、不当取引や詐欺行為など悪質な行為が跡を絶ちません。後見人は、現代社会の護民官として、これらに立ち向かい、被後見人本人の人権を守らなければなりません。この場合、取消権が強力な武器となるでしょう。さらに強力な措置を必要とする場合には、法律専門職の協力を求めることも必要になるでしょう。

　このように、後見人は大きな権限をもつ反面、その濫用の危険にも常に直面しています。

　これまで問題となった事案で目につくのは、後見費用の過大・架空請求と、被後見人の財産の後見人による使いこみです。いずれも信頼を裏切る重大な行為であり、被後見人の生活の破綻にもつながりかねません。さらに、成年後見制度そのものの信頼性を揺るがし、制度の崩壊に導くおそれがあります。これを防ぐためには、本人の財産と後見人の財産の区別を厳格にし、公正な費用計算をすることに尽きます。しかし多忙な日常生活の中では、これは意外に難しいことのようです。とはいえ、後見人の職務は人権擁護という大きな使命を達成するためなのですから、高い倫理性をもって乗り切っていただきたいものです。

　なお、後見人の報酬は、後見人と本人の資力その他の事情を考慮して家庭裁判所が「相当な報酬」を後見人の財産のうちから与えることができるものとしています。これは、後見人の職務が営利的なものではなく公的な性格を帯びていることからもきていると思われます。しかし、後見制度を、資産を有する人ばかりでなく開かれたものとする観点からは、後見人の給源の拡大のためにも適正な報酬が必要であり、本人の資産が不足する場合には公的支援も考えられてよいのではないでしょうか。

12　扶け合い社会の展望

　これまでの考察は、社会的要請に即して改革された現行成年後見制度が、関係者の大きな努力により一定の成果をあげてきたことを示しています。しかし、成年後見制度の利用を必要としていると推定される人が100万人単位で存在するにもかかわらず、現在の利用者は20万人に満たないのが現実です。この落差を埋めることは容易ではなく制度の抜本的改革はもちろんのこと社会全体が変わらなければならないでしょう。これに関しては、平成28年４月に成立した成年後見制度

利用促進法を検討する必要があります。

　この法律は、成年後見制度が精神障害者を社会全体で支え合う共生社会を実現するための重要な手段であること、それにもかかわらず、この制度が十分に利用されていないこと、したがってその利用を促進するための施策を総合的かつ計画的に推進することを目的としています。推進体制の頂点に首相を長とし関係閣僚からなる成年後見制度利用促進会議がおかれ、これを10名の委員からなる成年後見制度利用促進委員会が補佐し、成年後見制度利用促進基本計画が策定され、閣議にかけられて閣議決定されました。

　成年後見制度利用促進法は、利用促進という用語を用いているため、現行制度をそのままにしておいて利用促進を図るものだと受け取られるおそれがありますが、決してそうではありません。成年後見制度の利用促進を進めるためにも制度の改革は必要でしょう。そのことは、この法律が地域の需要に即した利用促進を重視し、市民の中から後見人の候補者を育成し、その活用を図ることを通じて人材を確保しようとしていることからも明らかです。このような市民後見人の制度は、成年後見制度が、その担い手を確保する道を開くとともに、地域社会との有機的な連携を構築するための手がかりとなるものです。このように成年後見制度の抜本的改革を進めることによりはじめて、より多くの人たちの人権を擁護する制度の利用促進が可能となるのです。この法律は政策の枠組みと方向性を示すためのものですから、今後の適切な実質をもって充足する必要があります。そのためにあらゆる機関、団体の枠を超えた英知の結集を望みたいと思います。

　現在の世界は、多くの地域で戦乱と紛争が起こり、惨憺（さんたん）たる有様です。日本国内をみても、しばしば天災地変によって大きな打撃を受けているばかりでなく、少子高齢化の進行や深刻な不況の下、政治的・経済的・社会的に不安定な状況にあります。これは、今に始まったことではなく、人類史に常につきまとってきた問題であったことも否定できません。

　そうであるにもかかわらず人類は、個人が尊厳をもって生き、自由に幸福を追求する権利をすべての人間に平等に保障しようという理想を営々として受け継いできました。成年後見制度もまたその一環として発展してきたことをみてきました。そのことから思うことは、成年後見制度の社会的・精神的基盤の必要性です。高齢社会において高齢者・障害者は例外的な存在ではなく、ごく普通の構成員です。このような多様性をもつ社会を維持していくためには、構成員相互の扶（たす）け合いが必要です。扶ける者も、やがて扶けられる存在となるのです。そのような認識が、扶け合いの社会的組織化の基盤となるでしょう。成年後見制度は、このよ

うな社会システムの一環としてはじめて存在意義を発揮することができるでしょう。後見人の給源として市民後見人が期待されていることも、その1つの現れだと思います。そのことは、専門職後見人がいなくてよいということではありません。むしろ専門職後見人と市民後見人との協力関係の確立こそが、この制度の一層の発展にとって必要となるでしょう。専門的解決を要する場合には専門職後見人の専門知識が、地域に根差した生活上の問題については市民後見人の生活体験が大きな意味をもつのであり、両者の分業と協力が望ましいといえるでしょう。

　成年後見制度は、混乱した社会において人間性を示すものの1つであり、この人類の英知の産物を何としてでも維持・発展させたいと念じてやみません。

〔注記〕　本文中の「独立宣言」「人および市民の権利宣言」「ワイマール憲法」の引用は、
　　　髙木八尺＝末延三次＝宮沢俊義編『人権宣言集』（岩波文庫）による。

（第1章Ⅱ　利谷　信義）

第
1
章

III　成年後見制度概論

●この節で学ぶこと●

　Ⅰで学んだ成年後見制度の理念と特徴を復習し、さらに理解を深めます。また、新しい成年後見制度が施行されてから20年が経過した現在において指摘されている問題点について学習します。

1　序　論

(1)　成年後見制度とは

　成年後見制度とは、判断能力の不十分な成年者（認知症高齢者、知的障害者、精神障害者等）を保護し、また支援するための制度です。

　この制度は、自己決定の尊重の理念と本人の保護の理念との調和を目的として、より柔軟にかつ弾力的で利用しやすい制度をめざしています。

　認知症高齢者や知的障害者あるいは精神障害者など判断能力の不十分な人は、財産の管理や身上保護（介護サービス利用、施設への入退所などの生活・療養看護について配慮すること）についての契約、遺産を分割するなどの法律行為を自分で行うことが困難だと考えられます。また、悪質な商法の被害にあうなどのおそれもあるといえます。

　成年後見制度では、このような判断能力の不十分な人を保護し、また支援していくために、契約の締結を本人に代わって行ったり、あるいは本人が誤った判断に基づいて契約をした場合にはそれを取り消すことができるなどの権限を、支援者である後見人（成年後見人・保佐人・補助人・任意後見人）に付与することができます。

(2)　成年後見制度の基本的な考え方

　平成12年4月1日から施行された成年後見制度は、それまでの民法で規定されていた「禁治産者・準禁治産者宣告の制度」を大幅に見直したものです。従来までの禁治産・準禁治産の制度では、対象者が精神上の障害の重い人に限定されており、保護の内容も画一的・硬直的であると指摘されていました。

　また、禁治産・準禁治産の宣告を受けた場合、戸籍に記載されることから、関係者が制度を利用することに強い抵抗感を感じることもありました。さらに、制

度を利用するまでに時間や費用がかかり、当事者に負担をかけるなど、利用しづらいという問題もありました。

　一方で、ノーマライゼーションの理念が社会に浸透するにつれて、自分のことは自分で決めて生活するという「自己決定権」を尊重する動きが広がってきているといえます。

　社会福祉基礎構造改革においても措置制度から契約制度へと、利用者がみずから福祉サービスを選択し、サービス提供事業者と契約する利用制度への転換が図られています。

　これらの社会情勢を踏まえ、本人の情況に応じた、柔軟で、かつ利用しやすい制度として、成年後見制度ができたのです。

　成年後見制度には３つの理念があります。第１は「ノーマライゼーション」であり、高齢者や障害者であっても特別視せず、それまでと同じような生活を送るようにすることです。第２は「自己決定権の尊重」であり、意思能力が衰え始めた人には残存能力を活用し、今は意思能力があってもその喪失・低下を心配する人には後述の任意後見制度が導入されたということです。第３は「身上保護の重視」であり、生活のために財産を管理することが成年後見制度の核心であると考えるということです。

(3)　新しい成年後見制度の特徴

(A)　法定後見制度に「補助」類型を追加したこと

　成年後見制度では、本人の判断能力の程度や保護の必要性といった多様な状態に応じ、柔軟かつ弾力的な対応を可能とするために、「後見」「保佐」「補助」の３つの類型を規定しています。これらは民法上に規定されており、「法定後見制度」と呼ばれています（☞第１章Ⅳ）。

　特に「補助」の類型は、禁治産・準禁治産では対象となっていなかった、軽度の精神上の障害により判断能力が不十分な人のための新たにできた類型です。本人の意思を尊重しながら多様なニーズに応えられるように、本人の同意の下で特定の契約などの法律行為について支援を受けられることとしています。

　禁治産・準禁治産も、それぞれ「後見」「保佐」と名称が改められ、従来よりも使いやすくなりました。

　なお、準禁治産の対象であった浪費者のうち、単なる浪費者は除外されることになりました。すなわち、十分な判断能力を有する浪費者は保佐制度の対象とはならないとされたのです。その理由としては、十分な判断能力を有する人が自分の財産を使うことについて裁判所が介入することは好ましくないことなどがあげ

られます。

(B)　任意後見制度を創設したこと

任意後見制度とは、次のような制度です。

本人が、判断能力の十分あるうちに、前もって代理人である任意後見人（任意後見受任者）に財産管理や身上保護などの事務などについて代理権を与える任意後見契約を公正証書で締結しておきます。その後、認知症等によって本人の判断能力が不十分になったときに、家庭裁判所が任意後見監督人を選任することによって、契約の効力が生じるというものです（☞第1章Ⅴ）。

本人は、任意後見監督人の監督の下で、任意後見人による支援を受けることが可能になります。なお、公正証書は公証役場において公証人により作成されます。

> ★用語解説★
> ●公正証書
>   公証人が法律関係に基づいて作成する公文書のことです。公証人が当事者の依頼を受けて各種の契約内容を法律上明確にするための文書として作成し、当事者が署名・押印し、さらに公証人が署名・押印することで公文書となります。
> ★用語解説★
> ●公証役場（☞第1章ⅩⅠ11）
>   公証人が公正証書の作成、私署証書の認証、確定日付の付与などの職務を行う公の事務所です。
> ★用語解説★
> ●家庭裁判所（☞第1章ⅩⅠ1）
>   裁判所のうち、主に家庭の問題と少年の非行事件を扱うところです。成年後見制度に関する問い合わせは、家庭裁判所の家事手続案内が窓口になっています。

(C)　後見人（成年後見人・保佐人・補助人）の充実を図ったこと

判断能力の不十分な人を支援するための体制を充実させるために、成年後見制度では、家庭裁判所が個々の事案に応じて適切な成年後見人・保佐人・補助人を選べるようになっています。また、後見人を複数選んだり、法人を選んだりすることも可能になっています。

(D)　成年後見登記制度を新設したこと（☞第1章Ⅵ）

禁治産・準禁治産宣告の戸籍への記載をやめ、「後見登記等に関する法律」（後見登記法）に基づき、後見人の権限や任意後見契約の内容などを登記する成年後見登記制度が新設されました。

この登記制度は、後見開始の審判がなされたときや任意後見契約の公正証書が作成されたときに、家庭裁判所または公証人からの嘱託（依頼）によって、後見

人の権限や任意後見契約の内容などを登記するものです。

登記官が登記事項証明書を発行することによって、登記されている情報を開示します。また、登記がされていないことの証明も行います。

(E) 市町村長が申立てをできるようにしたこと

判断能力の不十分な人に配偶者または４親等内の親族がいなかったり、あるいはこれらの親族があっても音信不通の状態にあったりする場合、市町村長は、本人の福祉の充実を図るために必要があると認めるときには、法定後見の開始の審判を申し立てることができます。

2 成年後見制度の現状

(1) 成年後見制度を取り巻く動向

平成12年４月に新しい成年後見制度が開始されてから、全国の家庭裁判所における成年後見関係事件（後見開始、保佐開始、補助開始および任意後見監督人選任事件）の申立件数は年々増加しています。平成22年には３万人を超えましたが、平成25年からは若干ではありますが、減少に転じています。令和元年12月末で22万4442人が利用しています。

しかし、制度の利用が必要な人が、必ずしも利用に結び付いていないという指摘もあります。

その要因としては、①申立経費や後見報酬といった本人の経済的負担が大きい、②申立人や後見人候補者が見つからない、③市町村長の申立制度が十分に活用されていない、④制度に関する情報提供と相談体制が不十分である、といったことなどが考えられます。

そのような中、特に認知症高齢者の増加に伴って、成年後見制度の利用が必要と推定される人が増加しており、対応が急務となっています。

(2) 後見人の受け皿づくりの状況

後見人に選任される人は、一般的には親族が多くなっています。一方、親族以外の人で後見人に選任される人を「第三者後見人」といい、その受け皿として、弁護士、司法書士、社会福祉士等があります。

少々古い数字ではありますが、各会に登録されている人数のうち、実際に後見人として活動する専門職の人数は、全体の２〜３割とされています（図表１−２）。

専門職の中には、後見人の担い手不足のために、やむなく１人で多数の後見人を受任する場合もあり、これからさらに増大するといわれる受任要請に対応でき

図表1－2　主な第三者（専門職）後見人の現状

	弁護士会	リーガルサポート（司法書士）	社会福祉士会	登録者の合計	登録者の実働割合
全国	3200人	5000人	3500人	1万1700人	2〜3割

（出典）　実践成年後見32号 8 頁

図表1－3　成年後見制度の利用が必要と考えられる対象者の推計等

	認知症高齢者	知的障害者	精神障害者	対象者合計	総人口	総人口に対する対象者割合
全国	211万8000人	54万7000人	302万8000人	569万3000人	1億2700万人	4.48%

（出典）　全国の認知症高齢者数については厚生労働省「2015年の高齢者介護」より、全国の知的障害・精神障害者数については厚生労働省「平成21年障害者白書」より。ただし、20歳未満や年齢不詳の方も含んでおり対象者は最大数を想定しているため、必ずしもすべての人に成年後見制度の利用が必要であるとはいえない。

なくなることが予想されます。成年後見制度の利用を必要とする人がいるにもかかわらず、後見人の受け皿が限られているために利用できないという事態に陥ることは避けなければなりません。

後見人の約 7 割を第三者後見人が担うとしても、全国で成年後見制度の対象と考えられる569万3000人（図表1－3）のうち、170万8000人について第三者後見人が必要とみられます。

(3)　成年後見制度の利用状況

民法改正により、平成12年 4 月から、従来の禁治産・準禁治産に代わり、「成年後見制度」が施行されました。民法 7 条等には「法定後見制度」が規定され、新たに「任意後見契約法」も施行されました。

最高裁判所が公表している「成年後見関係事件の概況」によると、成年後見関係事件（後見開始、保佐開始、補助開始および任意後見監督人選任事件）の申立数は増加傾向にあり、平成12年度と比べ令和元年は 3 倍以上増加しています（図表1－4）。

後見人と本人との関係は、平成12年度は親族（子、兄弟姉妹、配偶者等）が後見人に選任されたものが全体の90％以上を占めていました。親族以外の第三者（弁護士、司法書士、社会福祉士等）が選任されたものは全体の10％弱でした。

しかし、平成26年は、親族が後見人に選任されたものが全体の35.0％に減り、親族以外の第三者が選任されたものは全体の約65.0％にまで増加しました（図表1－5）。

このように、成年後見関係事件の申立件数は増加している、後見人の担い手に

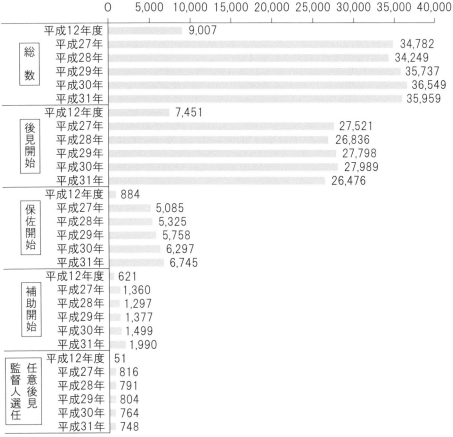

図表1-4　成年後見関係事件申立件数の推移（平成13年度～平成26年は省略）

※平成20年以降は1月1日～12月31日のもの、平成31年は令和元年を含む

図表1-5　第三者後見人が受任する割合と職種の内訳

親族以外の第三者後見人の受任割合		専門職等の受任件数（単位：件）			
		弁護士	司法書士	社会福祉士	法人
平成27年	約70.1%	8,000	9,442	3,725	1,185
平成28年	約70.1%	8,048	9,408	3,990	1,274
平成29年	約73.8%	7,967	9,982	4,412	1,447
平成30年	約76.8%	8,160	10,535	4,837	1,567
平成31年／令和元年	約78.2%	7,763	10,539	5,133	1,722

ついては親族ではなく専門職等の第三者後見人が増加している、という状況があります。

　これから増大していく成年後見を利用するというニーズに応えるためには第三者後見人の受け皿の確保が必要ですが、第三者後見人の主な担い手である専門職の数は限られており、限界が生じています。

　そこで、後見人の担い手として、社会福祉協議会やNPO法人等による法人後

見の充実が期待されています。また、新たな担い手として、住民相互の助け合い
の視点から、市民後見人の実施が期待されています。

3　成年後見制度の現状の分析

　以上のような状況を下に、成年後見制度の現状について分析します。

　第1に、法定後見の利用件数自体は増加していますが、成年後見制度を必要とし
ている人の総数に比べて、いまだ利用者数が少ないといわざるを得ません（国際的
な標準では、少なくとも総人口の1％が、成年後見制度の利用が必要とされる人数だとい
われています）。しかも、後見類型の利用が他の類型に比べてかなり多く、利用が後
見類型に偏っています。逆に、補助類型の利用は極端に少ない状況です。

　第2に、鑑定を省略する傾向が際立っています。「成年後見関係事件の概況」
において報告されている鑑定実施率は、平成19年が約40.0％であったのに令和元
年には7.0％となっており、実施率が4分の1まで減少しています。これは急激
な変化であり、裁判所側の何らかの措置によるものと考えられます（☞4(1)）。

　第3に、親族以外の第三者後見人の選任が増加しています。第三者後見人が選
任される割合は、平成19年が約26.1％、平成20年が約31.5％、平成21年が約36.5％、
平成22年が約41％と、毎年約5％ずつ増加し、令和元年には78.2％にまで達しま
した。これは他の国と比べても顕著な傾向といえます。

　第4に、市町村長の申立てが増加しています。この5年間で、平成19年の1455
件（全体の約5.7％）、平成20年の1876件（全体の約7.0％）、平成21年の2471件（全
体の約9.0％）、平成22年の3108件、平成23年の3680件と増加傾向にあります。令
和元年には7837件で全体の22.0％となっています。市町村長の申立ては成年後見
の社会化が端的に表現された制度なので、増加傾向にあることは好ましいことだ
といえます。

　以上のような状況から、成年後見制度施行時と比べると、制度の利用はかなり
進展したといえます。そこには、審理期間を短縮したこと、鑑定費用を安くした
ことなどを成し遂げた家庭裁判所の大きな努力があります。また、第三者後見人
選任の増加、市町村長申立ての増加等にみられる動きは、「成年後見の社会化」
がわが国の社会に具体的に実現されるための手がかりと考えることができます。
しかし、成年後見制度の利用件数はいまだ不十分で、他国と比べてその利用率は
極めて低い状況です。しかも後見類型にあまりにも偏った利用や、任意後見の利
用率がかなり低いことなど、成年後見法の基本理念に反するような心配すべき事

態に直面しています。

　これらのことから、わが国の成年後見制度は根本から変わる必要があるように思えます。以下では、成年後見制度の改革に向けた道筋を論じたいと思います。

★用語解説★
●成年後見の社会化

　成年後見制度の運用を家族のみに委ねず、司法、行政、民間が一体となって支えることを「成年後見の社会化」といいます。市民の「共助」の精神に基づき社会連帯の下に同制度を位置づける考え方です。

4　改革の鼓動

(1)　成年後見法の見直しに向けた課題

(A)　後見類型の利用に偏っていることと補助類型の利用が低迷していること

　成年後見の利用が諸外国と比べると少ない状況の中で、後見類型の利用件数だけが突出して多くなっており、補助類型の利用が極端に少ない理由はどこにあるのでしょうか。成年後見法のしくみ・建付けが国民にとって本当に利用しやすいものになっていないのではないでしょうか。

　本人が補助類型を利用して他人の支援を受けるメリットや支援の内容が国民に十分理解されておらず、また、一部の有力な学者は補助類型の考え方の不確かさを非難しています。そのため、旧「禁治産・準禁治産」のマイナスのイメージを取り除ききれず、メリットも実感できない一般国民は、なるべくその利用を避け、本人の状態が重くなってからやむを得ず後見類型を選択しているように思われます。

　成年後見制度を、国民にとってメリットがあり、利用しやすい制度にすることが求められているのではないでしょうか。

(B)　任意後見契約の利用が伸び悩んでいること

　任意後見契約の利用が世界的な流れとなっているにもかかわらず、わが国では任意後見契約が普及していません。その原因はどこにあるのでしょうか。

　本人の能力が低下したときに備えてあらかじめ自己決定をしておくという任意後見制度の趣旨の啓発が十分ではなく、制度の存在それ自体を知らない国民が多いという点があげられます。制度普及のために、この制度を積極的に広く知らせていくことが必要なのではないでしょうか。

(C)　利用に向けた手続において鑑定・本人面接が省略される傾向が高くなっていること

　鑑定については、申立てから後見人が選ばれるまでに時間がかかる大きな原因といわれていました。そのため、法律（当時の家事審判規則24条ただし書）によって鑑定を省略できる場合を広く認めるべきであるとの意見等があったことなども影響したのでしょうか。鑑定が省略される割合が少しずつ増加し、令和元年には、鑑定がされた割合は全体の約7.0％になりました。しかし、法定後見については後見類型の利用が最も多く、その後見類型は本人の権利を制約する側面が色濃く残されています（行為能力制限等）。このように本人の権利が制約される後見類型の発動に際して鑑定を省略することは、人権擁護上、そして適正手続上、おおいに疑問であるといわざるを得ません。そして、注目すべきことは、鑑定が省略された場合には本人面接も省略されていることです。

(D)　親族後見人・市民後見人・第三者後見人の課題

　親族以外の第三者後見人が選任される割合が増加しています。しかし、親族後見人が後見人に最も適している場合が極めて多いことも否定できません。

　親族後見人といえども、裁判所に選任された以上、公的な責任を負います。本人の祖母である未成年後見人が本人の財産を処分したことが横領罪となるか争われたケースでは、最高裁判所は、被害者本人との関係では親族であっても、裁判所から未成年後見人に選ばれた以上、公的職務を行うことになるので、親族相盗例（親族間の犯罪に関する特例として刑を免除するもの）の適用はないとしました（最高裁平成20年2月18日決定）。また、平成24年10月9日には、成年後見人（父親）が、成年被後見人（息子）の財産を着服した事案について、最高裁判所は、親族相盗例は適用されないとしています。これらは妥当な判決であり、課題は、このような考え方を親族後見人にいかに周知していくかです。

(E)　市町村長申立ての課題

　市町村長の申立件数が増加しています。今後も積極的な申立てがなされることが期待されています。

　それに向けた動機づけを与えるためには、市町村長申立てにかかわる現行法を改正して、申立ては、市町村長の単なる権利ではなく、ある一定の要件の下ではむしろ市町村長の義務であることを、法律によって明確にすべきです。

(2)　世界的な動向への対応

　成年後見法の分野では2つの条約が重要です。ハーグ国際私法会議「成年者の国際的保護に関する条約」（ハーグ条約）と、国連「障害者の権利に関する条約」（障害者権利条約）です。

　ハーグ条約は成年後見法と抵触する関係にある法律に関するルールを定めたも

のです。日本ではあまり関心が高まっておらず、批准もされていませんが、グローバルな時代ですから、早い段階での批准を図るべきです。在日の韓国人・朝鮮人など、日本における永住者・特別永住者等の外国人が任意後見契約を利用しようとする際に、日本法を選択できるように立法措置をとるべきとの要望が出されています。このような立法措置は早急に取り組むべき課題ですが、その際にはハーグ条約を批准したうえで両者の調整を図ることが望まれます。

　障害者権利条約は、わが国の成年後見法に極めて大きな影響があります。同条約12条が「締約国は、障害者が生活のあらゆる側面において他の者との平等を基礎として法的能力を享有することを認める」（2項）、「締約国は、障害者がその法的能力の行使に当たって必要とする支援を利用する機会を提供するための適当な措置をとる」（3項）と規定しているからです。

　後見人に取消権を与えることで本人の権利を制約することを制度設計の基本としているわが国の成年後見制度は、特に判断能力が不十分な被後見人の存在を前提として、第三者が意思決定を代理する制度であることが適切なものであるかということが問われています。障害者権利条約の策定過程で現れた支援付き意思決定（supported decision-making）という考え方は、現在の日本の成年後見制度とは親和的ではありません。障害者権利条約の考え方と日本の成年後見法が折り合う唯一の途は、現在の後見・保佐・補助という3つのしくみをとる制度を改め、前に述べた補助類型をベースにした1つのしくみにまとめることで開かれることになるのではないでしょうか。

　また、欠格事由（成年被後見人や被保佐人となったことで権利を制限されること）の全面的な見直しについては、対応が求められる立法的な課題であったが、令和元年6月7日に「成年被後見人等の権利の制限に係る措置の適正化等を図るための関係法律の整備に関する法律」が成立し、欠格事由の全面的な見直しが実現しました。

(3)　公的支援ネットワーク創設の必要性

　わが国の成年後見制度に相当するドイツの世話制度の大きなポイントの1つは、世話制度が福祉行政や民間の世話協会によって支えられ、後見裁判所は両者の支援を得て機能するようになっている点です。つまり、世話制度を支えるネットワークができあがっているということです（図表1－6参照）。

　成年後見制度を真に機能させるためには、このドイツ型ネットワークから学ぶものは少なくありません。

　まず、成年後見制度を利用するための支援組織をわが国でも早急に設立させる

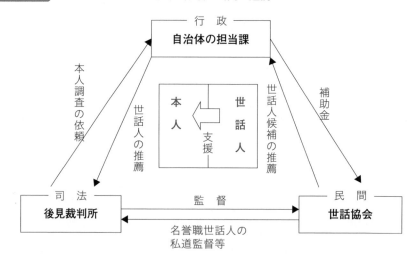

図表1－6　世話制度における司法・行政・民間の連携

必要があります。

　また、裁判所の実務をサポートする行政と民間の支援体制を制度化すべきです。そして、家庭裁判所は、成年後見制度について純粋に司法的な機能のみを果たし、その他の機能はネットワークの中で他の機関に分担させてはどうでしょうか。

　これこそが究極の「成年後見の社会化」であるように思われます。

　わが国の成年後見制度は、申立てがあってはじめて開始される申立主義を基本としていますが、市町村長の申立ての場合には、自治体が積極的に動くことが前提とされており、しかも申立費用や後見報酬に対しても国家・地方自治体が負担することで、セーフティネットとしての成年後見制度の利用を保障しようとしています。

　また、後見活動においては、多くの支援者との多次元的な合意形成が必要となります。多次元的な合意形成とは、被後見人のニーズを満たすために、コミュニケーション能力や、他者からの期待・家族への依存心といった周囲との人間関係から、自分の価値観による自由な主張をすることが難しい被後見人とともに、被後見人の意思を踏まえた合意をネットワーク内で各支援者に広く伝え、さらなる共有を促すというものです。

　それぞれのしくみ・考え方の裏には、ニュアンスの違いはありますが、成年後見制度をサポートする公的支援組織を創設することが必要だという考え方は一致しています。このような考え方をわが国においても実現しようとしたのが、平成28年4月に成立した成年後見制度利用促進法です。同法はわが国の成年後見実務にとっては画期的なものとなることが予想されます。

（第1章Ⅲ　新井　誠）

IV　法定後見制度

●この節で学ぶこと●

　成年後見人・保佐人・補助人がその職務を遂行する際の基本的な権限、事務の範囲、果たすべき義務等について、よりどころ（法的根拠）となる規定が民法においてどのように定められているのかを学習します。

　なお、実際に後見人となって事務を行う場合の注意点については、第3巻第2章（成年後見の実務）で学習します。

1　法定後見の意義と役割

(1)　成年後見制度とはどのような制度か

　成年後見制度は、判断能力が不十分な人を支援するための制度です。本人の生活、療養看護、財産の管理に関する事務（後見事務）を、本人の意思を尊重しながら、本人とともに、本人の支援者である後見人が行います。

　成年後見制度には、大きく分けて任意後見制度と法定後見制度があります。このうち、法定後見制度には、①後見、②保佐、③補助という3つの類型があります（図表1−7）。

図表1−7　成年後見制度の類型

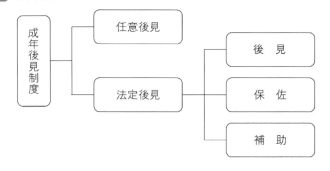

(A)　任意後見制度とはどのような制度か（☞第1章Ⅴ）

　成年後見制度のうち、任意後見制度は、現時点では判断能力のある人が、将来において判断能力が不十分な状態になったときに備えて利用できる制度です。

　将来、認知症などによって判断能力が不十分になったときに備えて、あらかじ

め、自分の生活、療養看護および財産の管理に関する事務（後見事務）について、その具体的な内容や、後見事務を行う人を、事前の契約（任意後見契約）によって定めておきます。そして、後日、実際に自分の判断能力が不十分になったときに、その契約の効力を発生させて、自分の意思で決めた後見事務を、自分が選んだ任意後見人に行ってもらう制度です（図表1－8）。

　たとえば、一人暮らしでご家族のいないお年寄りが、将来を考え、司法書士や弁護士などの専門家と任意後見契約を結んでおいたとします。この場合、数年後、もし本人の判断能力がなくなったとしても、契約を結んでおいた司法書士などが本人に代わって財産に関する行為をすることとなります。

　このような任意後見契約は、いうなれば「転ばぬ先の杖」です。そして、任意後見制度は、事前に自分で「転ばぬ先の杖」をオーダーメイドしておくことによって、安心して老後を迎えるための制度です。認知症などによって、判断能力が不十分な状態になったとしても、最後まで自分の望んだとおりの自分らしい生活をすることを可能にする制度なのです。

図表1－8　任意後見を利用するときの流れ

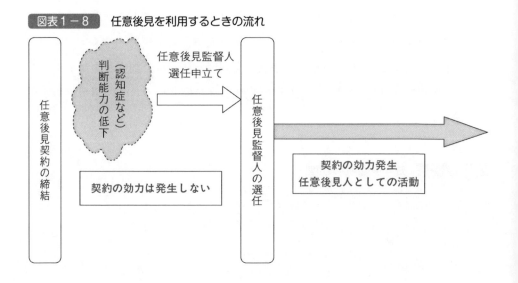

(B)　法定後見制度とはどのような制度か

　これに対して、法定後見制度は、すでに判断能力が不十分になっている認知症高齢者や知的障害者、精神障害者等が利用できる制度です。

　たとえば、ある高齢者が、すでに精神上の障害によって判断能力が不十分となっており、自分の所有しているマンションの処分など重要な財産に関する行為を行うことはできないと思われるような場合、その高齢者は、法定後見制度を利用

することができます。また、そこまで判断能力が低下していなくても、重要な財産に関する行為を１人で行うには不安があると思われる場合にも、利用することができます。

　法定後見制度を利用するには、本人やその親族などが申立てをして、家庭裁判所が法定後見を開始する審判をすることが必要です。また、それにあわせて、家庭裁判所に本人を支援する人（これを後見人といいます）を選任してもらいます。

　　(C)　任意後見制度と法定後見制度は何が違うのか

　任意後見制度が、本人の意思や自己決定を最大限に尊重し、本人の責任で将来の判断能力の低下に備えるしくみであるのに対して、法定後見制度は、本人の意思を尊重しながら、最終的には社会の責任で判断能力が不十分な人を支えるしくみ（セーフティネット）であるといえます。

　(2)　法定後見の３つの類型――成年後見・保佐・補助

　法定後見には、①成年後見、②保佐、③補助の３つの類型があります。本人の判断能力に応じて、これらのうち、いずれか適切な類型を選択して制度を利用することになります。

　①成年後見、②保佐、③補助の各類型の利用者を、それぞれ、①成年被後見人、②被保佐人、③被補助人と呼びます。また、それぞれの保護・支援をする人（権利擁護者）を、①成年後見人、②保佐人、③補助人と呼び、これらの支援者をあわせて「後見人」と呼びます（☞用語解説）。

　(3)　後見人は何ができるのか

　法定後見制度で後見人が行うことは、基本的には、本人の生活、療養看護、財産の管理に関する事務（法律行為）です。そして、それをするために「代理権」「同意権」「取消権」といった権限が与えられています。

　　(A)　代理権――本人に代わって契約等をする権限

　「代理権」とは、本人に代わって、契約等の法律行為、要介護認定や登記などの行政に対する申請（公法上の行為）をする権限です。代理権を有する代理人が本人に代わって法律行為や公法上の行為をすることにより、その効果は本人に帰属することになります。

　　(B)　同意権――本人が行う契約等に同意をする権限

　「同意権」とは、本人がする契約等の法律行為や公法上の行為に同意をする権限です。

　たとえば、保佐人に同意権が与えられている法律行為については、被保佐人（本人）が単独で行っても、それだけでは完全に有効にはならず、取り消される

第
１
章

★用語解説★

●成年後見によって支援を受ける人、支援をする人の呼び方

　法律では、支援を受ける本人や権利擁護の支援をする人たちの呼び方が決められ
ています。本書でも、これらの用語を用いて説明していきますので、整理しておき
ましょう。

〔支援を受ける人（本人）と支援者の呼び方〕

類　型		本人（利用者）	支援者
法定後見	後　見	成年被後見人	成年後見人
	保　佐	被保佐人	保佐人
	補　助	被補助人	補助人
任意後見		本人（委任者）	任意後見人（契約発効前は「任意後見受任者」）

余地が残ります。保佐人の同意があって、はじめて完全に有効な法律行為となる
のです。

　このしくみは、いうなれば被保佐人と保佐人との二人三脚のようなもので、被
保佐人の意思表示（法律行為）とこれに対する保佐人の同意（意思表示）の両方
がされて、はじめて被保佐人のした法律行為が完全に有効なものとなるのです。

　なお、たとえば被保佐人が保佐人の同意がないままで法律行為をし、その後に
保佐人が同意をする、といったような同意権を事後的に行使することを「追認」
といいます。

　(C)　取消権——本人が行った契約等について取り消す権限

　「取消権」とは、本人が後見人の同意を得ないで単独でした取引について、後
から取り消す権限です。ある行為が取り消されると、その行為は最初から無効だ
ったことになります。

　(D)　後見人はどんなことでもするのか

　後見人は、生活、医療、介護、福祉など、本人の身の回りのことにも目を配り
ながら（これを身上配慮義務といいます）、代理権・同意権・取消権を行使し、本
人を保護し、支援します。しかし、後見人がすべきことは、本人の財産の管理や
契約などの法律行為に関するものに限られています。食事の世話や実際の介護な
どのような事実行為は、基本的には後見人の職務ではありません。

　上で説明したとおり、法定後見では、本人や家族等の申立てによって、家庭裁
判所が後見人を選任し、法律で定められた一定の権限（代理権・同意権等）を後
見人に付与します。つまり、後見人に与えられる権限の範囲は、法律の規定と家

庭裁判所の審判によって具体的に決まるのです。

　そして、後見人は、行った後見事務の経過や結果について、定期的に家庭裁判所に報告することなどにより、家庭裁判所の監督を受けます。

　なお、法定後見のうち、保佐類型と補助類型では、①本人による申立て、または、②本人の同意によって、保佐人や補助人の権限の範囲を任意に決めることができます。これにより、本人の意思に基づく選択の幅がかなり広く認められており、本人の意思に即した柔軟で弾力的な制度となっているといえます。

2　成年後見（後見類型）の対象者、成年後見人の権限

(1)　成年後見（後見類型）を利用するための実質的要件──精神上の障害により判断能力を欠く常況にあること

　成年後見（後見類型）の対象となる人（成年被後見人）は、精神上の障害により判断能力（法律では「事理を弁識する能力」）を欠く常況にある人です（民法7条）。

　精神上の障害とは、身体上の障害を除くすべての精神的障害を含む広義の概念です。認知症、知的障害、精神障害のほか、自閉症、事故による脳の損傷、脳の疾患を原因とする精神的障害等も含まれます。

　「判断能力（事理を弁識する能力）を欠く」とは、自分がした法律行為の結果について、合理的な判断をする能力がないことをいいます。

　判断能力を欠く「常況にある」とは、一時的に判断能力を回復することはあっても、通常は判断能力を欠く状態にある、ということを意味しています。必ずしも、終始、判断能力を欠く状態にある、というわけではありません。

　具体的には、①通常は、日常の買い物も自分ですることができず、誰かに代わってやってもらう必要がある人、②ごく日常的な事柄（家族の名前、自分の居場所等）がわからなくなっている人、③完全な植物状態（遷延性意識障害の状態）にある人などが、成年後見（後見類型）の対象者となります。

　ちなみに、未成年者であっても、精神上の障害により判断能力を欠く常況にあれば、成年後見を利用することができます。たとえば、親権（または未成年後見）の終了と成年後見の開始との間に時間的な間隔を生じないようにする場合や、財産管理が複雑な場合などには、未成年者について成年後見を開始することも考えられます。未成年者に対して後見開始の審判がされて、成年後見人が選任された場合であっても、親権者（または未成年後見人）の地位が失われることはなく、成年後見人と親権者（または未成年後見人）は、それぞれ単独で権限を行使する

ことができます。

(2) 成年後見（後見類型）を利用するための形式的要件——後見開始の審判がなされること

　精神上の障害により判断能力を欠く常況にある人は、当然に成年後見制度を利用することができるわけではありません。成年後見を利用するには、以下の手続を経ることが必要になります（民法7条）。

① 　本人または4親等内の親族などの請求権者から、家庭裁判所へ「後見開始の審判」の申立てがされること

② 　家庭裁判所によって、精神上の障害により判断能力を欠く常況にあること（実質的要件の具備）に関する審査が行われること

③ 　②の審査を経たうえで、家庭裁判所が、本人が精神上の障害により判断能力を欠く常況にあることを認め、「後見開始の審判」をすること

　後見開始の審判は、判断能力を欠く常況にある本人の行為能力（契約等の法律行為をする能力）を制限するものです。後見開始の審判とあわせて、特定の適任者を成年後見人（本人の支援者）に選任することを内容とする審判もされます。

　後見開始の審判は、原則として、成年後見人に選任される者が審判書の謄本を受け取った日から2週間が経過することにより確定し、その効力が発生します。

(3) 成年被後見人の行為能力の制限

　後見開始の審判を受けた本人は、成年被後見人となります。その支援者として、成年後見人が選任されます（民法8条）。

　成年被後見人がした契約等の法律行為は、原則として取り消すことができます（民法9条）。成年被後見人は、通常は判断能力を欠き、自分がした法律行為の結果として生じる利害得失について合理的な判断をすることができない状態にありますから、形式上、成年被後見人が契約等の法律行為（意思表示）をしたとしても、そこには、法律行為の効果を発生させるという意思が実質的には存在していないことが多いといえます。そのため、そのような成年被後見人がした法律行為は、無条件に（成年被後見人がした法律行為であるという理由だけで）取り消すことができるとされているのです。

　このような一定の条件の下に人の行為能力を制限するしくみのことを「制限行為能力（者）制度」といいます。

　もっとも、成年後見制度の新しい理念である自己決定の尊重、残存能力（現有能力）の活用、ノーマライゼーション等の観点から、成年被後見人がした日用品の購入その他日常生活に関する法律行為については、取り消すことができないと

されています（民法9条ただし書）。

　なお、取消しは、成年後見人のほか、成年被後見人自身がすることもできます（民法120条1項）。

(4)　成年後見人の役割は何か

(A)　成年後見人の選任についての法律の規定

　家庭裁判所は、後見開始の審判をするときは、職権で、成年後見人を選任します（民法843条1項）。成年後見人が欠けたときにも、家庭裁判所は、成年被後見人またはその親族その他の利害関係人の請求によって、または職権で、成年後見人を選任します（同条2項）。成年後見人の人数に特に制限はありませんので（民法859条の2参照）、家庭裁判所は、必要に応じて、複数の成年後見人を選任することができます（民法843条3項。当初から数人の成年後見人を選任することもできますし、当初1人だったところに追加して数人の成年後見人を選任することもできます）。この場合には、家庭裁判所は、職権で、数人の成年後見人が、共同してまたは事務を分担（分掌）して、その権限を行使すべきことを定めることができます（民法859条の2）。

　家庭裁判所が数人の成年後見人を選任する場合には、現状では、親族後見人と専門職後見人を1人ずつ選任するという形が多いのですが、今後は、市民後見人と親族後見人（または専門職後見人）を選任するという形の複数後見も考えられます。

　また、家庭裁判所は、必要があると認めるときは、成年被後見人、その親族もしくは成年後見人の請求によって、または職権で、成年後見監督人を選任することができます（民法849条）。この成年後見監督人は、成年後見人の支援および監督をするという役割を担います（なお、家庭裁判所は、成年後見監督人の選任の有無にかかわりなく、成年後見人の事務を監督します（民法863条））。

　家庭裁判所が成年後見人を選任するには、成年被後見人の心身の状態および生活・財産の状況、成年後見人となる者の職業・経歴および成年被後見人との利害関係の有無、成年被後見人の意見その他いっさいの事情を考慮しなければならないとされています（民法843条4項）。

　家庭裁判所は、法人を成年後見人に選任することもできます。ただし、その場合には、その法人の事業の種類・内容、その法人・代表者と成年被後見人との利害関係の有無をも考慮しなければなりません（民法843条4項カッコ書）。たとえば、介護・福祉のサービス提供事業者である法人（施設を経営する法人やその代表者・従業員）と、契約によってそのサービス・施設を利用する人との間には、一般的

に利害の対立がありますから、施設を経営する法人やその代表者・従業員を、その施設に入所している人の成年後見人として選任することは避けるべきであるといわれています（民法108条参照）。

なお、次の人は、そもそも法律上、成年後見人となることができません（民法847条：後見人の欠格事由）。

① 未成年者

② 家庭裁判所で免ぜられた法定代理人、保佐人または補助人（親権喪失、親権停止または（財産）管理権喪失の審判を受けた親権者、解任の審判を受けた後見人・保佐人・補助人・遺言執行者など）

③ 破産者

④ 成年被後見人に対して訴訟をし、またはした人、並びにその配偶者および直系血族

⑤ 行方の知れない人

(B)　成年後見人の権限についての法律の規定

成年後見人は、成年被後見人の財産を管理する権限、成年被後見人の財産に関する法律行為について成年被後見人を代表（代理）する権限を有します（民法859条1項）。そして、成年後見人は、成年被後見人の法定代理人ですから（同条）、成年被後見人がした契約等の法律行為を取り消すこと（または追認すること）ができます（民法120条・122条）。

すなわち、成年後見人は、財産管理権、代理権および取消権という3つの権限を付与されているわけです。これらを適切に行使することにより、成年被後見人を支援し、保護することになります。

(a)　成年後見人の代理権・取消権の対象となる行為

成年後見人の代理権・取消権の対象となる行為は、成年被後見人の「財産に関する法律行為」です。これには、①狭義の財産管理を目的とする法律行為（たとえば、預貯金の管理・払戻し、不動産その他の重要な財産の処分、遺産分割、相続の承認・放棄、賃貸借契約の締結・解除など）が含まれるほか、②生活または療養看護（身上保護）を目的とする法律行為（たとえば、介護サービス利用契約、施設入所契約、医療契約の締結など）も含まれます。また、これらの法律行為に関連する登記の申請や要介護認定の申請などの公法上の行為、これらの後見事務に関して生ずる紛争についての訴訟行為（財産に関する訴訟行為）も、成年後見人の代理権の対象に含まれます。

(b)　成年後見人の代理権が制限される場合

成年後見人の代理権は全面的・包括的なものですが、以下のような制限もあります。

①　成年後見人が、本人の事実行為（たとえば、労務の提供）を目的とする債務を生ずべき契約をする場合には、本人の同意を得る必要があります（民法859条2項が準用する民法824条ただし書）。

②　成年後見人が数人ある場合には、家庭裁判所は、職権で、数人の成年後見人が、共同して権限を行使すべきこと、または事務を分担（分掌）して権限を行使すべきことを定めることができます（民法859条の2）。

③　本人の居住用不動産について処分（売却、賃貸、賃貸借の解除、抵当権の設定等）をするには、家庭裁判所の許可を得る必要があります（民法859条の3）。居住環境の変化は本人の精神の状況に多大な影響を与えることから、居住用不動産の処分に関しては、本人の心身の状態および生活の状況に十分に配慮した慎重な判断をすることができるよう、成年後見人の権限に一定の制限を加え、成年後見人が単独で判断をするのではなく、客観的・中立的な立場にある家庭裁判所がチェックするしくみを採用しています。

④　本人と利益が相反する行為（本人と成年後見人との間でなされる売買や遺産分割協議等）については、成年後見人は、本人を代理することができません。この場合、家庭裁判所が選任した特別代理人（成年後見監督人がいれば、成年後見監督人）が本人を代理します（民法860条による民法826条の準用、民法851条4号）。

⑤　成年後見人が、本人を代理して営業を行う場合、または本人を代理して民法13条1項に列挙された重要な財産行為（元本の領収を除く）をする場合において、成年後見監督人が選任されているときは、成年後見監督人の同意を得る必要があります（民法864条）。

⑥　婚姻・離婚・認知・養子縁組・離縁・遺言等の身分行為は、原則として代理権の対象となりません（民法738条・764条・780条・799条・812条・962条）。

　なお、「日用品の購入その他日常生活に関する法律行為」は、後述するとおり、取消権の対象とはなりませんが、代理権の対象には含まれます。

　　⒞　成年後見人の取消権が制限される場合

　前にみたように、成年後見人の取消権は包括的なものとなっています（民法9条）。原則として、本人がした法律行為はすべて取消しの対象となります。しかし、①日用品の購入その他日常生活に関する法律行為、②身分行為は、取消しの対象となりません。

(C)　成年被後見人がみずから行った法律行為の効果

成年被後見人がみずから単独でした契約等の法律行為については、成年後見人が取り消すことができます。また、成年被後見人自身も取り消すことができます。成年後見人または成年被後見人が取り消せば、その契約は無効となります（最初から効力が生じなかったことになります）。

もし、成年後見人または成年被後見人が取り消さなければ、そのまま有効となります。成年後見人が追認をしたときにも、有効となります。

保佐人には、一定の範囲で取消権とともに同意権が付与されています（☞③）。しかし、成年後見人には、同意権はありません。これは、成年被後見人のする意思表示は、十分な意思能力に基づかないでされている可能性が高く、成年後見人に同意権を認めたとしても、そもそも法律行為の効力を発生させるのに必要不可欠な意思能力自体が欠けていることから、その法律行為が無効となることが少なくないためであると考えられます。法律行為の相手方と成年被後見人本人を保護し、取引の安全を図る観点から、成年後見人には同意権が付与されていないのです（もっとも、成年後見人は、成年被後見人が単独でした法律行為を追認し、これを有効なものとして確定させることはできます）。

(D)　成年後見人が行う事務（後見事務）の範囲

成年後見人が行う事務（後見事務）は、「成年被後見人の生活、療養看護及び財産の管理に関する事務」です（民法858条）。

通常は、財産管理事務と身上保護事務とに分けて整理しています。

(a)　財産管理事務（財産の管理に関する事務）

「財産の管理」には、①財産の保存を目的とする行為（現状を維持する行為）、②財産の性質を変えない範囲での利用・改良を目的とする行為、③財産を処分する行為を含みます。

ここでいう「行為」には、法律行為およびそれに伴って必要となる事実行為を含みます。その内容は、印鑑・預貯金通帳の保管、年金その他の収入の受領・管理、介護サービス契約の締結などの日常の身近な事柄から、不動産などの重要な財産の処分まで、多岐にわたります。

(b)　身上保護事務（生活および療養看護に関する事務）

身上保護事務には、大きく分けると以下のものがあります。また、これらに関する契約の締結だけでなく、契約の相手方が契約内容を履行しているかどうかの監視、費用の支払い、契約の解除およびそれに伴う処理等の事務に加え、要介護認定の申請または要介護認定に対する異議申立て（審査請求）などの公法上の行

為も、すべて成年後見人が行う身上保護事務に含まれます。

① 介護・生活維持に関する事務

② 住居の賃貸借等の住居の確保に関する事務（前に説明したように、本人の生活の基盤となる居住の利益を保障する観点から、居住用不動産の処分について家庭裁判所の許可が必要とされていることに注意してください）。

③ 施設の入退所、処遇の監視・異議申立て等に関する事務

④ 医療に関する事務

⑤ 教育・リハビリに関する事務

なお、後見事務は、代理権・取消権といった権限を成年後見人が行使して行うものです。したがって、成年後見人の「身上保護事務」とは、成年後見人が、成年被後見人のために、本人の代理人として、施設入所契約、介護サービス利用契約等の法律行為をすることであって、介護や看護などの事実行為は、成年後見人が行う事務の範囲には含まれません。もっとも、契約を結ぶ際の調査や、契約が履行されているかどうか（処遇）の監視をすることなど、身上保護事務として行う法律行為に付随して当然に行うべき事実行為は、成年後見人の事務に含まれます。たとえば、住居の確保や医療・介護に関する契約などをするためには、契約に付随して、契約の相手方となる事業者や場所を調査・選択するなど、ある程度の事実行為を行うことが不可欠となりますが、これらの事実行為は、成年後見人の事務に含まれます。

一方、本人の身体に対する強制を伴う事項（手術や入院を強制すること、施設への入所を強制すること、介護やリハビリを強制すること、健康診断の受診を強制することなど）や、一身専属的な事項（婚姻、養子縁組、臓器移植の同意などについて決定すること）については、成年後見人の事務の範囲には含まれません。

④の医療に関する事務については注意が必要です。成年被後見人のために医療契約を締結することは、成年後見人の事務（職務権限）に含まれます。しかし、成年被後見人が医療・治療を受けること（手術・注射等の医的侵襲行為を受けること）自体については、成年被後見人自身の自己決定に基づく同意（承諾）が絶対的に必要であり、それ以外の者が本人に代わってその同意をすることはできないと考えられています。そのため、現在のところ、成年後見人には、成年被後見人が治療を受けることについて、本人に代わって同意する権限（医療行為の同意に関する代理権）はないと考えられています。

(E) 成年後見人が負う義務についての法律の規定

(a) 善管注意義務

　成年後見人は、後見の本旨に従い、善良な管理者の注意をもって、後見事務を処理する義務を負います（善良な管理者の注意義務または善管注意義務といわれます（民法869条が準用する民法644条））。

　善管注意義務とは、その人（成年後見人）の職業や地位などから判断して一般的に要求されると考えられる程度の注意（その人と同じ職業についている人や、その人と同じような地位を有している人が、平均的に有していると考えられる程度の知識や能力に応じた注意）を払って事務を処理しなければならない、という義務です。成年後見人が、後見事務を行うにあたって相応の注意を払う義務を怠り（つまり、善管注意義務に違反して後見事務を処理し）、これが原因で本人に損害を与えてしまった場合には、成年後見人は、成年被後見人に対して損害賠償責任を負います。

(b)　本人の意思の尊重義務、身上配慮義務

　成年後見人は、成年被後見人の生活、療養看護および財産の管理に関する事務を行うにあたっては、成年被後見人の意思を尊重し、かつ、その心身の状態および生活の状況に配慮しなければなりません（民法858条）。

　成年後見人が成年被後見人の財産を管理する場合には、財産を運用して増やすことを目的とするわけではありません。投機的な運用は避け、安全・確実な管理・保全を心がける必要があります。

　しかし、だからといって、成年被後見人の財産をできるだけ使わないことが、最良・最善の後見事務であるというわけではありません。成年後見人は、成年被後見人の心身の状態や生活の状況に十分に配慮し、成年被後見人の生活の質の維持や向上をめざすための財産管理を行うことが、法律によって義務づけられているのです。つまり、成年後見人は、成年被後見人の自己決定の尊重、残存能力（現有能力）の活用およびノーマライゼーションを実現するために、本人の意向・希望をできる限り尊重しながら、積極的に本人の財産を活用する、という視点をもって後見事務を行う必要があります。

3　保佐制度（保佐類型）の対象者、保佐人の権限

(1)　保佐制度を利用するための実質的要件──精神上の障害により判断能力が著しく不十分であること

　保佐制度の対象者（被保佐人）は、精神上の障害により判断能力が著しく不十分な人です（民法11条）。たとえば、以下のような人が想定されます。

　①　日常の買い物程度は自分でできるが、重要な財産行為は、自分では適切に

行うことができず、常に他人の援助を受ける必要がある（誰かに代わってやってもらう必要がある）人

②　いわゆる「まだら状態」の人（ある事柄はよくわかるが他のことは全くわからない人と、日によって認知症の症状等が出る日と出ない日がある人の両方を含みます）のうち重度の人

未成年者であっても保佐制度を利用することができます。

(2)　保佐制度を利用するための形式的要件――保佐開始の審判がなされること

精神上の障害により判断能力が著しく不十分な人は、当然に保佐制度を利用することができるわけではありません。保佐制度を利用するには、以下の手続を経ることが必要になります（民法11条）。

①　本人または4親等内の親族などの請求権者から、家庭裁判所へ「保佐開始の審判」の申立てがされること

②　家庭裁判所により、精神上の障害により判断能力が著しく不十分であること（実質的要件の具備）に関する審査が行われること

③　②の審査を経たうえで、家庭裁判所が、本人が精神上の障害により判断能力が著しく不十分であると認め、「保佐開始の審判」をすること

保佐開始の審判は、判断能力が著しく不十分な本人の行為能力を、一定の範囲で制限するものです。保佐開始の審判とあわせて、特定の適任者を保佐人（本人の支援者）に選任することを内容とする審判も行われます。

保佐開始の審判は、原則として、本人および保佐人に選任される者が審判書の謄本を受け取った日から2週間が経過することにより確定し、その効力が発生します。

(3)　被保佐人の行為能力の制限

保佐開始の審判を受けた者は、被保佐人とされ、その支援者として保佐人が選任されます（民法12条）。

被保佐人が一定の重要な財産行為（具体的には、民法13条1項各号に定められた法律行為（☞(4)(B)））をするには、その保佐人の同意を得る必要があります（民法13条1項本文。そのため、被保佐人は制限行為能力者（契約等の法律行為をする能力を制限された者）とされます（民法20条））。ただし、日用品の購入その他日常生活に関する法律行為については、保佐人の同意を得ることなく被保佐人が単独で有効にすることができます（民法13条1項ただし書）。

また、被保佐人本人、その親族、保佐人等の請求により、家庭裁判所は、被保佐人が民法13条1項各号に掲げられていない法律行為をするときにもその保佐人

の同意を得なければならない旨の審判をすることができます（民法13条2項）。したがって、この審判がされている場合には、被保佐人は、その審判で定められた法律行為をするときにも、保佐人の同意を得る必要があります。

これらの保佐人の同意を得なければならない法律行為を、被保佐人が保佐人の同意を得ることなく単独でしたときは、被保佐人または保佐人は、その法律行為を取り消すことができます（民法13条4項・120条1項）。

(4) 保佐人の役割は何か

(A) 保佐人の選任についての法律の規定

家庭裁判所は、保佐開始の審判をするときは、職権で、保佐人を選任します（民法876条の2第1項）。

家庭裁判所が保佐人を選任する場合の、保佐人の人数、家庭裁判所が保佐人を選任する際に考慮すべき事情、法人を保佐人に選任することができること、保佐人の欠格事由等については、成年後見人の場合と同じです（民法876条の2第2項）。保佐監督人の選任についても、後見類型の場合と同様です（民法876条の3第1項）（☞②(4)）。

(B) 保佐人の基本的な権限（同意権・取消権）についての法律の規定

保佐人は、被保佐人が行う一定の重要な財産行為（具体的には、民法13条1項各号に定められた重要な法律行為）について、家庭裁判所から同意権を付与されて、保佐の事務を行います。

同意の方法について、特に制限はありません。明示・黙示を問いませんし、被保佐人に対して同意をしても、相手方に対して同意をしても、どちらでもかまいません。

保佐人の同意権の対象となる、民法13条1項各号に定められた重要な法律行為とは、次のとおりです。

① 元本を領収し、またはこれを利用すること
② 借財または保証をすること
③ 不動産その他重要な財産に関する権利の得喪を目的とする行為をすること
④ 訴訟行為をすること
⑤ 贈与、和解または仲裁合意をすること
⑥ 相続の承認もしくは放棄または遺産の分割をすること
⑦ 贈与の申込みを拒絶し、遺贈を放棄し、負担付き贈与の申込みを承諾し、または負担付き遺贈を承認すること
⑧ 新築、改築、増築または大修繕をすること

⑨　民法602条に定めた期間を超える賃貸借をすること

⑩　上記①～⑨に掲げる法律行為（被保佐人が保佐人の同意を得なければならない法律行為）を制限行為能力者（未成年者、成年被後見人、被保佐人および民法17条1項の審判を受けた被補助人をいいます）の法定代理人としてすること

　前に述べたように、保佐人の同意を得ずに、被保佐人がこれらの行為を行った場合には、保佐人または被保佐人は、その行為を取り消すことができます。

　以下では、それぞれについて説明していきます。

　(a)　元本を領収し、またはこれを利用すること

　「元本」とは、利息・賃料等を生み出すもととなる財産を意味します。典型的な例として、貸金や、賃貸した不動産が「元本」にあたります。

　「元本の領収」とは、元本を受領すること（元本の返還を受けること）です。預貯金の払戻しは、「元本の領収」に含まれます。

　元本のような財産を被保佐人が単独で受領できるとすると、これが浪費される危険があります。したがって、「元本の領収」は、被保佐人にとって同意を要する行為とされているのです。なお、元本から生ずる利息・賃料等を受領することは、同意権・取消権の対象となる行為ではありません。

　「元本の利用」とは、利息・賃料等の取得を目的とする行為のことで、たとえば金銭の貸付けや不動産の賃貸を意味します。もっとも、いわゆる短期賃貸借（民法602条の期間を超えない賃貸借）は、保佐人の同意権・取消権の対象となる行為ではありません（☞(i)）。

　(b)　借財または保証をすること

　「借財」とは、金銭の借入れを意味します。したがって、金銭の借入れは、保佐人の同意権・取消権の対象となります。

　(c)　不動産その他重要な財産に関する権利の得喪を目的とする行為をすること

　これには、抵当権等の担保権の設定、金融機関への金銭の預入れ（預金口座の開設）、土地賃貸借の解約、株式の質入れなどが含まれます。また、債権（物の引渡しを受ける権利等）、無体財産権（特許権、実用新案権、意匠権、著作権、商標権等の知的財産権）、有価証券の取引などもこれに含まれます。

　相当の対価を伴う有償の契約である限り、雇用契約（労働契約）、委任契約、寄託契約等の他人の労務の提供を受ける契約のほか、介護サービス利用契約、施設入所契約などのような身上保護を目的とするサービス利用契約も、これに含まれると解されています。

　なお、「重要な」財産であるかどうかは、一般社会の経済状態および行為の当

時における被保佐人の財産状態を標準として決められます。

(d)　訴訟行為をすること

「訴訟行為」とは、民事訴訟において、原告となって訴訟を遂行するいっさいの行為をいいます。したがって、相手方が提起した訴えについて訴訟行為をすることは、ここにいう「訴訟行為」に含まれません。告訴・告発も、ここにいう「訴訟行為」には含まれません。

被保佐人が、保佐人の同意を得ることなく単独でした訴訟行為は、取り消すまでもなく無効であると考えられています。

(e)　贈与、和解または仲裁合意をすること

ここでいう贈与とは、本人が第三者に対して贈与をする場合に限られ、贈与を受ける場合は含まれません（贈与を受ける場合については、(g)参照）。

和解とは、争っている当事者が互いに譲歩して争いをやめることを約束することをいいます。和解には、裁判上の和解と裁判外の和解の両方が含まれます。

(f)　相続の承認もしくは放棄または遺産の分割をすること

「相続の承認」には、「単純承認」（相続の効果を全面的に承認すること（民法920条））および「限定承認」（プラスの財産の限度でマイナスの財産を承継することを承認すること（民法922条））のいずれもが含まれます。

なお、遺産分割のうち、審判による遺産分割、調停による遺産分割は、(d)の訴訟行為に含まれますから、被保佐人が保佐人の同意を得ずに行った審判による分割、調停による分割は、取り消すまでもなく無効であるとされています。

(g)　贈与の申込みを拒絶し、遺贈を放棄し、負担付き贈与の申込みを承諾し、または負担付き遺贈を承認すること

贈与の申込みを拒絶することや、遺贈を放棄することは、それによって財産獲得の機会を失うことになります。また、負担付き贈与の申込みを承諾することや、負担付き遺贈の承認をすることは、それによって義務を負担することになります。そのため、保佐人の同意権・取消権の対象となります。

(h)　新築、改築、増築または大修繕をすること

建物の新築、改築、増築または大修繕をすることを目的とする契約を締結することを意味します。

(i)　民法602条に定めた期間を超える賃貸借をすること

長期にわたる賃貸借（民法602条の期間を超える賃貸借）は、当事者を長期間にわたって拘束することになるため、保佐人の同意権・取消権の対象とされています。

これに対して、短期賃貸借（民法602条の期間を超えない賃貸借）は、保佐人の同意権・取消権の対象となる行為ではありません。賃貸は「元本の利用」ですが、短期賃貸借は、(a)の例外として、保佐人の同意を要しない行為であるとされています。

民法602条の期間とは、次のとおりです。

①　樹木の栽植または伐採を目的とする山林の賃貸借　　10年

②　その他の土地の賃貸借　　5年

③　建物の賃貸借　　3年

④　動産の賃貸借　　6カ月

　　(j)　上記(a)～(i)に掲げる行為（被保佐人が保佐人の同意を得なければならない法律行為）を制限行為能力者の法定代理人としてすること

代理人は必ずしも行為能力者であることを要しませんから、被保佐人は、他の制限行為能力者（未成年者、成年被後見人、被保佐人および民法17条１項の審判を受けた被補助人）の法定代理人となることができます（民法876条の２第２項において準用されている民法847条は、成年被後見人または被保佐人であることを保佐人の欠格事由としていません）。

　一般に、制限行為能力者が他の人の代理人としてした法律行為（制限行為能力者の代理行為）は、行為能力の制限によっては取り消すことができないとされています（民法102条本文）。代理行為の効果は本人に帰属し、代理人自身には帰属しないため、制限行為能力者（甲）が他の人（乙）の代理人としてした法律行為を、制限行為能力者（甲）の保護を目的として取消しを認める必要は乏しく、また、甲が乙の任意代理人である場合には、本人乙が自ら制限行為能力者である甲を代理人に選任しているのですから、本人乙は制限行為能力者甲のした法律行為によって発生する不利益を甘受すべきであると考えられるからです。

　しかし、制限行為能力者（甲）が「他の制限行為能力者」（乙）の法定代理人（本人の意思に基づかない代理人）である場合には、民法102条本文の規定は適用されず（民法102条ただし書）、制限行為能力者甲が「他の制限行為能力者」乙の法定代理人としてした法律行為については、行為能力の制限の規定に従って取り消すことができます。この場合の本人である「他の制限行為能力者」乙は、自ら代理人甲を選任しているわけではありませんし、制限行為能力者甲が「他の制限行為能力者」乙の法定代理人である場合においても制限行為能力者甲のした法律行為の取消しができないとすると、「他の制限行為能力者」乙の保護が十分に図れないおそれがあるからです。

　したがって、被保佐人が「他の制限行為能力者」の法定代理人として上記(a)〜(i)に掲げる法律行為（被保佐人が保佐人の同意を得なければならない法律行為・要同意行為）をするには、保佐人の同意を要し、被保佐人が、保佐人の同意を得ることなく、「他の制限行為能力者」の法定代理人として要同意行為をしたときは、これを取り消すことができます。

⒞　保佐人の同意権・代理権は追加することができる

⒜　同意権の範囲の拡張

　家庭裁判所は、被保佐人、その親族、保佐人等の請求により、民法13条1項各号に掲げられていない法律行為についても、被保佐人がその行為をする場合にはその保佐人の同意を得ることを要するとする旨の審判（同意権を付与する審判）をすることができます（民法13条2項本文）。

　すなわち、保佐開始の審判の申立てと同時に、または保佐開始の審判がされた後に、家庭裁判所に申し立てることによって、保佐人の同意権の範囲を拡張することができるのです。拡張された範囲の行為について、保佐人は、同意権・取消権を有することになります（民法13条4項・120条1項）。もっとも、日用品の購入その他日常生活に関する行為は、同意権・取消権の対象とすることができません（民法13条2項ただし書）。

　なお、この同意権の範囲の拡張の審判は、後日に、その全部または一部を取り消すこともできます（民法14条2項）。したがって、本人の判断能力の減退や回復の程度に応じて、同意権・取消権の範囲を柔軟に調節することができます。

⒝　特定の法律行為についての代理権の付与

　家庭裁判所は、被保佐人本人、その親族、保佐人等の請求によって、被保佐人のために、特定の法律行為について、保佐人に代理権を付与する審判をすることができます（民法876条の4第1項）。

　すなわち、保佐開始の審判の申立てと同時に、または保佐開始の審判がされた後に、当事者が任意に家庭裁判所に申立てをすることにより、当事者が選択した特定の法律行為について、保佐人に代理権を付与することができます。

　この代理権付与の審判がされるためには、本人による申立てまたは本人の同意が必要となります（民法876条の4第2項）。

　なお、この代理権付与の審判は、後日に、その全部または一部を取り消すこともできます（民法876条の4第3項）。したがって、本人の判断能力の減退・回復の程度に応じて、代理権の範囲を柔軟に調節することができます。

　保佐人の代理権の対象となる行為は、被保佐人の特定の法律行為とされていま

す。したがって、代理権の範囲は、当事者の申立てによって選択されることになります。

　この「特定の法律行為」には、財産管理に関する法律行為のほか、身上監護に関する法律行為が含まれます。実際には、「特定の法律行為」として、「A不動産の売却」のように具体的な個別の取引行為を指定することもできますし、「不動産の売却」のように抽象的に法律行為の種類を指定することもできます。「A銀行B支店の普通預金の預入れおよび払出し」と定めることもできますし、「預貯金に関する金融機関等との一切の取引（解約・新規口座の開設を含む）」のように定めることもできます。

　ちなみに、この代理権付与の審判は、被保佐人の行為能力を制限するものではありません。したがって、家庭裁判所の代理権付与の審判によって定められた「特定の法律行為」については、それが民法13条1項の規定または同条2項に規定する審判により保佐人の同意を要する法律行為とされていない限り、被保佐人は、保佐人の同意を得ることなく、単独で有効にすることができます。

　また、家庭裁判所は、被保佐人のために、保佐人に代理権を付与する旨の審判をします（民法876条の4第1項）。家庭裁判所の代理権付与の審判によって付与された代理権は、あくまで（特定の）被保佐人のために付与されたものであって、特定の保佐人に付与されたものではありません。したがって、保佐人が交替した場合（たとえば、保佐人の死亡または辞任許可もしくは解任の審判の確定後に、後任の保佐人の選任の審判が確定した場合）には、後任の保佐人は、代理権付与の審判の取消しまたは追加の代理権付与の審判がされていない限り、前任の保佐人と同じ範囲の法律行為について代理権を行使することができます。

　(D)　保佐人の代理権が制限される場合

　　(a)　複数の保佐人が選任されている場合の権限の共同行使または事務分掌

　複数の保佐人が選任されている場合には、家庭裁判所は、職権で、数人の保佐人が共同して権限を行使すべきこと、または事務を分担（分掌）して権限を行使すべきことを定めることができます（民法876条の5第2項が準用する民法859条の2）。

　　(b)　居住用不動産を処分する場合の家庭裁判所の許可　(☞2(4)(B)(b))

　保佐人が本人を代理して被保佐人の居住用不動産について処分をするには、家庭裁判所の許可を得る必要があります（民法876条の5第2項が準用する民法859条の3）。

　　(c)　身分行為

身分行為（婚姻、離婚、認知、養子縁組、離縁、遺言）は、代理権の対象となりません。

(E) 保佐人の事務の範囲・義務

保佐人は、同意権・取消権を行使して、被保佐人がした法律行為に同意し、または被保佐人がした法律行為を取り消すことにより、被保佐人を支援・保護することになります。また、付与された代理権の範囲で、被保佐人の財産に関する法律行為を代理して保佐の事務（被保佐人の生活、療養看護および財産の管理に関する事務）を行い、被保佐人を支援・保護します。

保佐人は、保佐の事務を行うにあたっては、善管注意義務（☞ ②(4)(E)）を負うほか、被保佐人の意思を尊重し、かつ、被保佐人の心身の状態および生活の状況に配慮しなければなりません（民法876条の5第1項）。

4 補助制度（補助類型）の対象者、補助人の権限

(1) 補助制度を利用するための実質的要件——精神上の障害により判断能力が不十分であること

補助制度の対象者（被補助人）は、精神上の障害により判断能力が不十分な人です（民法15条1項）。たとえば、以下のような人が想定されます。

① 重要な財産行為について、自分でできるかもしれないが、適切にできるかどうか危惧がある人（本人の利益のためには、誰かに代わってやってもらったほうがよい人）

② 認知症の症状が、いわゆる「まだら状態」で軽度の人

未成年者であっても補助制度を利用することができます。

(2) 補助制度を利用するための形式的要件——補助開始の審判がなされること

精神上の障害により判断能力が不十分な人は、当然に補助制度を利用することができるわけではありません。補助を利用するには、以下の手続を経ることが必要になります（民法15条）。

① 本人または4親等内の親族などの請求権者から、家庭裁判所へ「補助開始の審判」の申立てがされること

② 家庭裁判所により、精神上の障害により判断能力が不十分であること（実質的要件の具備）に関する審査が行われること

③ ②の審査を経たうえで、家庭裁判所が、本人が精神上の障害により判断能力が不十分であると認め、「補助開始の審判」をすること（本人以外の申立て

の場合は本人の同意があること）

　補助開始の審判は、判断能力が不十分な本人を支援し、保護するものです。補助開始の審判とあわせて、特定の適任者を補助人に選任することを内容とする審判も行われます。

　補助開始の審判は、原則として、本人および補助人に選任される人が審判書の謄本を受け取った日から2週間が経過することにより確定し、その効力が発生します。

　なお、家庭裁判所は、請求に基づき、「補助開始の審判」とともに、必ず「補助人に対する代理権または同意権の付与の審判」をします（民法15条3項）。そのため、本人または親族等の請求権者は、「補助開始の審判」の申立てをするときは、あわせて「補助人に対する代理権または同意権の付与の審判」の申立てもする必要があります。

(3)　被補助人の行為能力

　補助開始の審判を受けた人は、被補助人となり、その支援者として補助人が選任されます（民法16条）。

　補助開始の審判がされ、その審判が確定しただけでは、被補助人の行為能力は制限されません。被補助人は、民法17条1項の審判（被補助人が特定の法律行為をするには、その補助人の同意を得なければならない旨の審判で、同意権を付与する審判といいます）を受けたときに、はじめて制限行為能力者となります（民法20条1項カッコ書）。ですから、その場合に限って、審判により定められた特定の法律行為をするときには、その補助人の同意を得なければならないことになります。そして、補助人の同意を得なければならない法律行為を、被補助人が補助人の同意を得ることなく単独でしたときは、被補助人または補助人は、その法律行為を取り消すことができます（民法17条4項・120条1項）。

　この補助人の同意を要する行為は、民法13条1項各号に定められた法律行為の一部に限られます（民法17条1項）。

(4)　補助人の役割は何か

(A)　補助人の選任についての法律の規定

　家庭裁判所は、補助開始の審判をするときは、職権で、補助人を選任します（民法876条の7第1項）。

　家庭裁判所が補助人を選任する場合における、補助人の人数、家庭裁判所が補助人を選任する際に考慮すべき事情、法人を補助人に選任することができること、補助人の欠格事由等については、成年後見人・保佐人の場合と同じです（民法

876条の7第2項）。監督人の選任についても、後見・保佐の場合と同様です（民法876条の8第1項）（☞2(4)、☞3(4)）。

(B)　補助人の権限についての法律の規定

補助類型の場合には、補助人の権限の範囲（補助人がどのような事項について同意権や代理権をもつのか）および被補助人の行為能力が制限される範囲（補助人の同意を要する法律行為の範囲）は、成年後見や保佐のように、補助開始の審判によって当然に決まるわけではありません。補助開始の審判の申立てをするときにあわせて行う「同意権付与の審判」または「代理権付与の審判」によって定まります。

(a)　補助人の同意権は家庭裁判所の審判によって決まる

家庭裁判所は、被補助人本人、その親族、補助人等の請求により、被補助人が特定の法律行為をするにはその補助人の同意を得ることを要する旨の審判をすることができます（民法17条1項本文）。ただし、その同意を得ることを要する法律行為は、民法13条1項各号に定めた法律行為（被保佐人にとって保佐人の同意を要する法律行為）の一部に限られます（民法17条1項ただし書）。

つまり、民法13条1項各号に定められた法律行為のうちの一部の法律行為を選択して、その法律行為について、補助人に同意権を付与する旨の申立てをすることができることになります。そして、同意権を付与する旨の審判がされた法律行為については、補助人に同意権が付与されます。これにより、被補助人が同意権付与の審判を得た法律行為をするには、補助人の同意が必要になります。被補助人が、補助人の同意を得ないでその法律行為をした場合には、被補助人または補助人が、その法律行為を取り消すことができます（民法17条4項・120条1項）。

この同意権付与の審判がされるためには、本人による申立てまたは本人の同意が必要です（民法17条1項・2項）。

この同意権付与の審判は、後日に、その全部または一部を取り消すことができます（民法18条2項）。したがって、被補助人の判断能力の減退・回復の程度に応じて、補助人の同意権の範囲を柔軟に調節することができます。

(b)　補助人の代理権は家庭裁判所の審判によって決まる

家庭裁判所は、被補助人本人、その親族、補助人等の請求によって、被補助人のために、特定の法律行為について補助人に代理権を付与する審判をすることができます（民法876条の9第1項）。

この代理権付与の審判がされるためには、本人による申立てまたは本人の同意が必要です（民法876条の9第2項・876条の4第2項）。

　ちなみに、代理権付与の審判は、被補助人の行為能力を制限するものではありません。したがって、代理権付与の審判によって定められた「特定の法律行為」については、それが同意権付与の審判によって補助人の同意を要する法律行為とされていない限り、被補助人は、補助人の同意を得ることなく単独で有効にすることができます。

　この代理権付与の審判は、後日に、その全部または一部を取り消すことができます（民法876条の9第2項が準用する民法876条の4第3項）。したがって、被補助人の判断能力の減退・回復の程度に応じて、補助人の代理権の範囲を柔軟に調節することができます。

　補助人が交替した場合には、後任の補助人は、代理権付与の審判の取消しまたは追加の代理権付与の審判がされていない限り、前任の補助人と同じ範囲の法律行為について代理権を行使することができることは、保佐の場合と同様です。

　(C)　補助人の代理権が制限される場合

　(a)　複数の補助人が選任されている場合の権限の共同行使または事務分掌

　複数の補助人が選任されている場合には、家庭裁判所は、職権で、数人の補助人が共同して権限を行使すべきこと、または事務を分担（分掌）して権限を行使すべきことを定めることができます（民法876条の10第1項が準用する民法859条の2）。

　(b)　居住用不動産を処分する場合の家庭裁判所の許可（☞ 2 (4)(B)(b)）

　補助人が被補助人を代理して被補助人の居住用不動産について処分をするには、家庭裁判所の許可を得る必要があります（民法876条の10第1項が準用する民法859条の3）。

　(c)　身分行為

　身分行為（婚姻・離婚・認知・養子縁組・離縁・遺言）については代理権の対象となりません。

　(D)　補助人の事務の範囲・義務

　補助人は、家庭裁判所の審判によって付与された同意権・取消権を適切に行使して、被補助人がした法律行為に同意を与え、または被補助人がした法律行為を取り消すことによって、被補助人を支援・保護することになります。

　また、家庭裁判所の審判によって付与された代理権の範囲で、被補助人の財産に関する法律行為を代理し、被補助人の生活、療養看護および財産の管理に関する事務（補助の事務）を行い、被補助人を支援・保護します。

　補助人は、補助の事務を行うにあたっては、善管注意義務（☞ 2 (4)(E)）を負う

図表1－10　成年後見人、保佐人および補助人の権限（代理権・同意権・取消権）

←─────→　選任の審判により当然に有する職務権限

←┄┄┄┄┄→　同意権・代理権の付与の審判により特定の法律行為について有することとなる職務権限

		①　日常生活に関する法律行為（民法9条ただし書）	②　①および③以外の法律行為	③　民法13条1項に定める法律行為（重要な法律行為）
後見	代理権		民法859条1項	
	取消権		民法9条・120条1項	
保佐	代理権		民法876条の4 ※本人の同意が必要	
	同意権		民法13条2項	民法13条1項
	取消権		民法13条2項 ※同意権の範囲と取消権の範囲は同じ	民法13条1項
補助	代理権		民法876条の9 ※本人の同意が必要	
	同意権			民法17条 ※本人の同意が必要 ※ただし、全部に同意権を付与することはできない。
	取消権			民法17条 ※同意権の範囲と取消権の範囲は同じ

※　「本人の同意が必要」＝本人以外の者の請求によって代理権または同意権を付与する旨の審判をするには、本人の同意がなければならないことを意味します。

ほか、被補助人の意思を尊重し、かつ、被補助人の心身の状態および生活の状況に配慮しなければなりません（民法876条の10第1項が準用する民法644条・876条の5第1項）。

（第1章Ⅳ　西川　浩之）

Ⅴ　任意後見制度

●この節で学ぶこと●

　任意後見制度の理念と概要および具体的な利用形態（将来型・即効型・移行型）を学習します。

1　任意後見制度の意義

(1)　任意後見制度は平成11年に創設された

　任意後見制度は、自分の判断能力が低下した後の生活や療養看護、財産管理について支援してもらう任意後見人を、判断能力があるうちにみずから選んで契約する制度です。そのため、自己決定の尊重を最も具現化した制度である、といわれています。

　平成11年に新しい成年後見制度が制定された際、この任意後見制度は新しく創設されたのですが、それまで日本に任意後見制度はありませんでした。

　日本の任意後見制度と似ている海外の制度として、たとえば、イギリスで1985年に制定された継続的代理権授与法という制度がありました。日本の任意後見制度は、このイギリスの制度を参考にしてつくられています。

(2)　任意後見契約のしくみ

　任意後見契約とは、委任者が、受任者に対し、精神上の障害により判断能力が不十分な状況における自己の生活、療養看護および財産の管理に関する事務の全部または一部を委託し、その委託に関する事務について代理権を付与する委任契約で、任意後見監督人が選任された時点からその効力を生ずる旨の定めのあるもの（任意後見契約法2条1号）です。

　委任者とは、任意後見契約を結ぼうとする本人のことです。委任者は、任意後見人としたい受任者を自ら選定します。

　受任者とは、任意後見契約の効力が生じた後に任意後見の事務を行う者（任意後見人）のことです。複数の受任者を選定することもできますし（この場合、基本的に受任者ごとに任意後見契約を締結することになります）、法人を受任者として選定することもできます。

　委託する事務は、本人の判断能力が低下した後における身上保護事務と財産管

理事務の全部または一部に関する代理行為です。

　一般的に、契約をする場合には、契約を結んだ時点でその効力が生じます。しかし、任意後見契約は、任意後見契約を結んだ時点ではその効力は発生しません。本人の判断能力が低下した後、家庭裁判所が任意後見人の事務を監督する任意後見監督人を選任した時点からその効力が生じるのです。この点に任意後見契約の特徴があります。

　また、任意後見契約は公正証書によってしなければなりません（任意後見契約法3条）。したがって、任意後見契約は原則として公証役場で行うことになります。

　任意後見契約が結ばれた後、公証人は、東京法務局に対し、任意後見契約締結の登記の嘱託をすることになります。

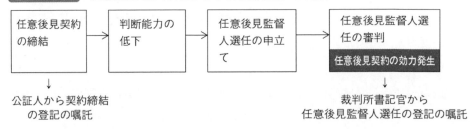

図表1－11　任意後見契約の締結からその効力発生までの流れ

```
┌──────────┐   ┌────────┐   ┌──────────┐   ┌──────────────────┐
│任意後見契約 │→ │判断能力の │→ │任意後見監督 │→ │任意後見監督人選  │
│の締結     │   │低下    │   │人選任の申立 │   │任の審判          │
│          │   │        │   │て        │   ├──────────────────┤
└──────────┘   └────────┘   └──────────┘   │任意後見契約の効力発生│
    ↓                                        └──────────────────┘
公証人から契約締結                                    ↓
  の登記の嘱託                              裁判所書記官から
                                          任意後見監督人選任の登記の嘱託
```

(3)　任意後見監督人に関する法律の規定

　本人の判断能力が低下した場合、家庭裁判所は、本人、配偶者、4親等内の親族、任意後見受任者の申立てにより、任意後見監督人を選任します（任意後見契約法4条1項）。

　しかし、以下の場合には、家庭裁判所は任意後見監督人を選任しません（任意後見契約法4条1項ただし書）。この場合、任意後見契約は効力を生じないことになります。

① 本人が未成年であるとき

② 本人において法定後見が開始されていて、その法定後見を継続することが本人の利益のために特に必要であると認めるとき

③ 任意後見受任者が未成年であるとき

④ 任意後見受任者が過去に家庭裁判所で法定代理人を免ぜられたことがあるとき

⑤ 任意後見受任者が破産者で復権していないとき

⑥ 任意後見受任者の行方が知れないとき

⑦　任意後見受任者が本人に対して訴訟し、もしくはしたことのある人、または任意後見受任者が本人に対して訴訟をし、もしくはしたことのある人の配偶者・直系血族であるとき

⑧　任意後見受任者に不適任事由（任意後見人の解任事由）があるとき

　家庭裁判所が任意後見監督人を選任する場合、それにより任意後見契約は効力を生じることになりますので、本人がその意思を表明することができない場合を除いて、本人の同意が必要です（任意後見契約法4条3項）。

　任意後見監督人には、公正に任意後見人の事務を監督することが求められますので、任意後見人の配偶者、直系血族および兄弟姉妹は選任されません（任意後見契約法5条）。実際には、専門職が選任されることが多いようです。

　家庭裁判所が任意後見監督人を選任する審判をすると、裁判所書記官は、東京法務局に対し、任意後見監督人が選任された旨の登記の嘱託をします。

　こうして、任意後見監督人が選任されることによって、任意後見契約の効力が生じることになります。

　なお、任意後見受任者については、任意後見監督人の選任前後でその呼称が変わりますので注意しましょう。任意後見監督人の選任前においては任意後見受任者、選任後においては任意後見人といいます。

　任意後見契約は、前に説明したとおり、任意後見契約を結んだ時点と、任意後見監督人が選任された時点の2回にわたって登記されます。登記されることによって、登記事項証明書を取得することができるようになります。この登記事項証明書は、任意後見監督人選任後においては、任意後見人の権限を証明する書類として提示できることになります。

(4)　任意後見人はどのような事務を行うか

　任意後見人は、任意後見契約で定められた代理権の範囲においてその事務を行うことになります。つまり、代理権目録に記載されていない事務については権限がなく、事務を行うことはできません。

　不動産の売却などといった重要な委任事項については、特約を定めて、任意後見監督人の同意を必要とすることが望ましいでしょう。

　任意後見契約は、「代理権を付与する委任契約」ですので、契約の締結などといった法律行為が対象となります。したがって、介護サービスや家事援助サービスの手配をするために契約をすることは任意後見契約の対象となりますが、介護すること、掃除することなどの事実行為は対象となりません。

　また、法定後見における後見人と同様に、本人しか行為できないと考えられて

いる婚姻、離婚、養子縁組、養子縁組の離縁、臓器提供の意思表示、遺言書の作成等も、任意後見人の事務に含まれません。

　任意後見人は、任意後見契約に基づいて事務を行う際には善良な管理者としての注意義務（民法644条）を負います。また、本人の意思を尊重し、かつ、その心身の状態および生活の状況に配慮しなければならないとする身上配慮義務（任意後見契約法6条）を負っています。

　なお、任意後見人が報酬を受領する場合は、報酬に関する規定およびその支払時期を定めなければなりません。報酬額は適正な価格である必要があり、高額すぎると指摘されないよう注意しなければなりません。

　また、法定後見とは違い、任意後見人には取消権を付与することはできないので、注意が必要です。

⑸　任意後見監督人はどのような職務を行うか

　任意後見監督人の職務の第1は、任意後見人の事務を監督して家庭裁判所に定期的に報告することです（任意後見契約法7条1項1号・2号）。

　そのために、任意後見監督人は、いつでも、任意後見人に対して任意後見人の事務の報告を求め、または任意後見人の事務もしくは本人の財産の状況を調査することができます（任意後見契約法7条2項）。

　家庭裁判所は、任意後見監督人から定期的に報告を受けるだけでなく、必要があると認めるときは、任意後見監督人に対して報告を求めることになります。家庭裁判所が直接、任意後見人に対して報告を求めることはありません。つまり、家庭裁判所は、間接的に任意後見人を監督するしくみとなっています。

　任意後見監督人の職務の第2は、急迫の事情がある場合に、任意後見人の代理権の範囲内において必要な処分をすることです。

　たとえば、任意後見人に、入院契約に関する代理権が付与されている場合、本人が入院した際には、本来であれば任意後見人が入院手続（入院契約の締結）をすることになります。しかし、急病などの理由で任意後見人が対応できないことがあるかもしれません。そういったときは、任意後見人に代わり、任意後見監督人が入院手続を行うことになります。

　任意後見監督人の職務の第3は、任意後見人またはその代表する者（たとえば、任意後見人の親権に服する未成年者や、任意後見人が代表取締役である会社等）と本人との利益が相反する行為について、本人を代理することです。

　たとえば、本人（母親）の長男が任意後見人であり、父親の死亡により相続が開始され、母親である本人と任意後見人である長男で遺産分割の協議をする必要

がある場合には、本人と任意後見人との利益が相反することになりますから、任意後見監督人が本人の代理人として、長男と遺産分割協議を行うことになります。

　任意後見監督人の報酬は、任意後見契約には定めず、法定後見人と同様に、家庭裁判所が、本人の財産の中から、本人の資力等その他の事情に応じて相当な報酬を任意後見監督人に付与することになります。

⑹　任意後見契約はどのような場合に終了するか

任意後見契約は次の場合に終了します。

⒜　任意後見契約が解除された場合

　任意後見契約は両当事者からの解除により終了します。解除の方法は、任意後見監督人の選任がされているかいないか、つまり、任意後見契約の効力が生じているか否かによって変わってきます。

　任意後見監督人の選任前の解除については、本人または任意後見受任者は、いつでも、公証人の認証を受けた書面により解除することができます（任意後見契約法９条１項）。公証人の関与を求めた理由は、当事者の真意による解除であることを確認するためです。

　任意後見監督人の選任後の解除については、本人または任意後見人は、解除する正当な事由がある場合に限り、家庭裁判所の許可を得て解除することができます（任意後見契約法９条２項）。このように、任意後見契約が発効した後の解除に家庭裁判所の関与を求めている理由は、この段階ではすでに本人の判断能力が低下している状況であることから、任意後見人の無責任な辞任を防ぎ、本人の利益を損なうことのないように家庭裁判所が確認するためです。

⒝　任意後見人が解任された場合

　任意後見人において、不正な行為、著しい不行跡その他その任務に適しない事由があるときは、家庭裁判所は、任意後見監督人、本人、その親族または検察官の請求により、任意後見人を解任することができます（任意後見契約法８条）。

⒞　法定後見が開始された場合

　任意後見監督人が選任された後、法定後見（後見・保佐・補助）の開始の審判がされたとき（☞⑺）は、任意後見契約は終了します（任意後見契約法10条３項）。

　任意後見と法定後見が重複して効力を生じることはありません（つまり、任意後見人と成年後見人・保佐人・補助人が並立して事務を行うことはありません）。

　実際には、任意後見契約では十分な支援ができない場合に、法定後見へ移行することになります。

　　(D)　本人・任意後見人が死亡・破産をした場合など

　本人または任意後見人（任意後見受任者）の死亡、破産手続開始決定により、任意後見契約は終了します（民法653条1号・2号）。また、任意後見人が後見開始審判を受けた場合も終了します（同条3号）。

(7)　法定後見と任意後見の関係はどうなっているか

　たとえば、長男と任意後見契約を締結していた母親が中程度の認知症となったとき、二男が母親について保佐開始の申立てをした後、同じ家庭裁判所に対し、ただちに長男が任意後見監督人選任の申立てをした場合、家庭裁判所はどのような判断をするのでしょうか。

　この場合、前述のとおり、任意後見と法定後見が重複するような形で審判をすることはありません。任意後見契約が登記されている場合には、家庭裁判所は本人の利益のため特に必要があると認めるときに限って、後見・保佐・補助開始の審判をすることができます（任意後見契約法10条1項）。

　つまり、原則としては、任意後見契約が優先されて任意後見監督人選任の審判をすることになります。そして、例外的に「本人の利益のために必要があると認める」場合（たとえば、本人の支援をするために必要な代理権が任意後見契約では漏れていた場合、取消権の行使が必要になった場合、上の例で長男が不正な行為を行っていた場合など）に限り、後見・保佐・補助の開始審判をすることになります。

　なぜ、法定後見よりも任意後見を優先するのでしょうか。その理由は、任意後見契約を締結して、判断能力が不十分になったときのために任意後見契約を準備していた本人の自己決定を尊重するためです。

2　任意後見の利用形態

(1)　任意後見を利用する場合の3つの形態

　任意後見制度を利用するには、前に説明したとおり、①任意後見契約の締結、②任意後見監督人の選任という2つの手続が必要です。

　この2つの手続の間における時間差の違いやその他の支援の有無により、任意後見の利用の仕方として、①将来型、②即効型、③移行型の3種類が考えられます。

(2)　将来型のしくみとその問題点

　「将来型」は、任意後見契約を締結して、将来、本人の判断能力が低下した場合に、任意後見監督人が選任されてから支援を開始するという典型的な支援方法

です。

　この将来型においては、任意後見受任者が本人と同居していない場合に、本人の判断能力が低下したことをどのように把握するかが問題となります。また、判断能力が低下した本人が、任意後見契約を締結したことを忘れてしまい、任意後見人に通帳等を引き渡すことを拒むケースも見受けられます。

(3)　即効型のしくみとその問題点

　「即効型」は、軽度の認知症高齢者が任意後見契約を締結し、時間をおくことなく任意後見監督人の選任申立てをして、任意後見人による支援を開始する利用形態です。

　即効型には、次に掲げるように3つの問題点があります。

①　本人の判断能力の低下の度合いによっては、任意後見契約の締結に必要な意思能力がないとして、後日、契約が無効となる可能性があります。

②　本人が、任意後見制度を正しく理解し、任意後見契約の内容について十分に納得したかどうか、任意後見受任者による誘導により本人が不利益を被る内容ではないかということが危惧されます。

③　任意後見監督人が選任されて支援を開始するときに、本人が事態を理解できず、通帳等の引渡しに応じず、トラブルになることがあります。

　以上の理由から、軽度の認知症高齢者から任意後見契約を締結したいとの申出があった場合には、法定後見における補助開始の審判の申立てもしくは保佐開始の審判の申立てをすすめるべきと考えます。

(4)　移行型のしくみとその問題点

　「移行型」は、任意後見契約のほか、見守り契約（財産管理等の事務を行わず、本人の健康状態を把握するために定期的に見守るという契約）、任意代理契約（判断能力が健常時の財産管理や身上保護事務に関する委任契約）、死後事務委任契約（本人死亡後における葬儀・納骨等を行う事務）等をあわせて結び、判断能力が健常なときは見守り契約と任意代理契約に基づいて支援し、判断能力が低下したときに任意後見監督人を選任して任意後見契約へ移行することを予定する利用形態です。

　移行型は、支援のない空白期間がなく、本人と任意後見人（任意後見受任者）との信頼関係も構築され、一人暮らしの高齢者に対しても十分な支援が予定されていて、実務では多く利用されている形態です。

　しかし、この移行型においても問題が発生しています。特に、任意代理契約が問題となっています。

　①任意代理契約は、本人の判断能力が健常である期間の支援を想定しています

図表1−12　任意後見契約と各種契約の関係

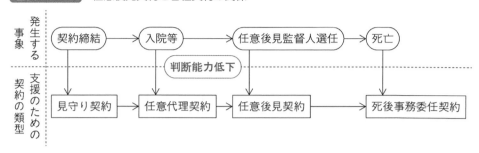

が、判断能力が低下しても任意後見契約へ移行せず、その結果、財産管理をする受任者が誰にも監督されない状態で、本人の財産を横領するという事件があります。

　②任意後見契約・任意代理契約とともに遺言書を作成し、任意後見受任者、その所属団体・関連団体へ遺贈するというケースがあります。任意後見人（任意後見受任者）には、本人のよりよい生活を送るために、本人の財産や収入を利用して、必要な支援を積極的に行う責任があります。本人の死亡後、その財産から遺贈を受けるとなると、本人の生前における財産・収入の利用をためらうことにもなりかねず、長期的な視野に立つと利益相反の関係になり、倫理上の問題が生じます。また、外部からみたときに、「遺贈を誘導したのではないか」と疑惑の目が向けられ、社会からの任意後見制度に対する信頼を損なうことになります。

　③任意後見人の報酬は契約で定めますが、本当に高額な報酬が定められたり、「日当金〇万円／日」とする報酬の定めによって高額な日当加算を行い、本人が想定していない高額な報酬を受領していたケースがありました。

3　法定後見と任意後見は何が違うか

　法定後見と任意後見の違いをまとめると、図表1−13のとおりです。

4　市民後見人と任意後見

　現在、市民後見人は、市民後見人が担当するにふさわしい法定後見の事案を担当しています。しかし、今後、市民後見人が任意後見人として活動することの是非については議論があります。

　「任意後見制度も権利擁護制度の一環であることから市民後見人の社会貢献と

図表１−13　法定後見と任意後見の違い

	法定後見制度	任意後見制度
制度利用の端緒	申立権者による審判の申立て	本人と任意後見受任者による契約
誰が後見人を選任し、権限付与するのか	家庭裁判所 （家庭裁判所は本人の意見を考慮しなければならない）	本人
権限の種類	代理権 同意権・取消権	代理権 （同意権・取消権はない）
効力発生時期	後見等開始審判の告知から２週間満了時	任意後見監督人選任審判の告知時
権限の追加	申立てにより代理権、同意権・取消権を付与できる。	新たな契約の締結が必要。 判断能力低下後は困難。
監督機関	家庭裁判所 監督人は必須ではない。	任意後見監督人（必須機関） 家庭裁判所は間接的に監督する。
後見登記の手続	審判確定後、裁判所書記官が登記嘱託手続を行う。	任意後見契約締結後に公証人が登記嘱託手続を行う（未発効）。 任意後見監督人選任の審判後、裁判所書記官が登記嘱託手続を行う（発効）。
後見人の報酬	報酬付与審判による。 家庭裁判所に対し、定期的に後見事務に関する報告をするとともに、報酬付与を求め、家庭裁判所が審判でその額を決定する。 家庭裁判所は、本人の財産・収入を踏まえ、その期間の後見事務の内容に応じた報酬額を算定する。	契約に規定がなければ無償が原則。 報酬の有無、報酬額は契約に規定する。 支払時期は、規定がなければ任意後見事務終了時。 よって、定期的に受領するためにはその旨の規定が必要である。
監督人の報酬	報酬付与審判による。	報酬付与審判による。
終了事由	後見等開始審判の取消し 本人の死亡 （後見人の死亡・辞任・解任等は終了事由ではない。その場合、家庭裁判所は申立てまたは職権により後任の後見人を選任する）	本人の死亡・破産手続開始 任意後見人の死亡・破産手続開始 任意後見人の後見開始審判 契約解除 任意後見人解任 本人の補助・保佐・後見開始審判

して認めるべきだ」という考え方がないことはありません。

　しかし、日本成年後見法学会は、「市民後見人は、社会貢献、福祉的役割という性格上、現に権利擁護支援を必要とする者に対する支援の制度とすべきである。また、任意後見においては、任意後見契約により報酬を定めることができることから、市民後見人が任意後見を営業として行うことにつながるおそれもある。これは社会貢献という趣旨にも反するであろう」として、市民後見人が任意後見人となることについて否定的な見解を示しています。

　前述のとおり、任意後見契約においては、さまざまな問題事例が生じており、課題も指摘されています。

　また、任意後見契約は、契約両当事者によって、任意後見人の権限、任意後見人の報酬が定められますが、受任者側が誘導することにより、本人にとって不利な契約内容とすることは容易な場合があります。さらに、市民後見人は法律や福祉の専門知識をもたない一般市民であり、トラブルを回避する知識・経験がないことから、安易に高齢者と任意後見契約を締結すると、トラブルに巻き込まれる危険が大きいといえます。市民後見人にはそのつもりがなくても、市民後見人である任意後見人が加害者となって本人の権利を侵害する場合もあります。社会貢献を目的として市民後見人活動を推進しているにもかかわらず、市民後見人が本人の権利を侵害する立場になってしまうことは、非常に残念なことだといえます。

　専門職後見人は、専門的な知識・経験のほか、所属する専門職団体からの指導とともに、それぞれ倫理規範を定め、その倫理規範に基づいた反倫理的行為に対する制裁措置としての「懲戒処分制度」があります。つまり、専門職が不祥事を起こした場合、最悪のケースは資格を失うというペナルティが課されます。それでも専門職後見人による不祥事が生じている現状からすると、倫理規範もなく、公正な監督指導制度が整備されていない市民後見人が任意後見人となることには、危うさを感じるといわざるを得ません。

　まずは、市民後見人は法定後見の受け皿として社会の信頼を勝ち取ってほしいと思います。

（第1章Ⅴ　　矢頭　範之）

VI　後見登記制度

●この節で学ぶこと●

後見登記制度の必要性や類型、手続について、その概要を学習します。

1　後見登記制度が創設された経緯

後見登記制度が創設される以前の制度（以下では、「旧制度」といいます）において
は、判断能力を欠く、または十分に有しない人を保護することを目的として、
禁治産宣告または準禁治産宣告が確定した場合、選任された後見人または保佐人
に就職した人は、就職の日から10日以内に、後見開始または保佐開始の届出をす
ることが義務づけられていました。そして、その届出に基づいて、禁治産者また
は準禁治産者本人の戸籍に、禁治産宣告または準禁治産宣告を受けたことなどが
記載されていました。しかし、戸籍に記載されることについては、本人やその親
族などの関係者において心理的抵抗が強く、このことが禁治産・準禁治産制度の
利用を妨げる一因となっているとの指摘がされていました。また、成年後見制度
の改正により、新たに設けられた補助制度や任意後見制度においては、補助人や
任意後見人にさまざまな権限を付与できることとなりましたが、これを戸籍に記
載して公示することは、実務上、十分に対応できないという面がありました。

そこで、平成12年4月1日から、「民法の一部を改正する法律」「任意後見契約
に関する法律」および「民法の一部を改正する法律の施行に伴う関係法律の整備
等に関する法律」が施行され、それと同時に、従来の禁治産宣告・準禁治産宣告
の戸籍記載に代わる公示方法として、新たに「後見登記等に関する法律」（後見
登記法）により、後見、保佐および補助に関する登記並びに任意後見契約に関す
る登記の制度が創設されました。

2　後見登記制度の概要

後見登記は、法務大臣の指定する法務局もしくは地方法務局またはその支局も
しくは出張所が登記所として取り扱うものとされています（後見登記法2条）。

現在、後見登記に関する事務（登記の申請・嘱託を審査したうえで、記録する事

務）については、東京法務局民事行政部後見登録課のみで集中的な処理が行われています。

　後見等の登記は、裁判所または公証人からの嘱託（依頼）や後見人からの申請に基づいて、コンピュータ・システムによって取り扱われる「後見登記等ファイル」に後見等または任意後見契約の内容等の事項を記録することによって行われます（後見登記法4条・5条）。

　また、登記情報の開示は、登記官が後見登記等ファイルまたは閉鎖登記ファイルに記録されている事項（記録がないときはその旨）を証明した「登記事項証明書」または「閉鎖登記事項証明書」を交付することにより行われます。この証明書の交付事務は、現在、東京法務局民事行政部後見登録課のほか、全国の法務局・地方法務局の本局戸籍課においても取り扱われています。

3　後見登記の類型

　後見登記には、「後見等の登記」「後見命令等の登記」および「任意後見契約の登記」の3類型があります。

(1)　後見等の登記（後見登記法4条1項）

　後見、保佐または補助（以下、「後見等」といいます）に関する事項を記録する登記で、裁判所書記官からの嘱託または関係者からの申請によって登記されます。

(2)　後見命令等の登記（後見登記法4条2項）

　後見命令、保佐命令および補助命令（以下、「後見命令等」といいます）に関する事項を記録する登記であり、裁判所書記官からの嘱託によって登記されます。

(3)　任意後見契約の登記（後見登記法5条）

　任意後見契約に関する事項を記録する登記で、公証人からの嘱託または関係者からの申請によって登記されます。

4　嘱託による登記──後見人が申請する必要はない

　以下の登記については、後見人が申請をする必要はありません。

(1)　後見等の開始の登記

　後見等の開始の審判等または後見命令等の効力が生じたときは、裁判所書記官からの嘱託によって登記がされます（家事事件手続法116条）。

(2)　任意後見契約の登記

　任意後見契約の締結についての公正証書が作成されたときは、公証人からの嘱託によって登記がされます（公証人法57条の３）。

(3)　後見等の開始または任意後見契約の変更の登記

　後見等の開始の登記、後見命令等の登記または任意後見契約の登記がされた後に、後見人の解任や任意後見監督人の選任など、家事事件手続法別表第１に掲げられている所定の審判等の効力が生じたため、登記事項に変更が生じたときは（登記事項を追加する場合を含みます）、裁判所書記官からの嘱託によって登記がされます。

(4)　後見等または任意後見契約の終了の登記

　後見等の審判の取消しの審判や任意後見人の解任など家事事件手続法別表第１に掲げられている所定の審判等の効力が生じたため、後見等または任意後見契約が終了したときは、裁判所書記官からの嘱託によって登記がされます。

5　申請による登記──後見人が申請する必要がある

　以下の登記については、後見人が申請をする必要があります。

(1)　変更の登記

　後見等の開始、後見命令等または任意後見契約の登記がされた後に、婚姻、転居等により登記事項（後見人の氏名・住所、被後見人の氏名・住所・本籍など）に変更が生じたときは、後見人・監督人は、「変更の登記」を申請する必要があります（後見登記法７条１項）。

　また、この登記の申請は、本人の親族など利害関係人も行うことができます（同条２項）。

(2)　終了の登記

　後見等の開始または任意後見契約の登記がされた後に、被後見人の死亡や任意後見契約の本人の破産、任意後見受任者または任意後見人の死亡・破産または後見開始の審判の確定、任意後見契約の解除などにより後見等または任意後見契約が終了したときは、後見人は「終了の登記」を申請する必要があります（後見登記法８条１項・２項）。

　また、この登記の申請は、本人の親族など利害関係人も行うことができます（後見登記法８条３項）。

(3)　移行の登記

　旧制度において、禁治産または準禁治産（ただし、心身耗弱を原因とするものに限られます）の宣告を受けている場合には、平成12年４月から、それぞれ成年被後見人または被保佐人とみなされます。また、旧制度における後見人または保佐人は、それぞれ新制度の成年後見人または保佐人とみなされます（民法の一部を改正する法律附則３条）。これに基づき、被後見人とみなされた本人、その配偶者、４親等内の親族のほか、成年後見人または保佐人とみなされた本人は、戸籍から登記へ移行するための登記を申請することができます（後見登記法附則２条）。

　この登記がされると、登記官から被後見人の本籍地の市区町村に通知がされ、禁治産宣告または準禁治産宣告の記載がされていない新しい戸籍がつくられることになります。なお、この登記がされない場合には、依然として戸籍に禁治産宣告または準禁治産宣告の記載が残ることになります。

⑷　登記申請の方式

　登記の申請は、登記の事由を証する書面その他必要な書面を添付して、書面で行う必要があります。東京法務局民事行政部後見登録課の窓口に持参する方法と郵送による方法があります（後見登記等に関する政令５条・６条、後見登記等に関する省令８条）。

　なお、変更の登記または終了の登記の申請については、オンラインを利用して申請することができます（後見登記等に関する省令22条）。

図表１−14　成年後見登記制度のイメージ

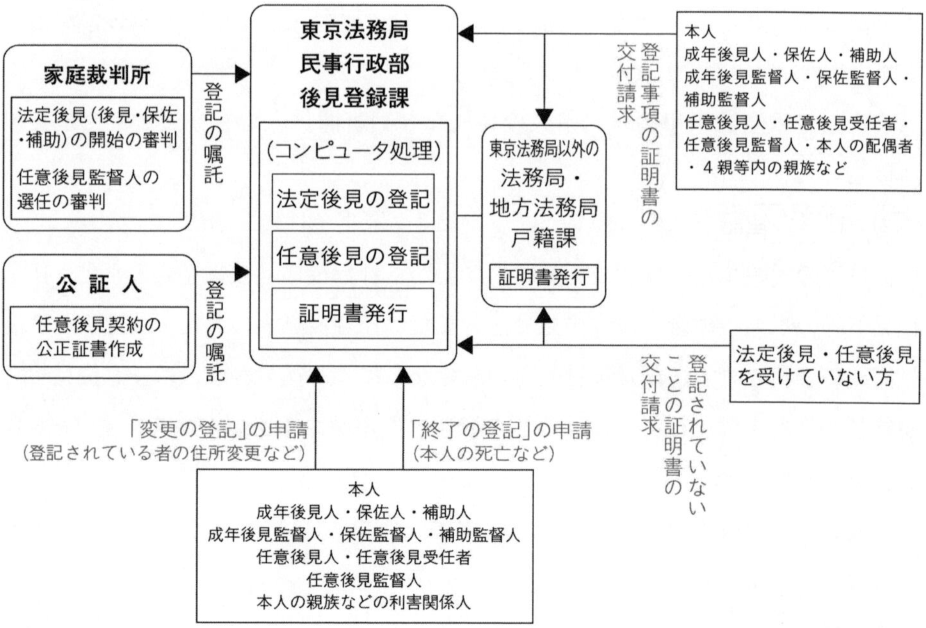

6　登記事項の証明

(1)　証明書の種類、請求権者

　後見登記等ファイルに記録されている登記事項は、登記官が発行する登記事項証明書によって公示されます。この証明書には、①登記された内容を証明する場合に利用される「登記事項の証明書」と、②登記されている記録がないことを証明する場合に利用される「登記されていないことの証明書」があります（☞第3巻第2章Ⅱ7）。登記事項の証明書について、特別の請求がある場合には、住所等の変更前の登記事項が記載されます。

　登記事項証明書の交付請求ができる人は、取引の安全の保護とプライバシー保護の観点から、登記されている本人、その配偶者・4親等内の親族、後見人など一定の人に限定されています。

　なお、閉鎖登記等ファイルに登記されている事項は、登記官が発行する閉鎖登記事項証明書によって公示されますが、自己が後見人であった者以外は、この証明書の交付請求をすることができません。ただし、被後見人の相続人その他の承継人は、当該後見人の閉鎖登記事項証明書の交付請求をすることができます。

(2)　証明書の交付請求の方法

　証明書の交付請求は、書面で行う必要があります（後見登記等に関する省令17条）。東京法務局民事行政部後見登録課または全国の法務局・地方法務局の戸籍課の窓口で請求する方法と、東京法務局民事行政部後見登録課に郵送またはオンラインを利用して請求する方法があります（後見登記等に関する政令11条、後見登記等に関する省令22条・33条3項）。

（第1章Ⅵ　小林　祥之）

VII　成年後見制度の利用促進

●この節で学ぶこと●

　平成28年4月に制定された「成年後見制度の利用の促進に関する法律」と平成
29年3月に閣議決定された「成年後見制度利用促進基本計画」の内容と、利用促
進にあたっての基本的な考え方を学びます。

1　成年後見制度の利用の促進に関する法律

(1)　背　景

　認知症、知的障害、精神障害などによって財産の管理や日常生活等に支障があ
る方を社会全体で支え合うことは、高齢社会における喫緊の課題といえます。成
年後見制度は、こうした方々を支える重要な手段ですが、十分に利用されている
とはいえません。また、今後、認知症の方の増加などにより、成年後見制度の支
援が必要となる方が大幅に増加することも見込まれています。

　加えて、成年後見制度については、制度の利用が後見類型に偏り、保佐・補助
類型や任意後見制度の利用が少ないことなど、制度の運用等に関する課題も指摘
されています。

　そこで、こうした現状を踏まえて、成年後見制度がより広く、安心して利用さ
れるよう、平成28年4月「成年後見制度の利用の促進に関する法律」（利用促進
法）が制定されました。

(2)　内　容

　利用促進法では、成年後見制度の利用促進にあたっては、①制度の理念（ノー
マライゼーション、自己決定権の尊重、身上保護の重視）を踏まえること、②市民
後見人の育成等を通じて地域の需要に対応すること、③制度の利用者等の権利利
益を適切・確実に保護するために必要な体制を整備することが基本理念とされま
した。

　また、保佐・補助、任意後見の利用促進等といった基本方針が示され、明確な
方向性をもって施策が講じられることにより、成年後見制度の利用に関する諸問
題の解決を図っていくこととされました。

　さらに、国や地方公共団体の責務が明らかにされ、国においては、施策の総合

的かつ計画的な推進を図るため、成年後見制度の利用促進に関する基本的な計画を策定することとされました。

2　成年後見制度利用促進基本計画

(1)　概　要

利用促進法の施行後、有識者等で構成される「成年後見制度利用促進委員会」における審議等を経て、平成29年３月「成年後見制度利用促進基本計画」(基本計画)が閣議決定されました。

基本計画は、政府が講ずる成年後見制度利用促進策の最も基本的な計画と位置づけられ、平成29年度からの５年間(令和３年度末まで)を念頭に定められました。

(2)　利用促進にあたっての基本的な考え方

基本計画では、以下のとおり、成年後見制度の現状と課題、これらを踏まえた基本的な考え方が示されました。

① 　成年後見制度の利用者数は、近年、増加傾向にあるものの、その利用者数は認知症高齢者等の数と比較して著しく少ない。また、制度の利用動機をみると、預貯金の解約等が最も多く、次いで介護保険契約(施設入所)のためとなっている。制度の利用は、後見類型に偏っている。これらの状況からは、社会生活上の大きな支障が生じない限り、制度があまり利用されていないことがうかがわれる。

② 　第三者が後見人になるケースの中には、本人の意思決定支援や身上保護等の福祉的な視点に乏しい運用がなされているものもある。また、後見人等の支援体制が十分整備されておらず、家庭裁判所が事実上、相談対応しているが、家庭裁判所では福祉的な観点から本人の最善の利益を図るために必要な助言を行うことは困難である。このようなことから、成年後見制度の利用者が利用のメリットを実感できていないケースも多い。

③ 　今後の成年後見制度の利用促進にあたっては、ノーマライゼーション、自己決定権の尊重の理念に立ち返り、あらためてその運用のあり方が検討されるべきである。さらに、これまでの成年後見制度が、財産保全の観点のみが重視され、本人の利益や生活の質の向上のために財産を積極的に利用するという視点に欠けるなどの硬直性が指摘されてきた点を踏まえると、本人の意思決定支援や身上保護等の福祉的な視点も重視した運用とする必要があり、今後一層、身上保護の重視の観点から個々のケースに応じた適切で柔軟な運

第
1
章

用が検討されるべきである。

(3)　総合的かつ計画的に講ずべき施策

　基本計画においては、成年後見制度の利用を着実に促進するため、国、地方公共団体、関係団体等は、工程表（以下参照）を踏まえて、相互に連携しつつ、各施策の段階的・計画的な推進に取り組むべきであるとされました。

(A)　利用者がメリットを実感できる制度・運用の改善

　基本計画では、成年後見制度においては、後見人による財産管理の側面のみを重視するのではなく、本人の意思を丁寧にくみとってその生活を守り、権利を擁護していく意思決定支援、身上保護の側面も重視して、利用者がメリットを実感できる制度・運用とすることが基本とされました。

　そのうえで、具体的な施策としては、

① 　後見人が本人の特性に応じた適切な配慮を行うことができるよう、意思決定支援のあり方についての指針の策定に向けた検討を行うこと

② 　家庭裁判所が後見等を開始する場合に、本人の生活状況等を踏まえ、本人の利益保護のために最も適切な後見人を選任できるようにするための方策を検討すること

③ 　本人の精神状態を判断する医師が、本人の生活状況等を含め、十分な判断

成年後見制度利用促進基本計画の工程表

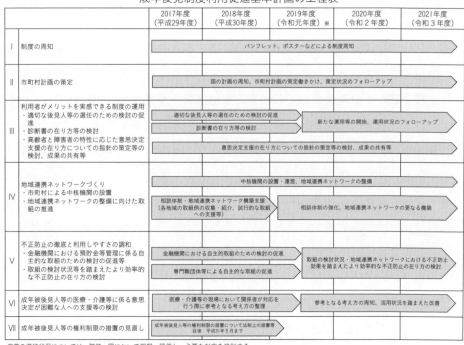

施策の進捗状況については、随時、国において把握・評価し、必要な対応を検討する。
※基本計画の中間年度である令和元年度においては、各施策の進捗状況を踏まえ、個別の課題の整理・検討を行う。

資料に基づき判断できるよう、本人の状況等を医師に的確に伝えるための方策を検討するとともに、その判断を記載する診断書のあり方について検討すること

などが掲げられました。

このうち、診断書等のあり方の検討に関する取組みについては、診断書の書式が改定されるとともに、新たに「本人情報シート」が導入され、平成31年4月から運用が開始されました。

(B) 権利擁護支援の地域連携ネットワークづくり

基本計画では、全国どの地域に住んでいても、成年後見制度の利用が必要な人が制度を利用できるよう、各地域において、権利擁護支援の地域連携ネットワークやその中核となる機関（中核機関）を整備することが必要とされました。

具体的には、各地域において、

① 本人に身近な親族、福祉・医療・地域の関係者と後見人が「チーム」となって日常的に本人を見守り、本人の意思や状況を継続的に把握して必要な対応を行う体制や、法律・福祉の専門職団体、関係機関が「チーム」を支援する体制を整備すること

② 専門職団体や関係機関の協力、連携強化等を協議する協議会等を設置すること

③ 広報機能、相談機能、成年後見制度利用促進機能（受任者調整等）、後見人支援機能という「4つの機能」が発揮されるしくみを段階的、計画的に整備すること

④ こうした体制整備やその後の運用が適切になされるよう、その推進役として中核機関を設置すること（設置主体としては市町村が望ましく、運営は市町村による直営または委託等により行う）

などの取組みを進めることとされました。

このうち、「4つの機能」については、以下のような内容が示されました。

(a) 広報機能

① 地域連携ネットワークの関係者は、成年後見制度が本人の生活を守り、権利を擁護する重要な手段であるとの認識を共有し、声をあげることのできない人を発見して支援につなげることの重要性や、制度の活用が有効なケースなどを具体的に周知啓発する。

② 中核機関は、広報を行う団体・機関と連携しながら、パンフレットの作成・配布、研修会・セミナー等の広報活動が地域において活発に行われるよ

う配慮する。

　(b)　相談機能

①　中核機関は、成年後見制度の利用に関する相談に対応する体制を構築する。

②　権利擁護支援が必要なケースについて、関係者からの相談に応じて情報を集約するとともに、必要に応じて専門職団体の支援を得て、成年後見制度の利用ニーズの精査、必要な権利擁護支援が図られる体制の調整を行う。

　(c)　成年後見制度利用促進機能

①　中核機関は、本人の状況等に応じ、適切な後見人候補者を選定するとともに、必要なチーム体制やその支援体制を検討したうえ、後見人候補者を家庭裁判所に推薦する。市民後見人が後見を行うのがふさわしいケースについては、市民後見人候補者へのアドバイス、後見人になった後の継続的な支援体制の調整等を行う。

②　市町村・都道府県と地域連携ネットワークは、各地域で市民後見人の積極的な活用が可能となるよう、連携して市民後見人の育成に取り組む。

　(d)　後見人支援機能

①　中核機関は、親族後見人や市民後見人等の日常的な相談に応じる。必要なケースについては、意思決定支援、身上保護を重視した後見活動が円滑に行われるよう「チーム」づくり等を支援する。

②　中核機関は、本人と後見人との関係がうまくいかなくなっている場合等においては、本人の権利擁護を図るために、新たな後見人候補者の推薦等による後見人の交代等に迅速・柔軟に対応できるよう、家庭裁判所との連絡調整を行う。

　以上のような地域連携ネットワークや中核機関については、基本計画の策定以降、各地域において体制整備の取組みが進められており、令和元年10月時点では、全国の160自治体において中核機関が整備されています（なお、基本計画にいう中核機関とは位置づけられていないものの、これと同様の役割・機能を担う「権利擁護センター」等が429自治体で整備されています）。

　国は、基本計画に掲げられた施策の一層の実現に向け、有識者等で構成される「成年後見制度利用促進専門家会議」（前出の「成年後見制度利用促進委員会」の後継機関）における議論を踏まえ、令和元年5月、そのめざすべき水準について数値等で目標（KPI）を設定しました。地域連携ネットワークや中核機関の整備に関しては、計画期間である令和3年度末までに、全国の1741自治体すべてにおいて、中核機関（権利擁護センター等を含む）を整備すること等を盛り込んでおり、

これにより施策の更なる推進を図ることとしています。

　(C)　不正防止の徹底と利用しやすさとの調和

　基本計画では、不正事案の発生やそれに伴う損害の発生をできる限り少なくするため、不正事案の発生を未然に防止するしくみの整備が重要であり、制度利用者の利便性にも配慮して、「後見制度支援信託」に並立・代替する方策を検討することとされました。

　「後見制度支援信託」は、日常生活に用いない財産を信託銀行等に預け、その引出しには家庭裁判所の発行する指示書を必要とするしくみです。親族後見人等が高額の財産を管理する事案などにおいて活用されてきましたが、「信託銀行の店舗の所在地が限られている」「今まで取引のない金融機関と取引を始めることに抵抗感がある」など、使い勝手の観点から課題が指摘されることもありました。

　基本計画の策定後、金融機関等により「後見制度支援信託」に並立・代替する方策について検討が行われ、「後見制度支援預貯金」という新たなスキームが提示されました。これは、本人の財産を大口預貯金口座と小口預貯金口座に分け、日常生活に用いない財産を大口預貯金口座に預けて、その引出し等に家庭裁判所の指示書を必要とするしくみであり、現在、信用金庫や信用組合、地方銀行などを含め、その普及が図られています。

　(D)　成年被後見人等の権利制限にかかる措置の見直し

　成年被後見人等の権利にかかる制限が設けられている制度（いわゆる欠格条項）については、成年後見制度の利用を躊躇させる要因の１つであると指摘されており、利用促進法においても、欠格条項について必要な見直しを行うこととされていました。基本計画では、これらを踏まえ、成年被後見人等の人権が尊重され、成年被後見人等であることを理由として不当に差別されないよう、政府においては、欠格条項について検討を加え、速やかに必要な見直しを行うこととされました。

　これを受け、政府は、所要の検討を行ったうえ、「成年被後見人等の権利の制限に係る措置の適正化等を図るための関係法律の整備に関する法律案」を国会に提出し、令和元年６月に可決・成立に至りました。この整備法では、187の法律に規定された成年被後見人等にかかる欠格条項を削除するとともに、必要に応じて、資格等に必要な能力の有無を個別的に判断するしくみが整備されました。それぞれの法律の改正は、令和元年12月までに順次施行されており、施行後は、成年後見制度の利用者であっても、そのことだけを理由として形式的に資格等から排除されることはなくなりました（なお、会社法、一般社団法人及び一般財団法人

に関する法律上の欠格条項については、別途、その削除等を盛り込んだ改正法案が第200回臨時国会において成立しました（公布の日（令和元年12月11日）から1年6月以内に施行））。

⑷　施策の進捗状況の把握・評価等

　基本計画に掲げられた各施策については、有識者等の「成年後見制度利用促進専門家会議」において、進捗状況の把握・評価等を行い、必要な対応を検討することとしており、中間年度にあたる令和元年度においては、各施策の進捗状況を踏まえて個別の課題の整理・検討を行うこととしています（編注：令和2年3月17日に「成年後見制度利用促進基本計画に係る中間検証報告書」が公表されました）。

　また、基本計画の対象期間である令和3年度以降の取組みについては、各施策の進捗状況を踏まえ、別途検討することとしています。

（第1章Ⅷ　厚生労働省社会・援護局地域福祉課成年後見制度利用促進室）

Ⅷ 成年後見制度における市町村の責任

●この節で学ぶこと●

　老人福祉法32条、知的障害者福祉法28条、精神保健福祉法51条の11の２により市町村長に後見等開始審判申立権が認められています。これらの規定では、「その福祉を図るため特に必要があるとき」に申立てをすることができるとされていますが、具体的にはどのような要件の下で行使されるのかを学習します。

　また、老人福祉法32条の２、知的障害者福祉法28条の２、精神保健福祉法51条の11の３により、市民後見人の育成・活用について、市町村にどのような努力義務が規定されたのか学習します。

1 市民後見における市町村の役割

　わが国の高齢化の進展に伴い、認知症高齢者は今後さらに増加することが見込まれており、認知症高齢者に対する支援の充実は、重要な課題となっています。

　認知症施策については、早期の段階からの適切な診断と対応、認知症に関する正しい知識と理解に基づく本人や家庭への支援などを通して、地域単位で総合的かつ継続的な支援体制を確立することが重要であり、総合的に事業を推進することが求められています（図表１－15）。

　一方、障害者福祉施策については、平成18年度から障害者自立支援法が施行され、平成25年度から同法を改正した障害者総合支援法が施行されて、身体障害、知的障害、精神障害にかかる施策を一元化する中、市町村を実施主体として障害者の地域生活支援や権利擁護の取組みが進められました。中でも、知的障害や精神障害のために判断能力が不十分な人々が適切にサービスの利用契約を結び、生活に必要な手続や財産の管理を適切に行い、権利侵害にあわないよう擁護するための支援体制の充実が求められています。

　その中で、成年後見制度は、認知症の人や知的障害、精神障害のある人などの権利擁護を図るにあたって、大きな役割を果たすものです。老人福祉法32条、知的障害者福祉法28条、精神保健福祉法51条の11の２では市町村長による審判の請

図表1－15　認知症の方への支援体制〜医療・介護・地域の連携〜

本人、家族

医療	介護	地域
（適切な医療の提供） ○　もの忘れ相談の実施 ○　かかりつけ医、サポート医による適切な医療や介護サービスへのつなぎ ○　認知症疾患医療センター等の専門医療機関による確定診断 等	（専門的なケアやサービスの相談と提供） ○　認知症予防のための地域支援事業 ○　本人の状態に合わせた介護サービス ・認知症対応型通所介護 ・小規模多機能型居宅介護 ・認知症対応型共同生活介護 等	（本人の権利擁護や見守り、家族支援） ○　認知症サポーター等による見守り ○　見守り、配食、買い物などの生活支援サービスや権利擁護などの地域支援事業の活用 ○　市民後見人の育成及び活用 ○　認知症の方やその家族に対する支援団体による電話相談や交流会の実施 等

市町村は必要な介護サービスを確保するとともに、それぞれの分野の活動支援、推進を図る。

求（申立て）が規定されています。また、市町村長による後見等の審判の申立てが円滑に実施されるよう、老人福祉法32条の2では、市民後見人の育成および活用に向けた取組みについての努力義務が規定され、知的障害者福祉法28条の2および精神保健福祉法51条の11の3では、後見等の業務を適正に行うことができる人材の活用に向けた取組みについての努力義務が規定されています（平成23年6月に老人福祉法改正、平成24年6月に知的障害者福祉法改正、平成25年6月に精神保健福祉法改正）。

　老人福祉法、知的障害者福祉法、精神保健福祉法において、市町村長に法定後見の開始等の申立権を認めた趣旨は、身寄りのない認知症高齢者、知的障害者、精神障害者（以下、「認知症高齢者等」といいます）などで、親族等が法定後見の開始の審判等を請求することができない人について、法定後見制度の利用を支援することを目的としたものです。

　高齢者福祉サービスについては、介護保険法に基づくサービスの利用が基本ですが、高齢者の実態など、「老人の福祉に関し、必要な実情の把握」については、引き続き、住民に最も身近な自治体である市町村が行うこととされており（老人福祉法5条の4第2項1号）、高齢者の実態を最もよく把握している市町村が、通常の業務の中で把握している情報をもとに、申立ての必要性を判断することを想

定しています。知的障害者については、知的障害者福祉法９条５項に同様の規定がおかれており、精神障害者についても同様の趣旨から申立ての判断を市町村が行うこととなっています。

2　市町村長による申立て

　民法における成年後見、保佐および補助に関する制度は、私法上の法律関係を規律するものであり、本人、配偶者、４親等内の親族等（以下、「親族等」といいます）による審判の申立てに基づいて利用することが基本とされています。

　しかし、判断能力が十分でない認知症高齢者のうち、身寄りがない場合など親族等による申立てが期待できない状況にある人については、親族等による審判の申立てを補完し、成年後見制度の利用を確保する観点から、これらの人に対する相談、援助等のサービス提供の過程においてその実情を把握することのできる立場にある市町村長に対し、老人福祉法32条・知的障害者福祉法28条・精神保健福祉法51条の11の２において、「その福祉を図るため特に必要があると認めるとき」に、市町村長は申立てをすることができるとされています（審判の請求権を付与）。

　これは、本人に２親等内の親族がない、またはこれらの親族があっても音信不通の状況にある場合であって、申立てを行おうとする３親等または４親等の親族も明らかでないなどの事情により、親族等による法定後見の開始の審判の申立てを行うことが期待できず、市町村長が本人の保護を図るために申立てを行うことが必要な状況にある場合をいいます。こうした状況にある人について、介護保険サービスその他の高齢者福祉サービスおよび障害者福祉サービスの利用や、それに付随する財産の管理など日常生活上の支援が必要と判断される場合について、申立てを行うか否かを検討することになります。

　市町村長の申立件数は、成年後見関係事件の概況（最高裁判所事務総局家庭局）によると、平成12年当初の23件から年々増加し、平成31年には7837件となり、成年後見関係事件の申立件数に占める市町村長の申立件数の割合も、全体の３万5959件に対し22.0％を占めるまでになっています（図表１－16）。

　また、今後、高齢化の進展に伴い、令和７年の認知症の有病者数は約700万人になると推計されています。

　さらに、高齢者単独世帯の数についても、令和２年（2020年）では703万世帯、令和12年（2030年）では796万世帯、令和17年（2035年）では842万世帯に増加するものと見込まれています（図表１－17）。

図表1－16　市町村長申立件数の推移

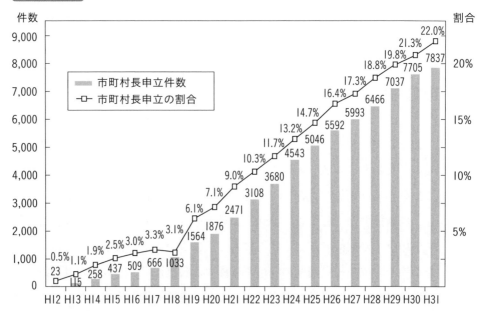

出典：成年後見関係事件の概況（最高裁判所事務総局家庭局）
注：平成12年〜平成19年までは、4月〜3月の数値。平成20年からは、1月〜12月の数値。

　障害福祉分野においては、障害者総合支援法によって実施している地域生活支援事業の成年後見制度利用支援事業において、経済的に成年後見制度の利用が困難であると認められる知的障害者・精神障害者に対して、成年後見制度の利用に要する費用の全部または一部を補助することや、成年後見制度法人後見支援事業において、後見等の業務を適正に行うことができる法人を確保できる体制を整備するとともに、市民後見人の活用を含めた法人後見の活動支援を市町村の必須事業としています。これに加え、成年後見制度の利用促進のための普及・啓発を行う「成年後見制度普及啓発」を都道府県・市町村地域生活支援事業のメニュー事業としました。

　なお、平成25年の障害者総合支援法附則の検討規定においては、障害者の意思決定支援のあり方、障害福祉サービスの利用の観点からの成年後見制度の利用促進のあり方等について、施行後3年をめどに検討することとされています。

　厚生労働省では、平成27年から社会保障審議会障害者部会においてこれらについて検討し、その結果をとりまとめた報告書を平成27年12月に公表しました。その中で、成年後見制度の利用支援等については、「親亡き後」への備えも含め、障害者の親族等を対象とし、成年後見制度利用の理解促進や、個々の必要性に応じた適切な後見類型の選択につなげることを目的とした研修を実施するべきであるとされました。

図表1－17　高齢者の世帯形態の将来推計

（万世帯）

区　　　分		2015年	2020年	2025年	2030年	2035年
一般世帯		5,333	5,410	5,412	5,348	5,232
	世帯主が65歳以上	1,918	2,065	2,103	2,126	2,159
	単独 （比率）	625 （32.6％）	703 （34.0％）	751 （35.7％）	796 （37.4％）	842 （39.0％）
	夫婦のみ （比率）	628 （32.7％）	674 （32.6％）	676 （32.2％）	669 （31.5％）	667 （30.9％）
	単独・夫婦計 （比率）	1,253 （65.3％）	1,377 （66.7％）	1,428 （67.9％）	1,465 （68.9％）	1,508 （69.8％）

（注）　比率は、世帯主が65歳以上の世帯に占める割合。
（出典）　国立社会保障・人口問題研究所「日本の世帯数の将来推計―2018（平成30）年推計―」

　さらに、平成24年10月に施行された障害者虐待防止法の中で、国および地方公共団体に虐待による被害の防止・救済を図るため、成年後見制度の利用にかかる経済的負担の軽減措置等を講ずることにより成年後見制度の利用を促進することが定められました。

　このような認知症高齢者の増加と高齢者単独世帯の増加および障害者の権利・利益の擁護や虐待を受けた障害者の保護等の必要性などにより、成年後見制度を利用する人が増えるとともに市町村長申立ての件数も増加するものと考えられています。

3　成年後見における市町村のその他の役割

(1)　市民後見人の育成・活用

　市町村長申立ての必要性が増大するとともに、今後、後見人が、高齢者の介護サービスや障害者の福祉サービスの利用契約等を中心に後見業務を行うことが多くなると想定されています。したがって、市町村長による申立ておよび家庭裁判所による後見人の選任が適切に実施されるためには、弁護士・司法書士・社会福祉士等の専門的な後見人（専門職後見人）のほか、専門職後見人以外の一般の市民を含めた後見人（市民後見人）をこれまで以上に育成するとともに、育成した人材を家庭裁判所に対して推薦し、選任された市民後見人を支援しながら積極的に活用していくことが重要となります。

　このため、平成24年4月1日から施行された老人福祉法32条の2により、市町村は、市町村長による審判の請求の円滑な実施に資するよう、後見等の業務を適

正に行うことができる人材の育成および活用を図るため、①研修の実施、②後見等の業務を適正に行うことができる者の家庭裁判所への推薦、③その他必要な措置（研修を修了した者を名簿に登録する、家庭裁判所に選任された後見人を支援するなど）を講ずるように努めることとなりました。

　また、平成25年4月1日から施行された知的障害者福祉法28条の2および平成26年4月1日から施行された精神保健福祉法51条の11の3により、市町村は、市町村長による審判の請求の円滑な実施に資するよう、後見等の業務を適正に行うことができる人材の活用を図るため、①後見等の業務を適正に行うことができる者の家庭裁判所への推薦、②その他必要な措置を講ずるように努めることとなりました。

老人福祉法

（後見等に係る体制の整備等）

第32条の2　市町村は、前条の規定による審判の請求の円滑な実施に資するよう、民法に規定する後見、保佐及び補助（以下「後見等」という。）の業務を適正に行うことができる人材の育成及び活用を図るため、研修の実施、後見等の業務を適正に行うことができる者の家庭裁判所への推薦その他の必要な措置を講ずるよう努めなければならない。

2　都道府県は、市町村と協力して後見等の業務を適正に行うことができる人材の育成及び活用を図るため、前項に規定する措置の実施に関し助言その他の援助を行うように努めなければならない。

知的障害者福祉法

（後見等を行う者の推薦等）

第28条の2　市町村は、前条の規定による審判の請求の円滑な実施に資するよう、民法に規定する後見、保佐及び補助（以下この条において「後見等」という。）の業務を適正に行うことができる人材の活用を図るため、後見等の業務を適正に行うことができる者の家庭裁判所への推薦その他の必要な措置を講ずるよう努めなければならない。

2　都道府県は、市町村と協力して後見等の業務を適正に行うことができる人材の活用を図るため、前項に規定する措置の実施に関し助言その他の援助を行うように努めなければならない。

精神保健及び精神障害者福祉に関する法律

（後見等を行う者の推薦等）

第51条の11の3　市町村は、前条の規定による審判の請求の円滑な実施に資するよう、民法に規定する後見、保佐及び補助（以下この条において「後見等」と

いう。）の業務を適正に行うことができる人材の活用を図るため、後見等の業務
を適正に行うことができる者の家庭裁判所への推薦その他の必要な措置を講ず
るよう努めなければならない。

  2　都道府県は、市町村と協力して後見等の業務を適正に行うことができる人材
  の活用を図るため、前項に規定する措置の実施に関し助言その他の援助を行う
  ように努めなければならない。

（認知症高齢者に関して市民後見人を活用した取組例のイメージ）

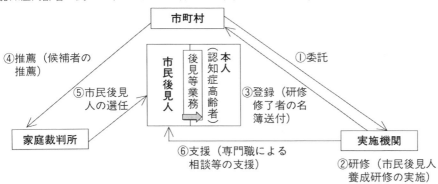

　市町村が市民後見人の育成および活用に取り組む際には、以下の点に留意する
必要があります。

(2)　市町村の取組体制

　市民後見人の育成および活用については、市町村が主体となり、地域の後見ニ
ーズ等の実態を把握するとともに、家庭裁判所および弁護士・司法書士・社会福
祉士等の専門職の団体等と連携を図り、協議を行うなど、その地域に合った取組
みを行うことが重要です。

　市民後見人として家庭裁判所からの選任を受けるためには、その活動を支援す
ることが重要です。市民後見人が後見等の業務を適正・円滑に実施するためには、
専門職などによる支援体制を整備する必要があることから、市町村は、社会福祉
協議会、NPO法人など適切に業務運営が確保できると認められる団体に委託し、
支援機関（成年後見支援センター）の設置を検討することも必要です。

　こうした場合においても、実施主体は市町村であることから、その業務が適正
かつ効果的に行われるよう、市町村が指導・監督等を実施することが重要です。

(3)　養成研修の実施

　市民後見人養成研修については、市民後見人としての業務を適正に行うために
必要な知識・技術・社会規範・倫理性を習得できるよう、研修カリキュラムを市

町村が策定し、実施する必要があります。また、養成研修終了後のフォローアップのための研修も必要となります。

<u>(4)　後見等の業務を適正に行うことができる者の家庭裁判所への推薦</u>

　家庭裁判所に推薦する後見人の候補者は、選考委員会等（市町村職員および専門職等で構成）を設置するなどして、被後見人の状況などについても十分に検討したうえで適任者を決定し、市町村が主体となって家庭裁判所に推薦することが重要です。

　また、推薦した候補者が、家庭裁判所から選任された場合に、支援機関（成年後見支援センター）からの支援が受けられるようにするための取組みも重要です。

<u>(5)　その他必要な措置</u>

(A)　養成研修修了者の名簿等への登録

　養成研修の修了者に対して、面接等を行い、後見等の業務を適正に行う意思を有することなどを十分に確認したうえで、研修修了者名簿等に登録する必要があります。また、登録の適否を検討するため、選考委員会等を活用することも必要です。

(B)　市民後見人の活動支援

　市民後見人が困難事例等に適切に対応するためには、専門職等による支援は不可欠であり、専門的な分野のみでなく、日常的な後見事務等についても相談できる体制をつくることが必要です。

　また、相談・支援を行う際には、被後見人のプライバシーに十分に配慮する必要があります。

4　厚生労働省の取組み

　平成23年に老人福祉法を改正し、市民後見の育成・活用について市町村の努力義務を規定するとともに、平成24年に知的障害者福祉法、平成25年に精神保健福祉法を改正し、後見等の業務を適正に行うことのできる人材の活用についての市町村の努力義務を規定しましたが、市町村の取組みを支援するため、厚生労働省では、老健局が平成23年度に市民後見推進事業を創設し、市民後見人の養成等を推進し、社会・援護局障害保健福祉部が平成25年度に成年後見制度法人後見支援事業を創設し、法人後見の実施団体の養成等を促進しています。

　市民後見推進事業は、市町村が実施する①市民後見人の養成のための研修の実施、②市民後見人の活動を安定的に実施するための組織体制の構築、③市民後見

人の適切な活動のために弁護士・司法書士・社会福祉士等の専門職による支援体制の構築や、市民後見人養成研修修了者等の後見人候補者名簿への登録から家庭裁判所への後見人候補者の推薦のための枠組みの構築など、④その他、市民後見人の活動の推進に関する事業を対象とした、市町村を実施主体とした補助事業であり、平成23年度から平成26年度の4年間で実施されました（実施市区町村数：平成23年度37、平成24年度87、平成25年度128、平成26年度158）。

　また、認知症高齢者等の状態の変化を見守りながら、介護保険サービスの利用援助や日常生活上の金銭管理など、成年後見制度の利用に至る前の支援からその利用に至るまでの支援が切れ目なく、一体的に確保されるよう、権利擁護人材の育成を総合的に推進するため、平成27年度予算において権利擁護人材育成事業が創設されました（市民後見推進事業および高齢者権利擁護等推進事業における都道府県市民後見人養成事業は廃止）。

　本事業は、消費税財源を活用して各都道府県に設置する地域医療介護総合確保基金を活用し、都道府県が事業主体となりますが、以下の事項に留意しながら、地域の実情を踏まえ、市町村と連携して取り組むことが期待されています。

　基金事業を実施するにあたっての留意事項を以下に紹介します。

①　市町村と都道府県の役割分担　　地域医療介護総合確保基金の対象事業となることで、権利擁護人材育成事業は都道府県事業となるが、老人福祉法に基づく市町村と都道府県の役割分担に何ら変わりはない。これまで市民後見推進事業を活用してきた市町村やこれから同様の事業を行うことを計画していた市町村には、都道府県から権利擁護人材育成事業の実施の委託または助成を受けて、住民にとって最も身近で基礎的な自治体である市町村単位で取り組むことを想定しているものである。

②　全面的展開に向けた取組み　　都道府県は市町村への助言等の役割を担うことから、地域医療介護総合確保基金の活用を契機として、これまで先進的に取り組んできた市町村には引き続き事業を実施してもらい、いまだに取組みが進んでいない市町村には、新たな事業実施を促し、単独の市町村では対応が困難と思われる市町村には、複数自治体の連携による広域的な実施や都道府県による後方支援を受けた形での事業実施を促すなどして、管内のすべての地域で権利擁護人材の養成とその活動の支援が行われるよう、都道府県において配意されることが望ましい。

③　他事業と連携した取組み　　認知症の人の意思が尊重され、できる限り住み慣れた地域で自分らしく暮らし続けることができるためには、認知症の人

が成年後見制度の利用に至る前から、切れ目のない権利擁護の支援体制が構築されていることが重要である。地域の実情に応じて、各都道府県・指定都市社会福祉協議会において実施されている日常生活自立支援事業と連携して事業を実施するなどして、市民後見人だけでなく生活支援員も一体的に養成することなどが考えられる。

　また、障害者総合支援法の地域生活支援事業による成年後見制度普及啓発は、障害者の成年後見制度の利用を促進することにより、障害者の権利擁護を図ることを目的として、成年後見制度利用促進のための普及啓発を行います。

5　今後の取組み

　成年後見制度は、判断能力が十分でない人の権利や財産を守るための制度であり、認知症高齢者等が適切な介護保険サービス等を受け、安心して暮らしていくためには、必要なものです。

　市町村においては、今後とも、親族等による後見等の申立てが困難な者が増加するということを十分に認識しつつ、認知症高齢者等の権利・利益の擁護のために、老人福祉法、知的障害者福祉法、精神保健福祉法に基づく市町村長申立ての活用を図るとともに、関係団体・機関等とも連携を図り、その受け皿となる市民後見人や法人後見実施団体の育成と活用に向けた取組みを、主体的に推進していくことが必要です。特に、研修による市民後見人の養成にとどまらず、後見活動を支援するしくみを構築する事業が重要になることから、市町村および都道府県においては、適切な役割分担の下、積極的な取組みが期待されています。

$$\left(\begin{array}{l}\text{第1章Ⅶ　厚生労働省老健局総務課認知症施策推進室、}\\\text{厚生労働省社会・援護局障害保健福祉部障害福祉課地域生活支援推進室}\end{array}\right)$$

Ⅸ 日常生活自立支援事業

●この節で学ぶこと●

　判断能力が必ずしも十分でない人に対して、福祉サービスの利用に関する援助等を行うことにより、地域において自立した生活が送れるように支援することを目的として導入された日常生活自立支援事業について、法律上の位置づけ、事業の内容等を学習します。

1 日常生活自立支援事業とはどのようなものか

(1) 日常生活自立支援事業がつくられた背景

　社会福祉基礎構造改革が進められる前は、福祉サービスを必要とする人は、行政の権限としての措置によりサービスの利用が決定され、自らサービスを選択することはできませんでした。しかし、社会福祉法や介護保険法、障害者自立支援法の施行によって、利用者みずからがサービスを選択し、サービス提供者と契約を結び、その契約に基づいて福祉サービスを利用するしくみが基本となりました。

　しかし、福祉サービスを利用する人の中には、認知症高齢者や知的障害者、精神障害者も少なくありません。そうした判断能力が必ずしも十分でない人々にとって、自分で福祉サービスを選択し、契約を結ぶという行為は容易ではありません。そのため、その一連の流れを援助するしくみが必要となったのです。そのしくみとして、日常生活自立支援事業が誕生しました。

(2) 日常生活自立支援事業の法制度における位置づけ

　平成12年に社会福祉事業法が改正・名称変更されて成立した社会福祉法では、2条3項12号に、精神上の理由により日常生活を営むことに支障がある人に対して、無料または低額な料金で、福祉サービスの利用に関する相談や助言を行い、サービスを利用するための手続や利用に必要な費用の支払いの援助などを一体的に行う事業として、福祉サービス利用援助事業が位置づけられました。

　この福祉サービス利用援助事業を全国のあらゆる場所で提供するために、平成11年10月から、都道府県社会福祉協議会を実施主体とする地域福祉権利擁護事業が国庫補助事業として始められました。

　都道府県社会福祉協議会が行う地域福祉権利擁護事業は、①市区町村社会福祉

協議会等と協力して福祉サービス利用援助事業が県下であまねく実施されるようにする、②福祉サービス利用援助事業に従事する者の資質の向上のための事業を実施する、③福祉サービス利用援助事業に関する普及・啓発を行うものとして、社会福祉法81条に基づき実施されています。

地域福祉権利擁護事業は、平成19年度に日常生活自立支援事業へと名称が改められ、現在は、都道府県・指定都市社会福祉協議会が主体となり、実施されています。

(3)　日常生活自立支援事業ではどのようなことを行っているか

日常生活自立支援事業（以下では、「本事業」ともいいます）は、認知症高齢者、知的障害者、精神障害者など、判断能力の不十分な人が地域において自立した生活を送ることができるよう、以下のサービスを中心とした援助を行っています（それぞれの支援の詳細については後述します）。

①　福祉サービスの利用援助

②　日常生活における金銭管理

③　書類預かりサービス

利用者は、居住している地域の社会福祉協議会と契約し、本事業を利用することになります。

(4)　日常生活自立支援事業の基本的なしくみはどのようなものか

(A)　実施主体は社会福祉協議会

日常生活自立支援事業を実施する主体は、都道府県・指定都市社会福祉協議会です。

厚生労働省は、本事業を創設した際に、全国のあらゆる地域で実施できるようにするため、全国的なネットワークをもつ公益的な団体であり、すでに各地で先駆的な取組みを行っている社会福祉協議会を中心とした事業としました。

都道府県・指定都市の社会福祉協議会が本事業を実施するにあたっては、市区町村社会福祉協議会等に委託することができます（委託を受けている市区町村社会福祉協議会等のことを基幹的社会福祉協議会といいます）。また、利用者の利便性を考慮し、事業の一部については、地域のNPO法人や当事者団体にも委託することができるようになってます。

(B)　対象者は判断能力の不十分な人

本事業の対象者は、認知症高齢者、知的障害者、精神障害者など、判断能力が不十分で、日常生活を送るうえで必要な福祉サービスの利用に関して、自分の判断で適切に決定することが困難な人です。同時に、本事業の契約内容について判

断し決定できる能力を有していると認められることが必要です。

　つまり、①「判断能力が不十分である」、②「本事業の契約内容について判断できる」といういずれの要件にもあてはまる人が対象となります。

　本事業を利用するにあたり、認知症の診断、療育手帳や精神保健福祉手帳などの所持が要件となることはありません。また、居宅において生活している人に限られません。

　(C)　日常生活自立支援事業で受けられるサービスの具体的な内容

　本事業では、①福祉サービスの利用援助、②日常生活における金銭管理、③書類預かりサービスを中心に、以下のような援助を行います。

　(a)　福祉サービスの利用援助

　福祉サービスの利用援助では、福祉サービスの利用または利用中止のために必要な手続、福祉サービスの利用料を支払う手続、福祉サービスについての苦情解決制度の利用手続に関する援助を行います。

　また、住宅改造、住居の賃借、日常生活上の消費契約や住民票の届出などの行政手続に関する援助なども行います。

　(b)　日常生活における金銭管理

　日常生活における金銭管理では、年金や福祉手当を受けるために必要な手続、医療費の支払いに関する手続、税金や社会保険料・公共料金を支払う手続、日用品等の代金を支払う手続に関する援助を行います。

　また、これらの支払いに伴う預貯金の払戻し、預貯金の解約、預貯金の預入れの手続に関しても援助を行います。

　(c)　書類預かりサービス

　書類預かりサービスでは、利用者の書類等を預かります。

　預かることのできる書類としては、年金証書、預貯金の通帳、契約書類、保険証書、実印・銀行印などがあります。

　実施主体である社会福祉協議会の判断により、預貯金通帳等の書類預かりサービスを、福祉サービスの利用援助とあわせて実施することができます。

　(D)　日常生活自立支援事業を利用するためのしくみ

　本事業による援助は、本人と基幹的社会福祉協議会が利用契約を結んで行うことになります。

　福祉サービスの利用援助や金銭管理などの具体的な援助は、基幹的社会福祉協議会に雇用される専門員と生活支援員が行います。

　専門員は、初期相談から、本人に必要な援助内容の決定（支援計画の策定）、本

事業に必要な契約締結能力の確認、契約締結に関する業務を行います。

　生活支援員は、支援計画に基づき、定期的もしくは本人から依頼があったときに援助を行います。

　専門員および生活支援員は、常に本人の自己決定を尊重する権利擁護の視点に立って援助を行います。

　⒠　日常生活自立支援事業を利用するまでの流れ

　　⒜　相談を受け付け、初期相談を行う

　本人、家族、民生委員・児童委員、地域包括支援センター、ケアマネジャー、ホームヘルパー、ケースワーカーなどから相談が寄せられることによって、援助を利用するための手続が始まります。

　相談を受け、本事業による援助の必要性があると考えられる場合は、専門員が本人の下を訪問し、本事業の利用についての意向や意思を確認します。本事業では、本人や家族からの相談よりも、本人や家族にかかわっている関係機関からの相談がきっかけとなることが少なくなく、本人が本事業を利用しようという意思を明確にもっているとは限りません。そのため、専門員は本人の動機づけを粘り強く行いながら、また本人の生活上の希望を十分に聞きながら、本事業の利用の意思を確認します。

　　⒝　具体的な調査をする

　本人の利用希望が確認されれば、専門員は、契約締結判定ガイドラインに基づき、具体的な調査を行います。この段階で、本人が、本事業の利用契約を結ぶ能力を有しているかどうかの確認と、提供するサービスの特定を行います。

　もし、この段階で、本人に、本事業について契約を結ぶ能力（契約締結能力）があるかどうか疑わしいことがわかった場合には、都道府県社会福祉協議会に設置されている契約締結審査会に審査を依頼します。そして、契約締結審査会の審査結果によって、契約締結能力があると判断された場合には、次の段階に進みます。契約締結能力がないと判断された場合には、本人にその旨を知らせるとともに、成年後見制度の利用等も含め、その人にとってふさわしい生活を送ることができるように、行政等の関係機関につなぎます。

　　⒞　契約書・支援計画を作成して契約を結ぶ

　専門員は、契約書案や支援計画案を本人に示し、今後、本事業においてどのような援助を行っていくかについて、本人の合意を得ます。

　その後、１週間をめどに、再度、本人の下を訪問し、本人の意思の確認、契約内容の理解の再確認をしたうえで、契約を締結します。

（d）　援助を開始し、その後も支援計画の評価を行う

　契約が締結されれば、生活支援員が、契約書や支援計画に基づいてサービスを提供します。

　また、契約を結んでから３カ月後に、サービスの実施状況を確認し、支援計画の評価を行います。その後も、契約書に定められた一定期間ごとに支援計画の評価を実施します。

（e）　契約の終了

　利用者が本事業の解約を申し出た場合や、本人が死亡した場合、本人の意思が確認できないために本人の生活にふさわしい新たな支援計画を作成できない場合などに、契約は終了することとなります。

（F）　利用料

　相談開始から契約を締結するまでの相談支援は無料です。

　契約が締結された後、契約に基づいて行われる生活支援員による援助については、原則として自己負担となります。利用料については、実施主体ごとの判断によるため金額が異なりますが、平均すると、１時間あたり1200円前後となっています。

　なお、生活保護受給者については、公費により補助されることになっています。

（G）　信頼性を高めるためのしくみ──契約締結審査会、運営適正化委員会

　本事業は、判断能力が十分でない人を対象としたものです。そのため、事業の枠組みの中で、「契約締結審査会」「運営適正化委員会（運営監視合議体）」など、事業の信頼性を担保するしくみを構築しています。

　契約締結審査会は、本人に契約を結ぶだけの能力があるかどうか疑わしい場合や、実施主体から助言を求められた場合などに、専門的な見地から審査を行い、確認し、意見を述べます。契約締結審査会は医療・法律・福祉の各分野の専門家から構成されます。

　運営適正化委員会は、都道府県社会福祉協議会に設置されています。本事業の実施主体は、運営適正化委員会の中の運営監視合議体に対し、事業の実施状況などについて定期的に報告する義務があります。また、運営監視合議体は、基幹的社会福祉協議会に対し、必要な助言・勧告をすることができます。

(5)　日常生活自立支援事業の特徴

（A）　本人の意思決定を支援すること

　本事業は、利用者との契約によって援助を行う事業です。つまり、本事業を利用するかどうかは、本人の意思に委ねられているということです。具体的な援助

の方法として、相談・助言・情報提供、連絡調整、代行、代理が想定されていますが、本人の自己決定を尊重するために、本事業ではなるべく「相談・助言・情報提供」「連絡調整」を中心に援助を行い、本人自らが各種の手続を行うことができるよう援助することを基本としています。

相談・助言・情報提供には、生活支援員が、市区町村の行政窓口や金融機関の窓口に本人とともに出向き、本人がみずから手続をするかたわらで、言葉の解説をしたり、記入方法などの助言をしたりすること（同行での相談と助言）も含まれます。

代行とは、本人が作成した契約書類等を福祉サービス事業者に届けたり、本人から現金を預かって福祉サービスの料金を事業者に支払うなどといったことです。この代行については、必要に応じて行うことにしています。

代理は、本人に代わって第三者が法律行為を行うことをいいます。本事業では、この代理の援助は限定して行うこととしています。本事業で想定している代理権の範囲は、本人が指定した金融機関口座の払戻しに限られます。代理の援助を利用する場合には、代理権の範囲は契約により定められることになります。

(B) 本人の自立を支援すること

認知症高齢者や障害のある人など、判断能力の不十分な人が在宅生活を継続するためには、金銭管理は重要な要素です。金銭管理は、ガス・電気・水道などのライフラインや住居の確保など、本人の生活基盤を支えるために重要なものであり、金銭管理ができなくなると、生活が成り立たなくなってしまいます。

本事業は、判断能力が不十分な人の金銭管理についての支援を行うことで、本人の生活の安定を実現し、自立を支援することも目的としています。特に、長い間にわたって施設等に入所していたため、金銭を管理するという経験があまりない知的障害のある人にとっては、生活支援員とともに金銭管理の方法や金銭感覚を身につけていくことが、自立生活のために有効となります。

(C) 日常生活自立支援事業を社会福祉協議会が行うことの意義

本事業を実施する社会福祉協議会は、地域の住民や福祉・保健関係者などによって構成されており、地域の住民組織や団体の参加・協力を得て福祉のまちづくりを進める公益性の高い民間の非営利組織です。地域の住民の相談に応じ、その課題を地域の問題としてとらえ、それを解決するさまざまなサービスをつくり出していく役割をもっています。

近年、本事業の利用者が抱える問題は複雑化しています。1人で多くの問題を抱えている人、孤立や社会関係の希薄さといった問題を抱えている人も少なくあ

りません。そのような人々に対しては、福祉サービスの利用援助や金銭管理だけでなく、生活の全般にわたる支援が必要です。そうした支援は、住民の福祉活動を含めてさまざまなサービスをつくり出す機能や、福祉関係者などと幅広いネットワークをもつ社会福祉協議会だからこそできる支援であるともいえます。

2　日常生活自立支援事業の最近の動向

(1)　利用者数の推移

　日常生活自立支援事業の利用者数は、平成30年度末時点で５万4797人であり、事業開始から一貫して増加を続けています（図表１－18）。利用者の内訳としては、おおよそ認知症高齢者が44％、知的障害者が24％、精神障害者が28％、その他が５％となっています。また、平成30年度の新規契約者のうち43.2％が生活保護受給者であり、その割合も事業開始から増加を続けています（図表１－19）。

　このような状況からも、高齢者や生活保護受給者などの人が、さまざまな相

図表１－18　日常生活自立支援事業の利用者数の推移

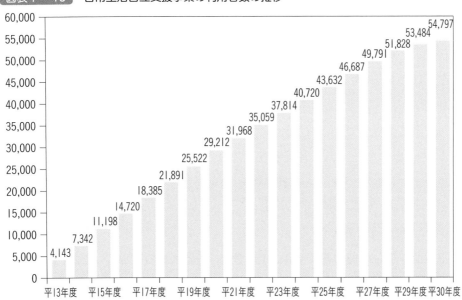

図表１－19　日常生活自立支援事業の新規契約者に占める生活保護受給者の割合の推移

平15年度	平16年度	平17年度	平18年度	平19年度	平20年度	平21年度	平22年度	平23年度
31.1%	33.0%	35.0%	34.5%	35.6%	35.9%	38.8%	40.4%	41.6%

平24年度	平25年度	平26年度	平27年度	平28年度	平29年度	平30年度
42.7%	43.2%	43.6%	43.3%	43.9%	43.7%	43.2%

談・専門機関を経路にして、相談・支援に結び付いている場合が少なくないことがわかります。本事業は、多様な生活課題を抱えた人への支援として機能しているのです。

(2)　利用者の状況

全国社会福祉協議会では、本事業の具体的な実施状況を把握することを目的として、毎年7月に、1カ月間の新規契約および契約終了ケースのすべてについて調査を行っています。そこからは、以下のような利用者の姿がみえてきます。

(A)　新規利用契約者の状況

平成30年7月の新規利用契約者は890名となっています。そのうち、65歳以上の高齢者が全体の62.0%を占めていました。また、生活保護受給者は全体の51.5%、独居生活者は全体の77.1%となっていました。

相談を受けた経路としては、ケアマネ機関（25.1%）、地域包括支援センター（18.8%）などといった高齢者介護の公的な相談機関や、福祉事務所（生活保護ケースワーカー）（17.2%）からの相談により、本事業の利用に結び付く割合が高くなっています。一方で、家族・親族からの相談は4.7%、本人からの相談は4.3%と、低い割合にとどまっています。

契約については、本人との契約が99.7%（887人）を占めています。一方で、成年後見人と契約をした事案は0.2%（2人）、契約者が本人の場合には補助人がいる事例は2人（保佐人は0人）でした。

利用者が抱える主要な生活課題としては、「公共料金・家賃等の滞納、収入に応じた金銭管理ができない」（全体の69.8%）、「通帳や印鑑、郵便物等の管理ができない」（全体の66.0%）、「福祉サービスの利用援助が必要」（全体の51.1%）となっています。また、「知人・家族等からの経済侵害、悪質商法被害にあっている」（全体の11.6%）も少なからずあります。

(B)　契約終了者の状況

平成30年7月の契約終了者は761名です。65歳以上の高齢者（全体の78.8%）が中心となっていました。

契約解除の理由としては、その3分の1が死亡によるものとなっています（34.2%）。その他の理由として、入院・施設入所（22.1%）成年後見への移行（20.5%）、となっています。

（第1章Ⅸ　社会福祉法人全国社会福祉協議会地域福祉部）

X 成年後見制度利用支援事業

●この節で学ぶこと●

　認知症高齢者・知的障害者・精神障害者にとって、成年後見制度の利用が有効と認められるにもかかわらず、制度に対する理解不足や費用負担の問題などから、利用が進まないといった事態に陥ることがあります。そうならないように、市町村が実施する成年後見制度の利用を支援する事業に対し、国が経費を補助することによって市町村の取組みをバックアップしていることを学習します。

1 介護保険法に基づく成年後見制度利用支援事業

(1) 成年後見制度利用支援事業の趣旨

　成年後見制度利用支援事業とは、介護保険サービスの利用等の観点から、認知症高齢者等にとって、成年後見制度の活用が有効と認められるにもかかわらず、制度に対する理解が不十分であることや費用負担が困難なことなどから、利用が進まないといった事態に陥らないために、市町村が行う成年後見制度の利用を支援する事業に対して、地域支援事業交付金の一部を交付するものです。

(2) 成年後見制度利用支援事業の内容

市町村が次のような取組みを行う場合に、国として交付金を交付します。

① 成年後見制度利用促進のための広報・普及活動の実施

ⓐ 地域包括支援センター、居宅介護支援事業者等を通じた、成年後見制度のわかりやすいパンフレットの作成・配布

ⓑ 高齢者やその家族に対する説明会・相談会の開催

ⓒ 後見事務等を廉価で実施する団体等の紹介等

② 成年後見制度の利用に関する経費に対する助成

ⓐ 対象者　市町村申立て等にかかる低所得の高齢者

ⓑ 助成対象経費　成年後見制度の申立てに要する経費（登記手数料、鑑定費用等）および後見人の報酬の一部等

なお、成年後見制度利用支援事業の補助は、市町村長申立てに限らず、本人申

立て、親族申立て等についても対象となりうるものとしています（平成20年10月24日厚生労働省老健局計画課長事務連絡）。

(3)　成年後見制度利用支援事業がつくられた経緯

(A)　介護保険制度と成年後見制度の創設

　成年後見制度利用支援事業が創設される前年度（平成12年度）には、以下のような状況がありました。これにより、認知症等により判断能力が十分でない人（その人の家族を含みます）への支援が必要となったのです。

① 　禁治産・準禁治産の制度が廃止され、成年後見制度が創設されたこと

② 　介護保険制度（☞第2巻第1章①②）が創設されたことにより、介護サービスの利用方法が、介護保険制度の創設以前における行政の職権によるサービス利用の決定を行う「措置」というしくみから、利用者本人が必要なサービスを選択しサービスを提供する事業者と直接契約をする「契約」というしくみへと変わったこと

(B)　成年後見制度利用支援事業が創設された経緯と制度のしくみ

　成年後見の申立てを行うことができる人は、基本的に本人、配偶者、4親等内の親族です。しかし、認知症高齢者などであって、身寄りがなく、自らの申立てが困難な人については、老人福祉法32条に基づいて、市町村長が申立てをすることができます。申立てに要する費用は、原則として申立人の負担であることから、市町村長による申立ての場合には、市町村が負担することになります。

　一方、将来のわが国における高齢者人口の増加や高齢者単独世帯数の増加などにより、市町村長による申立てが必要となる人は今後も増加していくものと考えられます。申立人が申立費用を負担するという原則の下では、市町村の財政に多大な負担を生じさせる要因となることから、成年後見制度の活用が必要な人について、財政面の理由により成年後見制度の利用を阻害することのないよう、福祉的観点から、市町村に対して国庫補助を行うことが必要です。

　また、利用者本人、その家族、市町村職員等といった成年後見制度に携わる人々への成年後見制度に対する認識や知識を深め、積極的に活用することが可能となるよう、成年後見制度の内容、利用に関するパンフレットの作成や説明会等を開催するための費用についても支援することが必要です。

　そのため、平成13年度に国庫補助事業として成年後見制度利用支援事業を創設しました。

(C)　国庫補助制度の変遷

　この成年後見制度利用支援事業は、平成13年度に、在宅福祉事業費補助金の事

業の１つとして、高齢者が要介護状態になったり、状態が悪化したりすることを防止するための介護予防施策や、自立した生活を維持するために必要な支援を行う生活支援施策について、それらを推進することを目的とした介護予防・地域支援事業（平成15年度に介護予防・地域支え合い事業に名称変更）のメニューとして創設されました。

　平成18年度からは、介護保険法に定める地域支援事業の１つである任意事業として、市町村の判断により実施することが可能な事業として位置づけることにより、各々の自治体が地域の実情に応じ、創意工夫を行いながら実施することを可能としました。

　今後のわが国の高齢化の進展に伴い、認知症高齢者のさらなる増加が見込まれ、成年後見制度を利用する人は、さらに増えることが予測されます。すべての自治体において成年後見制度の普及活動や利用に関する経費に対する助成に取り組むことにより認知症高齢者が、広く地域において自立した日常生活を営むことができるよう支援していくことが求められています。

（第１章Ⅹ①　厚生労働省老健局総務課認知症施策推進室）

2　障害者総合支援法に基づく成年後見制度利用支援事業・成年後見制度法人後見支援事業・成年後見制度普及啓発事業

(1)　成年後見に関する３つの事業の趣旨

　成年後見制度利用支援事業は、知的障害者または精神障害者による成年後見制度の利用を支援することにより、その権利擁護を図ることを目的としています。

　成年後見制度法人後見支援事業は、後見等の業務を適正に行う法人を確保、支援すること等を目的としています。

　成年後見制度普及啓発事業は、成年後見制度の利用を促進するための普及啓発を行うことを目的としています。

(2)　事業の内容

(A)　成年後見制度利用支援事業

　市町村が、成年後見制度の利用に要する費用のうち、成年後見制度の申立てに要する経費（登記手数料、鑑定費用等）および後見人の報酬等の全部または一部を補助するものです。

　対象は、障害福祉サービスを利用し、または利用しようとする知的障害者または精神障害者であり、後見人の報酬等必要となる経費の一部について補助を受けなければ成年後見制度の利用が困難であると認められる人です。

(B)　成年後見制度法人後見支援事業

　成年後見制度法人後見支援事業は、後見等の業務を適正に行うことができる法人を確保できる体制を整備するとともに、市民後見人の活用も含めた法人後見の活動を支援することで、障害者の権利擁護を図ることを目的としています。

(C)　成年後見制度普及啓発事業

　市町村または都道府県が成年後見制度利用促進のための普及・啓発を行います。

(3)　３つの事業が実施されるまでの経緯

　成年後見制度利用支援事業は、①のとおり介護予防・生活支援事業（平成15年度から介護予防・地域支え合い事業に名称変更）において高齢者を対象としていましたが、平成14年度からは知的障害者が対象に加えられました。そして、平成18年４月に障害者自立支援法が施行されたことを受け、同年10月からは同法に基づく市町村地域生活支援事業の中で知的障害者または精神障害者を対象とする任意事業として開始されました。その目的は、障害福祉サービスの利用の観点から成

年後見制度を利用することが有用であると認められる知的障害者または精神障害者に対し、成年後見制度の利用を支援することにより、これらの障害者の権利擁護を図ることとしており、平成24年4月からは必須事業として位置づけられています。

　成年後見制度法人後見支援事業は、平成25年4月から市町村の必須事業として開始されました。成年後見制度の申立件数が年々増加傾向にある一方、親族による後見等が減少傾向にある中で、専門職後見人（弁護士、司法書士、社会福祉士等）の数も限られていることから、市民後見人の活用も含めた法人後見の充実を図っていく必要があります。また、成年後見制度の活用が有用と考えられる障害者には若年層が多く、社会参加等の機会も多く見込まれることから、生活支援のための関係調整も多岐にわたり、事務を組織的に行うことが必要となることなどがあります。これらのことに対応するために導入されたものです。

　成年後見制度普及啓発事業は、成年後見制度の利用を促進するための普及啓発を図るため、市町村および都道府県の任意事業として平成24年4月から開始されました。

(4)　実施状況

　成年後見制度利用支援事業に関する実施状況は、図表1-21のとおりです。

図表1-21　成年後見制度利用支援事業
　　　　　　　実施市町村数（障害者関係）

平成19年	504市町村
平成20年	560市町村
平成21年	686市町村
平成22年	704市町村
平成23年	751市町村（被災県を除く）
平成24年	1240市町村
平成25年	1322市町村
平成26年	1360市町村
平成27年	1414市町村
平成28年	1470市町村
平成29年	1485市町村
平成30年	1416市町村

注：いずれも4月1日現在

（第1章Ⅸ2　厚生労働省社会・援護局障害保健福祉部
　　　　　　障害福祉課地域生活支援推進室）

第
1
章

XI 権利擁護に関係する組織

●この節で学ぶこと●

　成年後見制度にかかわる民間団体の数は年々増加しています。ここでは、その中でも深くかかわりのある組織・機関は何か、それらが担っている役割や事業目的・事業活動はどのようなものかについて学びます。

1 家庭裁判所

(1) 家庭裁判所とは

　家庭裁判所は、家庭内の紛争（家事事件）や非行のあった少年の事件（少年事件）を専門的に取り扱う裁判所として、昭和24年に創設されました。

　離婚や相続などの家庭内の紛争を最初から訴訟の手続で審理すると、公開の法廷で夫婦・親子等が争うことになるうえ、法律的な判断が中心になり、感情的な対立が解消されないおそれがあります。そのため、家庭内の紛争については、家庭裁判所において、まず調停や審判といった非公開の手続で、事情を踏まえた解決が図られます。そのうち、調停で解決できなかった夫婦・親子等の関係をめぐる争いは、公開の手続である人事訴訟で最終的な解決が図られますが、これも家庭裁判所が取り扱っています。

　また、氏・名の変更や養子縁組の許可、後見開始や後見人の選任といった問題は、公益的性格が強く、プライバシーにも深くかかわるため、公開の手続にはなじみません。これらの問題については、家庭裁判所が、非公開の手続である審判を通じて、後見的な立場から判断することとされています。

　さらに、非行のあった少年に対し、成人と同様に公開の法廷で刑事訴訟によって刑罰を科すことは、少年にとって必ずしも好ましい結果をもたらすとは限りません。人格が未熟であり教育によって立ち直る可能性が高い少年に対しては、非公開の手続で、再び非行に至ることのないよう教育的な働きかけを行ったうえで処分を決めることのほうが適当な場合が多いと考えられます。そのため、少年事件についても、家庭裁判所が非公開の手続で審理をします。

　このように、家庭裁判所は、家庭内の紛争や問題を円満に解決し、非行のあった少年を立ち直らせることを第一に考え、事案に応じた適切・妥当な措置を講じ、

将来を展望した解決をめざす点に特色があります。

(2)　家庭裁判所の組織

家庭裁判所は、各都道府県庁所在地と函館、旭川、釧路の合計50カ所におかれています。このほか、全国203カ所に支部が、77カ所に家庭裁判所出張所が、それぞれ設けられています。

職員として裁判官、裁判所書記官、裁判所事務官等がいる点は他の裁判所と同じですが、このほかに、家庭裁判所調査官と医師または看護師である裁判所技官がいます。

家庭裁判所調査官は、心理学、社会学、法律学などの知識や技法を活用して、事実の調査や調整など、家庭裁判所の科学的機能を担う専門的な仕事をしています。医師または看護師である裁判所技官は、必要に応じて、家事事件の当事者や少年の心身の状況について診断等を行っています。

このほか事件の処理に国民の知識・経験を活かす制度として、家事調停については調停委員制度が、家事審判および人事訴訟については参与員制度があり、いずれも重要な役割を果たしています。

（第1章XI①　小田　誉太郎、太田　章子）

2　法務局

(1)　法務局が行う事務

法務局は、法務省の地方組織の1つとして、①国民の財産や身分関係を保護するための登記、戸籍・国籍、供託といった民事行政事務、②国の利害に関係のある訴訟活動を行う訟務事務、③国民の基本的人権を守る人権擁護事務を行っています。

(2)　法務局の組織

法務局の組織は、全国を8ブロックの地域（北海道、東北、関東甲信越、中部、近畿、中国、四国、九州・沖縄）に分け、各ブロックを受け持つ機関として法務局（全国8カ所）があります。この法務局の下に、都道府県を単位とする地域を受け持つ「地方法務局」（全国42カ所）がおかれています。そして、法務局と地方法務局には、その出先機関として全国261の「支局」と105の「出張所」があります。

法務局、地方法務局および支局では、登記、戸籍、国籍、供託、訟務、人権擁護の事務を行っており、出張所では、主に登記の事務を行っています。

また、これらの機関を統轄する中央機関として、法務省に民事局、人権擁護局および訟務局がおかれています。

(3) 登記事務

法務局の行う事務の１つに、登記事務があります。登記事務は、登記官が必要な審査・判断を行ったうえで、登記記録に記録し、国民に公示（公開）しています。

不動産登記制度は、国民の最も基本的かつ重要な財産である不動産について、その物理的現況と権利関係を明確にして公示することで、取引の安全と円滑化を図る制度です。

また、商業・法人登記制度は、資本主義経済において中心的な役割を担う会社・法人について、取引上重要な事項を公示することにより、会社・法人の信用維持を図るとともに、取引の相手方が安心して取引できるようにすることを目的とする制度です。

このように、登記制度は、資本主義経済の基盤をなす重要なインフラであり、そのため、明治初めの近代国家の創設と同時に整備されました。その後、高齢化社会を背景として成年後見登記制度（☞第１章Ⅵ）などが創設されています。

(4) 人権擁護事務

法務局では、全国の市区町村に配置されている人権擁護委員と協力して、人権に関するさまざまな相談や、人権が侵害された場合の調査救済等の活動を行うとともに、国民に広く人権尊重思想を知ってもらうための啓発活動を行っています。

（第１章Ⅺ②　竹下　慶）

3　市町村

市町村は、地方自治法１条の３第２項に規定されている、住民に最も身近な基礎的地方公共団体です。老人福祉法32条（審判の請求）、同法32条の２（後見等に係る体制の整備等）等の規定により、高齢者等の権利擁護に携わっています（編注：ほかにも知的障害者支援法28条の規定により知的障害者に、精神保健福祉法51条の11の２の規定により精神障害者が成年後見の申立てができますが、ここでは高齢者について記述しています）。

(1) 趣　旨

老人福祉法32条において、市町村長には、身寄りのない認知症高齢者など、親族等による法定後見の開始の審判等の請求ができない人についても、法定後見制

度の利用が可能となるよう法定後見の開始等の請求権が認められています。

　高齢者福祉サービスについては、介護保険法に基づくサービスを利用することが基本となります。ただし、高齢者の実態等、「老人の福祉に関し、必要な実情の把握」については、引き続き、住民に最も身近な自治体である市町村が行うこととされており（老人福祉法5条の4第2項1号）、高齢者の実態を最もよく把握している市町村が、通常の業務の中で把握している情報をもとに、申立ての必要性を判断することを想定しています。

　また、後見等についての体制整備に関する努力義務規定（老人福祉法32条の2）については、認知症高齢者や高齢者単独世帯の増加により、成年後見制度の果たす役割が今後ますます大きくなっていくとともに、市町村長申立ての必要性も増大するという状況の中で、専門職後見人のほか、市民後見人をこれまで以上に養成し、養成した人材を家庭裁判所に対して推薦し、選任された市民後見人を支援しながら積極的に活用する必要があることから創設されたものです。平成24年4月1日から施行されています。

(2)　市町村の役割

(A)　成年後見の申立て

　市町村長は、65歳以上の者につき、その福祉を図るため特に必要があると認めるときは、成年後見の申立てをすることができます。

(B)　後見等にかかる体制の整備等

　市町村は、市町村長による成年後見の申立ての円滑な実施に資するよう、後見等の業務を適正に行うことができる人材の育成および活用を図るため、研修の実施、後見等の業務を適正に行うことができる者の家庭裁判所への推薦、その他必要な措置（研修を修了した者を名簿に登録したり、家庭裁判所に選任された後見人を支援するなど）を講ずるように努めなければなりません。

（第1章XI3　厚生労働省老健局総務課認知症施策推進室）

4　地域包括支援センター

　地域包括支援センターは、介護保険法に規定された包括的支援事業の権利擁護業務において、高齢者の権利擁護に携わっています。

(1)　目　的

　地域包括支援センターは、地域住民の心身の健康の保持および生活の安定のために必要な援助を行うことにより、地域住民の保健医療の向上および福祉の増進

を包括的に支援することを目的として、包括的支援事業等を地域において一体的に実施する役割を担う中核的機関として設置されるものです。

(2) 設置主体

地域包括支援センターは、市町村（特別区等を含みます）が設置することができるとされています。

また、法に規定する包括的支援事業の実施の委託を受けた者も、包括的支援事業等を実施するために、地域包括支援センターを設置することができるとされています。

包括的支援事業の委託を受けることができる者とは、包括的支援事業を適切・公正・中立かつ効率的に実施することができる法人であって、老人介護支援センター（在宅介護支援センター）の設置者、地方自治法に基づく一部事務組合または広域連合を組織する市町村、医療法人、社会福祉法人、包括的支援事業を実施することを目的として設置された公益法人またはNPO法人その他市町村が適当と認めるものとされています。

(3) 市町村の責務

(A) 地域包括支援センターの設置

市町村は、地域包括支援センターの設置目的を達成するため、地域包括支援センターにおいて適正に事業を実施することができるよう、その体制の整備に努めるものとされています。

(B) 地域包括支援センターの役割

地域包括支援センターを市町村が設置する場合と、包括的支援事業の実施の委託を市町村から受けた者が設置する場合のいずれの場合においても、市町村は、その設置の責任主体として、地域包括支援センターの運営について、適切に関与しなければなりません。

地域包括支援センターに対する具体的な市町村の関与のあり方については、地域の実情を踏まえて、市町村において判断されることになります。

(C) 地域包括支援センターで行う事業の実施方針

市町村は、包括的支援事業をセンターに委託する場合は、委託先に対して、その包括的支援事業の実施に関する方針を示さなければなりません。

(D) 設置区域

地域包括支援センターの設置に関する具体的な担当圏域の設定にあたっては、市町村の人口規模、業務量、運営財源や専門職の人材確保の状況、地域における日常生活圏域との整合性に配慮し、最も効果的・効率的に業務を行うことができ

るよう、市町村の判断により担当圏域を設定するものとされています。

(4)　地域包括支援センターが行う事業の内容

地域包括支援センターの事業の内容は、次のとおりです。

(A)　包括的支援事業

地域包括支援センターは、その設置目的に沿って、地域住民の保健医療の向上および福祉の増進を包括的に支援するため、次に掲げる4つの業務を、地域において一体的に実施する役割を担う中核的拠点として設置されるものです。

① 　介護予防ケアマネジメント（第1号介護予防支援事業）

② 　総合相談支援業務

③ 　権利擁護業務

④ 　包括的・継続的ケアマネジメント支援業務

これらの4つの業務を実施するにあたっては、それぞれの業務の有する機能の連携が重要であることから、包括的支援事業の実施を委託する場合には、すべての業務を一括して委託しなければなりません。

(B)　介護予防ケアマネジメント（第1号介護予防支援事業）

介護予防ケアマネジメントは、介護予防および日常生活支援を目的として、その心身の状況等に応じて、対象者自らの選択に基づき、訪問型サービス、通所型サービス、その他の生活支援サービス等適切な事業が、包括的かつ効果的に実施されるよう必要な援助を行うものです。

業務の内容としては、介護予防・日常生活支援総合事業において、基本チェックリスト該当者等に対して、前記の援助を行うものです。

第1号介護予防支援事業と指定介護予防支援事業は制度としては別ですが、その実施にあたっては、共通の考え方に基づき一体的に実施されます。

(C)　総合相談支援業務

総合相談支援業務は、地域の高齢者が住み慣れた地域で安心してその人らしい生活を継続していくことができるよう、どのような支援が必要かを把握し、地域における適切な保健・医療・福祉サービス、機関または制度の利用につなげる等の支援を行うものです。

業務の内容としては、初期段階での相談対応および継続的・専門的な相談支援、その実施にあたって必要となるネットワークの構築、地域の高齢者の状況の実態の把握を行うものです。

(D)　権利擁護業務

権利擁護業務は、地域の住民、民生委員、介護支援専門員などの支援だけでは

十分に問題が解決できない、適切なサービス等につながる方法が見つからないなどの困難な状況にある高齢者が、地域において尊厳のある生活を維持し、安心して生活することができるよう、専門的・継続的な視点から、高齢者の権利擁護のために必要な支援を行うものです。

業務の内容としては、日常生活自立支援事業、成年後見制度などの権利擁護を目的とするサービスや制度を活用するなど、ニーズに即した適切なサービスや機関につなぎ、適切な支援を提供することにより、高齢者の生活の維持を図ります。

特に、高齢者の権利擁護の観点からの支援が必要と判断した場合には、次のような諸制度を活用します。

(a)　成年後見制度の活用促進

成年後見制度の利用が必要と思われる高齢者の親族等に対して、成年後見制度の説明や申立てにあたっての関係機関の紹介などを行います。

申立てを行うことのできる親族がいないと思われる場合などには、速やかに市町村の担当部局にその高齢者の状況等を報告し、市町村長申立てにつなげます。

(b)　老人福祉施設等への措置の支援

虐待等の場合で、高齢者を老人福祉施設等へ措置入所させることが必要と判断した場合は、市町村の担当部局にその高齢者の状況等を報告し、措置入所の実施を求めます。

(c)　高齢者虐待への対応

虐待の事例を把握した場合には、高齢者虐待防止法等に基づき、市町村の担当部局と連携し、速やかにその高齢者を訪問して状況を確認するなど、事案に即した適切な対応をとります。

(d)　困難事例への対応

高齢者やその家庭に重層的に課題が存在している場合、高齢者自身が支援を拒否している場合などの困難事例を把握した場合には、地域包括支援センターに配置されている専門職が相互に連携するとともに、地域包括支援センター全体で対応を検討し、必要な支援を行います。

(e)　消費者被害の防止

悪質な訪問販売業者などによる消費者被害を未然に防止するため、消費生活センター等と定期的な情報交換を行うなど連携を図るとともに、民生委員、介護支援専門員、訪問介護員等に必要な情報提供を行います。

(E)　包括的・継続的ケアマネジメント支援業務

包括的・継続的ケアマネジメント支援業務は、高齢者が住み慣れた地域で暮ら

し続けることができるよう、介護支援専門員、主治医、地域の関係機関等の連携、在宅と施設の連携など、地域において、多職種相互の協働等により連携するとともに、介護予防ケアマネジメント、指定介護予防支援および介護給付におけるケアマネジメントとの相互の連携を図ることにより、個々の高齢者の状況や変化に応じた包括的・継続的なケアマネジメントを実現するため、地域における連携・協働の体制づくりや個々の介護支援専門員に対する支援等を行うものです。

　業務の内容としては、地域ケア会議等を通じた自立支援に資するケアマネジメントの支援、包括的・継続的なケア体制の構築、地域における介護支援専門員のネットワークの構築・活用、介護支援専門員および介護サービス事業所等に対する日常的個別指導・相談、地域の介護支援専門員がかかえる支援困難事例等への指導・助言を行うものです。

（第1章XI④　厚生労働省老健局総務課認知症施策推進室）

5　弁護士会

(1)　弁護士と日本弁護士連合会・各地の弁護士会

　日本弁護士連合会（日弁連）は、弁護士法に基づいて昭和24年9月1日に設立された、全国52の弁護士会と個々の弁護士、外国法事務弁護士などで構成される連合組織です。弁護士は各地の弁護士会に入会すると同時に日弁連にも登録しなければならない強制加入団体制度となっています。

　日弁連は、すべての弁護士を指導・連絡・監督する唯一の機関として、国家機関からの監督を受けない独自の自治権が認められており、自治組織として自律的に運営され、財政的にも国家の補助は受けていません。現在の全国の会員数は、弁護士4万1020名、弁護士法人1270法人等となっています（令和元年12月1日現在）。

　弁護士会・弁護士にとって、人権擁護活動は、弁護士の社会的使命を達成するための最も重要な活動の1つです。そのため、日弁連には、人権擁護委員会のほか、子どもの権利に関する委員会、両性の平等に関する委員会、高齢者・障害者権利支援センター、消費者問題対策委員会、災害復興支援委員会、貧困対策本部など多数の委員会等を設置して、人権侵害の防止と改善のために調査・研究・提言を続けています。各地の弁護士会も、同様の組織を設け、各地の実情に応じた旺盛な活動を展開しています。

(2)　高齢者・障害者支援の取組み

　日弁連では、高齢者・障害者権利支援センターを設置し、全国の弁護士会からの委員の参加を得て、高齢者・障害者の人権や権利に関するさまざまな活動を行ってきました。また、各地の弁護士会すべてに設置されている高齢者・障害者に関する委員会において、電話相談・出張相談の常設と活性化、地域包括支援センター等との連携、日本司法支援センター（法テラス）との連携等を柱とする「ひまわりあんしん事業」を展開する活動も行っています。さらに、人権擁護委員会内に設置された障がい者差別禁止法特別部会では、障害者権利条約の障害者権利委員会による日本の定期審査に向けた取組み、障害者総合支援法の抜本的改正、障害者差別解消法の推進と具体的実践のための活動を担っているところです。

　このうち高齢者・障害者権利支援センターの活動としては、成年後見制度に関連して、これまで「成年後見制度に関する改善提言」、「任意後見制度に関する改善提言について」等のほか、「医療同意能力がない者の医療同意代行に関する法律大綱」や「後見制度支援信託」に関する意見書等の公表、親族後見人不祥事の要因分析等を行ってきました。そして平成27年には、第58回人権擁護大会において「総合的な意思決定支援に関する制度整備を求める宣言」を採択し、障害者権利条約12条の趣旨に照らし、より制限的でない成年後見制度のあり方に関する抜本的な検討や意思決定支援のための総合的な法整備の検討を打ち出しています。また、急増する第三者後見人の担い手の整備として、各地の弁護士会において後見人の養成研修を実施して、質の高い後見人の育成のための体制整備を拡充しています。そして、平成29年度以降は、成年後見制度利用促進法に基づく国の基本計画に基づき、さまざまな課題について、専門職団体の1つとして積極的な提案や各市町村における取組みとの連携を図っています。

　高齢者虐待については、高齢者虐待防止法が施行された後、『高齢者虐待防止法活用ハンドブック』の出版とともに、日本社会福祉士会と連携し各都道府県単位で「虐待対応専門職チーム」の設置を進め、各地で具体的なケースへの専門的助言を進めてきました。これらの経験も踏まえ、日本社会福祉士会の厚生労働省委託事業である、在宅および施設における『高齢者虐待対応の手引き』を共同で作成しています。障害者虐待についても、これまで数々の訴訟等で被害救済を図ってきた経験を踏まえ、障害者虐待防止法施行にあわせ、『障害者虐待防止法活用ハンドブック』を出版し、また高齢者虐待同様、各地の社会福祉士会と共同で「虐待対応専門職チーム」の派遣を行ってきています。

　また、精神障害者の権利擁護に全国の弁護士会が積極的にかかわることを促進

するため、精神科病院での巡回相談、出張法律相談等を実施するモデル事業の実施し、さらに精神保健福祉法上の退院・処遇改善請求の代理人活動を推進しています。そして、現在、2020年度第63回人権擁護大会において精神障害者の地域移行の促進と入院患者への権利擁護者の必置を柱とする人権保障の確立を求める宣言採択のための準備を進めています。

高齢者住まい法の改正について、「高齢者施設の入居一時金等の問題に関する意見書」の公表を行うとともに、急増する「サービス付き高齢者向け住宅」の実情調査と課題の分析を行い、また、身元保証事業についても、身元保証人に頼らない入院・入所のあり方を検討しています。

そしてこれを含めた高齢者の終末期の総合的なサポートのために、任意後見や財産管理、死後の事務処理、遺産相続等の法的課題と福祉・医療関係者と連携したすき間のない・総合的な支援のできる「ホームロイヤー制度」を普及するための活動を強化しています。

災害時における高齢者・障害者の支援については、東日本大震災において、仮設住宅におけるサポート拠点等と弁護士会等との連携のスキームを構築し、その後の教訓を活かし、被災者個々人のニーズに寄り添う「被災者ケースマネジメント」の普及に取り組んでいます。また、災害時の高齢者・障害者の個人情報共有のためのガイドラインを発表し、安否確認などにおける自治体相互および支援団体との適切な情報共有の構築に向けた働きかけを行っているところです。

障害者の刑事弁護・矯正後の社会復帰に関しては、まずは「入口支援」を全国の弁護士会で展開することをめざして、被疑者国選および当番弁護における早期の障害の発見と対応を行うための研修やチェックリストの普及、障害者の刑事弁護活動へのサポート体制の整備を図っているほか、刑事弁護において地域定着支援センターや社会福祉士会と連携した捜査段階からの福祉的支援の実践を進めています。加えて、障害のある被疑者の取り調べの全面可視化および立会人制度の構築を求める意見書の公表を行ってきました。さらに、「出口支援」についても各地域生活定着支援センターと各地の弁護士会の連携を進めているところです。

(3)　市民後見人の養成・支援における弁護士の役割

市民後見人の養成・支援については、日弁連としては、平成22年に、日本社会福祉士会とともにシンポジウム「市民後見のあり方を考える」を開催し、これを踏まえて、同年9月には「市民後見のあり方についての意見」を公表し、市民後見人については、単なる養成だけにとどまらず、その後の名簿登録・受任調整・選任後の支援体制を、地方自治体の責任において、専門職団体と共同してスキー

ムを確立することの必要性を提言しています。そして、岡山県の各市、大阪府下の各市などにおける具体的な実践において、このモデルを実践するための支援を、社会福祉士会やリーガルサポート等の専門職団体と共同で進めてきました。市民後見人の育成については、養成研修・受任調整・活動相談支援のすべての段階において、弁護士会として組織的に関与することが不可欠であるとの認識の下、各地の弁護士会において、市民後見人のあるべき姿と「育成」体制に精通した弁護士を養成してきましたが、今後、成年後見制度利用促進基本計画の推進の中で、中核機関に求められる機能の多くが、市民後見人の育成事業を行うことによって培われる要素があることから、すべての地方自治体が市民後見人の育成に取り組むことを重点課題としていただくこと、そのために弁護士会も十分な協力体制を構築できるように強化を図っているところです。

（第1章Ⅻ⑤　青木　佳史）

6　日本司法書士会連合会

⑴　司法書士の行う業務の内容

　全国に約2万2000人の「身近なくらしの法律家」である司法書士がいます。

　司法書士の業務は多様です。不動産売買や相続に関する不動産登記、会社や法人に関する商業法人登記をはじめ、簡易裁判所における訴訟代理業務や訴状・答弁書・告訴状などといった裁判所や検察庁に提出する書類の作成業務などを行っています。その中心的業務の1つに成年後見があります。

　司法書士業務を行うためには司法書士会の会員にならなければなりません。司法書士会は全国に50会（都府県に各1会、北海道に4会）あります。50の司法書士会の連合会が日本司法書士会連合会です。

⑵　日本司法書士会連合会の目的と組織

　日本司法書士会連合会は、「司法書士会及びその会員の指導及び連絡並びに司法書士の登録に関する事務を行うこと」を目的としています。

　現在の役員構成は、会長1名、副会長4名、専務理事1名、常務理事1名、常任理事6名、理事14名、監事4名となっています。

⑶　日本司法書士会連合会の社会的活動

　日本司法書士会連合会では、登記や裁判以外にも多くの権利擁護活動を推進するために日司連市民の権利擁護推進室を設置しています。権利擁護推進室には、成年後見制度に関係するものとして、高齢者の権利擁護部会、障害者の権利擁護

部会などがあり、その他にも、自死問題対策部会、経済的困窮者の権利擁護部会、子どもの権利擁護部会、セクシャル・マイノリティの権利擁護部会、犯罪被害者等の権利擁護部会など社会問題に対する活動にも力を注ぐために計7つの部会を組織しています。

　また、古くから、法教育を通じて、高校生を中心とした学生などに、法律知識だけでなく、ものの考え方や議論の仕方などを教える活動も行っています。

　全国の司法書士会で、司法書士総合相談センターを設置し、日々多くの相談に耳を傾け、問題の解決に向け一緒に考えています。また、31の司法書士会では、裁判外紛争解決手続の利用の促進に関する法律（ADR法）による法務大臣の認証を受けた司法書士会調停センターを設置し、裁判のように法律だけでは当事者の納得する解決が難しい紛争を、法律の知識と当事者の対話によって解決することをめざして努力しています。

（第1章XI⑥　小澤　吉徳）

7　リーガルサポート

(1)　リーガルサポートとは

　公益社団法人成年後見センター・リーガルサポート（リーガルサポート）は、平成11年12月に法務大臣の設立許可を受けて、公益性を有する社団法人として誕生しました。平成23年4月には公益社団法人へ移行しています。都府県に1つ・北海道は4つ、あわせて全国50支部があります。これらの支部を基点として、高齢者や障害者の権利の擁護および福祉の増進のために、活動を展開しています。司法書士と司法書士法人を構成員とし、その数は8300名を超えています（令和元年7月時点）。日本で最大の後見人供給団体です。

(2)　リーガルサポートの事業活動の内容

(A)　専門職後見人の養成と指導監督

　リーガルサポートの最大の使命は、質の高い人材を、成年後見制度の担い手として安定的に供給するとともに、その活動を支えるため、信頼できるだけの水準を保った継続的な研修のしくみや業務の適正を担保するための指導・監督体制を整備することにあります。

　その成果として、平成14年度以降、司法書士が、後見人に選任される割合が最も高い専門職となっています。

(B)　法人後見への取組み

リーガルサポートでは、法人が後見人となって、高齢者・障害者に対する直接の支援も行っています。

リーガルサポートが法人として受任する事案は、公益性が高く、かつ、個人後見では対処することが難しいものです。たとえば、以下のようなものがあります。

① 多数の担当者を必要とする「広域的な事案」

② 後見人に危害を加える関係者がいる「暴力事案」

③ 被後見人が他人に危害を加えるおそれのある「他害性事案」

④ 家庭裁判所や市町村から特に就任要請がある「生活困窮事案」

(C) 成年後見制度の普及・啓発のための活動

リーガルサポートは、全国各地で、無料の成年後見相談、親族後見人養成講座、シンポジウムなどを開催しています。また、講師等の派遣、海外交流、成年後見に関する書籍や雑誌の出版事業、行政や福祉・医療関係機関と協力して、虐待の防止等「高齢者や障害者等の権利擁護の支援」に取り組むなど、その活動は多岐にわたります。

また、公益信託のしくみを利用し、資力の乏しい方を支える後見人の報酬を助成する公益信託成年後見助成基金を設定しています。

(D) 市民後見人の養成と支援

平成17年10月、リーガルサポートは、「成年後見制度改善に向けての提言～法定後見業務に携わる執務現場から～」を公表しました。この中で、「良質な市民後見人の養成・供給」の必要性について述べています。市民後見人の活動は、後見人の担い手不足を補うということだけでなく、専門職とは異なる市民らしいきめ細やかな後見人活動にその意義が見出されるようになってきています。リーガルサポートは、「市民後見」を1つの文化に育て、よりよき社会を求めようとする思いを込めて、平成26年5月には「市民後見憲章（案）」として市民後見人および市民後見人育成事業のあるべき姿を策定しました。

専門職後見人の養成と指導監督において実績を有するリーガルサポートは、その専門的知見を活かし、これから本格化する市民後見人の育成および活用に関する事業や公的支援制度の構築にも積極的にかかわっていく決意を表明しています。

（第1章XI7　秋浦　良子）

8　社会福祉士会

(1)　社会福祉士と社会福祉士会

　社会福祉士は、昭和62年5月に制定された「社会福祉士及び介護福祉士法」で位置づけられた、社会福祉業務に携わる人の国家資格です。

　「社会福祉士及び介護福祉士法」には、社会福祉士とは「専門的知識及び技術をもつて、身体上若しくは精神上の障害があること又は環境上の理由により日常生活を営むのに支障がある者の福祉に関する相談に応じ、助言、指導、福祉サービスを提供する者又は医師その他の保健医療サービスを提供する者その他の関係者との連絡及び調整その他の援助を行うことを業とする者」とされています。

　社会福祉士は、行政や社会福祉協議会、各種福祉法に基づいた福祉施設、医療機関、教育機関等において、生活を営むうえでのさまざまな相談に応じています。

　社会福祉士の資格がなくても同様の仕事をすることは可能ですが、地域包括支援センター等では社会福祉士を必ずおかなければならないなどといった傾向は強くなってきており、今後も職域の拡大が期待されています。

　資格者として登録している人は、23万8267人です（令和元年5月末現在）。

　公益社団法人日本社会福祉士会（以下、「本会」といいます）は、「社会福祉士及び介護福祉士法」が施行されてから約5年後、社会福祉士資格を取得した者が2000名弱に達した平成5年1月に設立されました。設立趣意書には、「世界と我が国の種々の課題への対応、並びに社会福祉の増進と向上に貢献することを、自らの責務として自覚する」と書かれています。

　現在は、各都道府県に法人化された社会福祉士会が設置されており、個人会員数は4万2000人を超えています（令和元年5月末現在）。

(2)　権利擁護としての成年後見への取組み

　本会は、権利擁護の1つの活動の実践の場を整備するために、権利擁護センターぱあとなあ（以下、「ぱあとなあ」といいます）を創設し、都道府県社会福祉士会に都道府県ぱあとなあをおいています。各都道府県内ぱあとなあでは、主に以下の事業を実施しています。

① 権利擁護・成年後見に関する研修
② 名簿登録、活動報告書等に関する事業
③ 会員の後見活動を支援する事業
④ 権利擁護・成年後見制度に関する調査・研究および提言等の事業

　名簿登録者は7828人、受任件数は２万1941件となっています（平成30年１月末現在）。

⑶　市民後見人との関係

　平成23年に老人福祉法32条の２が設けられたことを受け、各地で市民後見の取組みが進んでいます。また、それ以前から先駆的に取組みを進めている自治体もあります。社会福祉士は、各都道府県内ぱあとなあの名簿登録者として、みずからが後見人等の受任者となるだけでなく、被後見人等の意思決定支援のあり方や地域における成年後見制度の普及啓発・推進へ向けて取組みを進めています。

　社会福祉士は市民後見人が真の権利擁護の担い手として活動できるために、身上保護の重要性を伝えていくこと、一方で、市民後見人の活動実践から地域における権利擁護システムをどう構築すべきかを共働しながら考えていく姿勢がこれからも求められています。

（第１章Ⅺ⑧　公益社団法人日本社会福祉士会）

9　日本精神保健福祉士協会

⑴　精神保健福祉士と公益社団法人日本精神保健福祉士協会の概要

　精神保健福祉士とは、精神保健福祉士法２条によって定義されている精神保健福祉領域のソーシャルワーカーの国家資格です。

　わが国では、精神科ソーシャルワーカー（PSW）という名称で、昭和20年代の後半から、精神科医療機関を中心に医療チームの一員として導入された歴史のある専門職です。社会福祉学を学問的基盤として、精神障害者の抱える日常生活上や社会生活上の問題を解決するために援助することや、社会参加に向けての支援活動を通して、その人らしいライフスタイルを獲得することを目標としています。現在では、全国に約８万６千人の国家資格保持者がいます。

　公益社団法人日本精神保健福祉士協会（以下、「当協会」といいます）は、前身である日本精神医学ソーシャル・ワーカー協会として昭和39年に設立されました。その後、平成９年に精神保健福祉士法が制定され、精神科ソーシャルワーカーが「精神保健福祉士」として国家資格化されました。そして平成16年、社団法人の設立許可を得て社団法人日本精神保健福祉士協会として法人となり、平成25年には、公益法人制度改革に伴い現在の公益社団法人へ移行しました。当協会は、わが国における精神保健福祉士の全国組織化された唯一の職能団体であり、約１万２千人（令和元年７月現在）の会員で構成されています。

精神保健福祉士は、医療機関、生活支援施設、福祉行政機関等々での活動をはじめ、最近では司法施設や学校におけるスクールソーシャルワーカー、ハローワーク等での活動の場も期待されており、職域の拡大が進んでいます。メンタルヘルスに対する社会からのニーズが多様化していることを反映したものといえます。

(2)　後見人の養成についての取組み

平成11年に民法改正がなされ、平成12年4月から新しい成年後見制度がスタートしました。これを受け、当協会は平成14年1月、権利擁護委員会を設置しました。その中で、第三者後見人へのニーズが高まっていることから、委員会の検討課題として後見人養成があげられました。しかし、当協会の後見人養成に対する意見として「自己決定を尊重する精神保健福祉士」と「本人の代理で判断や決定を行う後見人」の立場は矛盾するものであるという意見や、精神保健福祉士の専門的力量が求められるという意見があがり、実際に着手するまで慎重な議論を重ねることとなりました。

そこで、現状を把握することを目的として、平成15年に、構成員を対象とした「日常的な金銭・財産管理および成年後見制度等に関するアンケート調査」を実施しました。すると、高額な費用や時間がかかりすぎるなどといった制度に対する不満や改善を求める声に加え、援助者自身の知識不足、市町村窓口の理解が低いことなどの結果が確認されました。

この調査結果を受け、当協会は権利擁護委員会に成年後見人養成研修検討小委員会を設置し、当協会として成年後見制度へどのようにかかわっていくかということを再検討し、今後の養成システムを提案するために成年後見事業運営委員会を組織し、当協会としての認定成年後見人養成研修を正式に実施しました。こうして、協会内で第1号の後見人の受任が実現したのです。

平成21年には、当協会として取り組む新たな組織として、認定成年後見人ネットワーク「クローバー」を立ち上げました。

(3)　認定成年後見人ネットワーク「クローバー」

認定成年後見人ネットワーク「クローバー」(以下、「クローバー」といいます)とは、当協会の認定成年後見人養成研修を受講して登録をした会員で構成されている協会内組織で、成年後見活動を行う精神保健福祉士への情報提供、研鑽の場の提供を行うことによって、精神障害者等への権利擁護の推進に寄与することを目的としています。

活動内容としては、以下の7つがあります。

① 成年後見に関する相談事業

② 候補者名簿登録者からの成年後見人等の紹介

③ 受任した成年後見人等への支援

④ 成年後見制度に関する調査、研究および普及活動

⑤ 成年後見制度に関する登録者間の情報交換、研修

⑥ 認定成年後見人養成研修およびクローバー登録者継続研修の開催の支援

⑦ その他関連する事業

　現在、「クローバー」は設立から10年が経過し、登録者数は約200人へと成長しました。この間の家庭裁判所等からの受任相談件数は約300件へ到達し、徐々にではありますが、全国で「クローバー」に対する認知がひろがってきています。特に、われわれ精神保健福祉士の活躍領域である、精神障害をもっている方の成年後見人等のニーズは、ますます高まってきているところです。今後、さらに組織体制を整備し続けながら、社会からの多様な要請に応えていきたいと思っています。

　　　　　（第1章XI⑨　公益社団法人日本精神保健福祉士協会　クローバー運営委員会）

10　社会福祉協議会

(1)　社会福祉協議会とはどのような組織か

　社会福祉協議会（以下、「社協」といいます）は、民間の社会福祉活動を推進することを目的とした営利を目的としない民間組織で、昭和26年に制定された社会福祉事業法に位置づけられて設置されています。平成12年に社会福祉事業法が改正・名称変更されて制定された社会福祉法には「地域福祉の推進を図ることを目的とする団体」と規定されています。

　社協はすべての自治体に設置されています。その数は、市区町村社協が1846カ所、都道府県・指定都市社協が67カ所となっています（平成31年3月31日現在）。

　社協には、市町村社協と、その市町村社協の参加を骨格にした都道府県社協、その連合体としての全国社会福祉協議会があります。それぞれの社協は独立した組織であり、本店－支店のような関係ではありません。

(2)　社会福祉協議会の構成

　社協は、それぞれの都道府県・市区町村で、地域住民や民生委員・児童委員、社会福祉施設・社会福祉法人等の社会福祉関係者、保健・医療・教育などの関係機関によって構成されています。

　社会福祉法には、その区域内の社会福祉事業または更生保護事業を経営する者

の過半数が参加することと規定されています。

<u>(3)　社会福祉協議会はどのような活動をしているか</u>

　社協は、①地域の福祉課題の把握に努めること、②住民とともに住民主体で福祉活動を進めること、③民間組織ならではの開拓性・即応性・柔軟性を発揮することなどの原則を踏まえ、次に掲げるような活動を、それぞれの地域にあった形で行っています。

〔地域福祉活動の推進〕
・福祉課題・生活課題の把握、提言・改善運動
・住民、当事者、社会福祉事業関係者の連絡調整、組織化・支援
・住民の福祉活動の推進・支援
・ボランティア活動や市民活動の推進・支援
・小地域ネットワーク活動、ふれあい・いきいきサロン等の推進・支援
・福祉教育・啓発活動
・社会福祉の人材養成・研修事業の実施　　など

〔福祉サービス利用支援〕
・地域総合相談・生活支援事業
・日常生活自立支援事業
・成年後見制度の利用促進
・生活福祉資金貸付事業
・生活困窮者自立支援事業
・地域包括支援センター事業
・障害者生活支援センター事業　　など

〔在宅福祉サービス〕
・ホームヘルプサービス事業
・デイサービス事業
・居宅介護支援事業
・食事サービス事業
・外出支援事業　　など

　また、都道府県社協では、広域的な事業として、福祉人材の確保・養成を行う福祉人材センター、福祉サービスの苦情解決等の役割を有する運営適正化委員会などが設置されています。

　近年、日本社会における人と人とのつながりが希薄化していることと関連し、貧困や虐待、孤立死、ごみ屋敷、ホームレス、自殺などといった問題が生じています。しかし、高齢者は高齢者福祉、障害者は障害者福祉、児童は児童福祉といった縦割りの社会福祉制度だけでは、それらの問題に十分に対応できていない状況があります。それらの問題を解決するためには、社協が重視してきた地域社会

の支えが重要な役割を果たすと考えられることから、社協はこれまで以上に積極的な活動を行っていく必要があります。

（第1章 XI 10　社会福祉法人全国社会福祉協議会地域福祉部）

11　公証役場

⑴　公証役場とは

公証役場は、遺言や金銭の貸し借り、離婚、任意後見などに関する公文書（公正証書）を作成するところです。また、契約書や委任状などの私署証書の認証のほか、株式会社をはじめとする各種法人の定款の認証、そして私署証書に対する確定日付の付与などもその主要な仕事です。

現在、約500人の公証人が、全国約300カ所の公証役場で働いています。

公証人は、法務大臣が任命する公務員ですが、公費から給与が支給されることはなく、国が定めた手数料収入によって事務を運営しております。

公証人の採用については、現在公募制により行われていますが、主に裁判官や検察官、または法務局職員などとして長年の実務経験を有する者が任命されています。

⑵　任意後見契約の締結

社会の高齢化に伴い、公証役場においても、老後の財産管理や身上保護を信頼のおける人に頼みたいという相談が増えています。

本人の事理弁識能力が低下した後に備えて、あらかじめ財産管理等の契約を締結しておくのが任意後見契約です（☞**第1章 V**）。

任意後見契約の締結は、公証人の作成する公正証書によらなければならないとされています。その理由は、本人の本当の意思（真意）に基づき適法で有効な契約が締結されることを制度的に保証するとともに紛争予防の観点から契約の有効性の確実な証拠を残す必要があること、公証役場において公正証書の原本を保管することにより契約証書の改竄・滅失を防止することができることなどにあります。

任意後見契約は、本人の判断能力が低下した後に効力が発生するという特殊性があります。そのため、公正証書の作成にあたっては、本人の事理弁識能力および授権意思の確認が特に重要です。そこで公証人は、本人と直接面接してその意思確認を行っています。

⑶　移行型の任意後見契約

　ところで、高齢者が、身体障害がある、あるいは病院・施設に入院・入所しているなどの理由により、みずから銀行や郵便局に赴いて預貯金の払戻しを受けたり、各種の支払いをすることが難しいために、任意の財産管理人に日常の生活支援をしてもらいたいと希望する場合があります。このような場合には、任意後見契約と同時に、通常の財産管理等の委任契約を締結し、本人の事理弁識能力が低下する前はその委任契約によって、将来に事理弁識能力が低下した後には任意後見契約によって、対処することになります。このようなタイプの契約を移行型の任意後見契約といいます。

　このタイプの契約は、精神上の障害（認知症の発症、精神障害等）により判断能力が不十分な状況になる事態の発生を想定して将来に備えるとともに、現在の生活の必要にも対処することができるので、その利便性が高いこともあってかなりの数が利用されています。

(4)　任意後見制度の課題

　任意後見制度が適切に運用されるためには、任意後見人になる人（任意後見受任者）に適任の人を選ぶことが何より重要です。

　任意後見受任者としては、これまでのところ、本人の子や兄弟姉妹などの親族がなるケースが多数を占めています。

　一方、公証役場の相談窓口では、財産管理等の生活支援を受けたいが、適任の受任者が得られないという身寄りのない高齢者からの相談を受けることが少なくありません。

　市民後見人の養成と支援のシステムの構築は、任意後見制度の利用の拡大に資するところが大きいものと思われます。

（第 1 章 XI 11　日本公証人連合会）

XII　成年後見制度の課題

●この節で学ぶこと●

　成年後見制度をめぐる諸外国の動向や、日本の後見人が職務を遂行するときに直面する可能性がある問題を学習します。

1　成年後見をめぐる国際的な課題

(1)　障害者の権利に関する条約（障害者権利条約）の採択

　障害者権利条約は、国際連合で2006年12月に採択され、2008年5月に発効しました。日本は、2007年7月に署名をし、2009年12月「障がい者制度改革推進本部」を設置し国内法制度改革を進めてきました。そして、2014年1月に批准をし、141番目の締結国・機関となりました。

　この条約は、障害者の位置づけを大きく変えました。それまで、障害者は、慈善・医療・保護を受ける「客体」とされていました。ところがこの条約では、障害者を、権利を行使する「主体」であると明確に位置づけたのです。

　特に、障害者の法的能力の平等に関して定める12条は、わが国の成年後見制度に大きく影響を与えるものとなっています。

《障害者権利条約12条》

1　締約国は、障害者が全ての場所において法律の前に人として認められる権利を有することを再確認する。
2　締約国は、障害者が生活のあらゆる側面において他の者との平等を基礎として法的能力を享有することを認める。
3　締約国は、障害者がその法的能力の行使に当たって必要とする支援を利用する機会を提供するための適当な措置をとる。
4・5　（略）

　すなわち、日本の成年後見制度について、この障害者権利条約12条に則して、本人の意思決定を支援することを基本的なしくみとしたうえで、代理権と同意権（取消権）を必要かつ最小限の範囲に限定して、特に必要がある場合でなければ本人の行為能力制限を行わないようにするといった改革が必要ではないか、といった議論がなされているのです。

　また、障害者権利条約29条（政治的及び公的活動への参加）と関連した課題も提起されています。

　これについて、日本国憲法では、15条2項（成年者による普通選挙の保障）が定められています。しかし、この憲法15条2項を実現するための法律である公職選挙法11条1項では、画一的に「成年被後見人は選挙権及び被選挙権を有しない」と定めていました。これは、障害者が政治的な場面に参加することを妨げるものであって、障害者権利条約の求める合理的配慮に欠けるものであり、この条項を廃止すべきではないか、といった議論がされていました。現実に、各地で訴訟になり、2013年（平成25年）3月14日、東京地方裁判所は、公職選挙法11条1項1号を違憲・無効とする判決を下しました。その後、同年5月27日、同規定を削除する公職選挙法改正がなされ、成年後見利用による資格制限の1つが解消されました。

(2)　各国の成年後見制度改正等の動き

　1992年に施行されたドイツの世話法は、第1次改正、第2次改正、第3次改正を経て、2013年に第4次改正が行われています。

　1986年に施行されたイギリスの持続的代理権授与法は、2005年に、意思決定能力法として生まれ変わり、より充実したしくみへと改革されています。

　そのほか、2007年にはオーストリア代弁人法（1984年施行）が改正され、2009年にはフランス成年後見法が改正され、また台湾の改正民法が施行されています。さらに、2013年には、韓国の改正民法やスイスの改正民法が施行されました。

　このように、世界の各国で成年後見法を導入したり見直したりする動きが活発になっています。これらの新しい制度がめざしているのは、判断能力が不十分な人について、財産管理面のみならず身上保護面においても、自己決定を尊重するためのしくみを整備することです。

　こういった世界の潮流の中で、2000年に開始された日本の成年後見制度についても、財産管理が中心と考えられているそもそもの制度のあり方や、実務上の課題などについて、見直しが求められているのです。さらに、2000年ハーグ国際私法会議の「成年者の国際的保護に関する条約」の批准に向けた取組みも課題となっています。

2 日本の成年後見制度の課題

(1) 2010年成年後見法世界会議における「横浜宣言」で指摘された課題

　成年後見法分野における最初の世界会議である「2010年成年後見法世界会議」が、2010年（平成22年）10月、横浜で開催されました。この会議では、今後の世界において成年後見法が果たすべき意義と役割を確認し、成年後見制度が適切に利用されるべきことを広く世界に訴えるために成年後見制度に関する横浜宣言が採択されました（2016年に改訂版が出ています）。

　この宣言では「世界の課題」とともに「日本の課題」として、以下の点が指摘されています。

　① 現行成年後見法の改正とその運用の改善
　　ⓐ 市町村長申立てを積極的に実施する体制の準備
　　ⓑ 制度利用の費用負担が困難な者への公的費用補助
　　ⓒ 本人の権利制限を伴う側面から鑑定・本人面接の原則実施
　　ⓓ 本人の医療行為への同意
　　ⓔ 選挙権の剝奪等の欠格事由の撤廃
　　ⓕ 任意後見制度の利用促進と濫用防止のための立法措置等
　② 公的支援システムの創設
　③ 新たな成年後見制度の可能性
　　ⓐ 本人の能力制限を伴う現行3種類型の妥当性の検討
　　ⓑ 成年後見手続における本人の保護に関する検討
　　ⓒ 本人の能力制限を伴わない信託の利用
　　ⓓ 高次脳機能障害者の成年後見制度利用のための立法措置等
　この中でも、特に成年後見制度の基本となる公的な支援システムについて、次に述べます。

(2) 公的支援システムの創設

　新しい成年後見制度が制定された目的として、柔軟かつ弾力的な、利用しやすい制度にする、ということがありました。

　しかし、禁治産・準禁治産制度の時代における利用者数と比べると大幅な増加になっているとはいえ、本来利用すべき認知症高齢者・知的障害者・精神障害者等の数と比べると、成年後見制度の利用者数の伸びは緩やかなものにとどまっています（☞第1章Ⅲ）。

　この利用数からみると、成年後見を利用しなくても何とかなるうちは利用しないで、どうしても利用しなければならなくなったときにやむを得ず利用する、という状況にあるともいえます。

　しかし、成年後見が、本人の判断能力を補完し、本人の権利を擁護するという役割をもつことからすれば、こういった状況は望ましいものとはいえません。判断能力が不十分な状況になったら「誰もがスムーズに利用できる」しくみへと、早急に改めていく必要があるのです。

　制度の利用を阻害している要因はいくつかあります。特に、①４親等内の親族等といった申立人がいないこと、②申立費用や後見報酬の支払いが困難なこと、③適切な後見人がいないこと、などがあげられています。

　これらの課題を解決するには、国や地方自治体が、成年後見制度を組織および財政の両面において、公的に支援するシステムが不可欠となります。

　また、このようなシステムを作り上げていくことによって、成年後見制度を支えるさまざまな場面におけるネットワーク（たとえば、市民後見人の養成における行政と民間の連携、支援における行政・司法・民間の連携などが考えられます）の拡充・強化を図ることも可能となり、成年後見の社会化が一層進展することになります。

　そして、このような公的な支援システムが円滑に実施されるためには、家庭裁判所の機能が拡充・強化されることが前提となるでしょう。

　なお、新しい成年後見制度は平成12年から開始されていますが、その前提として、平成11年に、新しい成年後見制度に関する「成年後見関連４法案」が、国会で可決され成立しています。その際に、衆議院・参議院のそれぞれの法務委員会において、附帯決議がなされています。その内容は、次のとおりです。

〔衆議院附帯決議〕
　7　政府は、新しい成年後見制度について、その運用状況、高齢者・障害者をめぐる社会の状況等を勘案し、必要に応じて制度についての見直しを行うこと

〔参議院附帯決議〕
　8　新たな成年後見制度について、運用状況、経済的状況、高齢者・障害者をめぐる社会の状況等を勘案し、必要に応じて、見直しを行うこと。

┌─ ★用語解説★ ─────────────────────────────

●附帯決議

　附帯決議とは、衆議院・参議院の各委員会が、法案の採決に際して、法律を執行する政府に努力目標や留意事項を明記して、善処を求めるものです。憲法や、国会の運営を定める国会法、衆参両院の議院規則などに規定されているものではありません。あくまで国会の慣行にすぎず、政府は内容を実行する義務を負うものではありません。

└──

⑶　本人の能力制限を伴う現行３類型の妥当性の検討

　前に説明したように、世界各国の成年後見制度の潮流は、判断能力が不十分な人について、財産管理面のみならず身上保護面においても、自己決定を尊重するためのしくみを整備することをめざしています。

　この流れの中で、わが国の成年後見制度の３類型のしくみについて次のような点で議論がされています。

　①　現行の実務は、成年後見制度は民法上の財産管理制度という前提で運用されているため、鑑定や診断書による判断の内容は本人の財産管理能力に特化されています。

　②　後見と保佐の２類型では、本人の行為能力の制限される範囲が原則として画一的になっています。そのため、本人の能力の程度はそれぞれ異なるにもかかわらず、過剰な能力制限が行われている場合もあるのではないかとの懸念が指摘されています。本人の権利や能力に対する制限は最小限の範囲にすべきという要請に応えるためには、それぞれの能力や必要性に応じた支援ができる一元的制度への転換をも含め、根本的な見直しを行う必要性があります。

　③　後見・保佐の利用が他の法令における資格制限につながるという問題があります。たとえば、成年被後見人・被保佐人になると公務員試験を受験できないなどです。

⑷　成年後見の利用と他の法令による資格制限等

　成年後見制度の利用をためらう理由の１つに、成年被後見人や被保佐人（以下、「成年被後見人等」という）など成年後見制度の利用者であることは、数多くの資格・職種・業務等における欠格事由に該当し、就業等の場面で制約を受けるということがありました。

　このような成年被後見人等に対する欠格条項については、ノーマライゼーション等を基本理念とする成年後見制度を利用することによって却って資格等から排

除されることおよび同程度の判断能力を有する場合に、成年後見制度の利用者の
みが資格等から排除される結果となるといった不合理性や、数多くの欠格条項の
存在が成年後見制度の利用を躊躇させる要因となっているといった問題点が多く
指摘されてきました。

　そのような中、「成年後見制度の利用の促進に関する法律」（平成28年５月13日
に施行）に基づき、国が策定した「成年後見制度利用促進基本計画」（平成29年３
月24日に閣議決定）において、こうした成年被後見人等の権利制限の措置の見直
しを図る施策目標が掲げられました。

　これに基づき、第198回通常国会では、内閣府から提出された「成年被後見人
等の権利の制限に係る措置の適正化等を図るための関係法律の整備に関する法
律」案が審議され、令和元年６月７日に参議院本会議で全会一致で可決・成立し、
６月14日に公布されました。これによって、187の法律の欠格条項が見直され、
施行日は法律により異なるものの、成年後見制度を利用していることをもって一
律に排除する扱いから、必要に応じて資格等に相応しい能力の有無を個別的・実
質的に審査・判断するしくみ（個別審査規定）へと改め、具体的なしくみは、各
資格等を所管する省庁が適正に整備し、運用していくことになりました。今後は、
この法改正の趣旨に沿った個別審査規定の運用がなされ、成年被後見人等がその
有する能力を発揮する機会が適正に確保されているかについて注視していく必要
があります。

　なお、会社法、一般社団法人及び一般財団法人に関する法律についても、令和
元年12月に改正が行われ、欠格条項が削除されました。

3　後見実務上の課題

　これまでに説明してきたような「大きな課題」とあわせて、後見人は、日々の
職務を行う際に、次のような実務上の課題に直面しています。これらの課題を解
決するために、法律の改正も見据えた議論をしていくことが必要です。

(1)　法定後見における実務上の課題

(A)　本人が死亡した後の事務処理（☞第３巻第３章Ⅳ）

　本人の死亡によって、後見等は当然に終了します。

　その後、後見人の事務は、管理の計算（民法870条）、相続人への財産の引継ぎ
を行って終了することになります。その間、後見人は、応急処分義務（民法874
条による654条の準用）を負うのみとなります。

しかし、後見等が終了してから財産の引継ぎを行うまでの間に、後見人は、権限をもっているかどうかにかかわらず、さまざまな行為を周囲から求められることが多くあります。たとえば、次のようなものがあります。

① 遺体の引取り

② 火葬・埋葬、葬儀・供養

③ 未払いの医療費・入院費、施設利用費、公共料金等の支払い

④ 相続人不明や相続人が非協力的な場合の対応

これらはいずれも、本人が亡くなった後に後見人が事務を行う際の根拠となる応急処分義務（民法654条）の範囲には含まれないと考えられている行為です。

これらは、親族が後見人であるときには、法的な裏づけがあいまいなまま「家族であればよいだろう」という程度の意識の下に行われ、あまり問題になっていませんでした。それが、「後見の社会化」が進んだことで、第三者後見人が登場し、これまで見過ごされていたさまざまな問題が現れたものだといえます。

この問題を解決するためには、後見人が相続人に財産を引き継ぐまでの間、一定の事務を行うことができるように法律によって一定の権限を与えることを定める等、法改正の必要性が議論されており、成年後見人の権限については、民法等の一部改正がなされました（詳細は第3巻第3章Ⅳ参照）。

(B) 医療行為への同意（☞第3巻第2章Ⅳ4(4)）

医療契約に基づき行われる医療行為には、身体に対する侵襲（手術等のように、身体を傷つけること）を伴うものがあります。このような医的侵襲行為が適法とされるためには、本人の同意が必要となります。この同意によって、医的侵襲行為の違法性がなくなり、また、医師から説明を受けることを前提として本人の自己決定が保障されることになるのです。

この医療行為の同意は、医療契約の申込みとは異なり、身体の処分に関する事実行為であり、その人しか決定することのできない一身専属的な行為であると考えられています。そのため、本人に代わって他人が決定することにはなじまないとされています。

しかし、判断能力のない人が手術等の医療行為を受ける必要がある場合、医療契約は後見人が行うとして、医的侵襲行為についての同意を誰がするのか、という問題があります。

この同意権を後見人に与えてはどうかという議論が、新しい成年後見制度が成立する過程においてされてきました。ただし、そのときは、「医療の倫理に関する医療専門家等の十分な議論を経たうえで、将来の時間をかけた検討に基づいて、

慎重に立法の要否・適否を判断すべき事柄である」という理由から、将来の課題として見送られました。そのため、現在、日本では、後見人に医療同意をする権限はないとされています。

しかし、実際の後見実務においては、後見人が、医療行為に関する同意を求められ、対応に苦慮する場面が少なくないのです。

前にも説明したように、医療行為に対する同意権は、身体の不可侵という人格権に基づくものであって、一身専属的な権利です。しかし一方で、本人に医療行為の同意に関する判断能力がない場合に、そのことで正当な医療行為が受けられず本人の権利が守られないということのないようにしなければならないのです。

(C)　身元保証・連帯保証（☞第3巻第2章Ⅳ4(7)）

本人が住居などを賃借したり、病院や施設等に入院・入所することがあります。このような場合、後見人に対して、身元保証人や連帯保証人になることを要求されることが少なくありません。

しかし法律上、後見人にこのような義務はないことを関係者へ周知する努力が必要です。

(D)　金融機関の対応（☞第3巻第1章Ⅱ3(2)）

預貯金の管理は、後見人としての基本的な職務です。この金融機関との取引の際、一部の金融機関では、成年後見制度への基本的な理解が不足していることから、後見人に対して、本来は必要のない負担を強いることがあります。たとえば、後見人が就任すると本人の口座名義が変更されたり、口座開設支店以外の当該金融機関の他の支店で取引ができなかったり、後見人が利用できるキャッシュカードを発行してもらえないなどといった対応です。こういった対応が改善されるよう、金融機関における統一的な周知・啓発が求められます。

(E)　郵便物の取扱い（☞第3巻第2章Ⅳ4(9)）

適切な後見業務を行うために、本人に送られてくる郵便物の内容を確認することは重要なことです。たとえば、在宅で介護サービスを受けて生活している本人が、請求書を紛失したため支払期限までに支払いができず、必要なサービスが受けられないなどといった支障が生じる場合もあります。

後見実務上、あらかじめ請求書が送付されることが予測できる場合には、送付元に後見人の住所への送付を依頼することもあります。しかし、後見人が本人あての郵便物を受け取り開封することは、憲法で保障されている「通信の秘密」（21条2項後段）の趣旨からして問題があるのではないかとの指摘もあります。そこで、破産法81条などを参考に、後見人に対して郵便物を送付し、開封できるよ

うにする立法措置の必要性が議論され、成年後見人の権限について民法等の一部改正がなされました（詳細は第3巻第2章Ⅳ4(9)参照照）。

　(F)　**法定後見に関する登記**（☞第3巻第2章Ⅱ7）

　かつての禁治産・準禁治産制度においては、禁治産宣告または準禁治産宣告の審判が確定すると、後見人または保佐人からの届出により、本人の戸籍にその旨が記載されるようになっていました。このようなしくみが、制度の利用を妨げる要因となっていたことは、すでに説明したとおりです（☞第1章Ⅰ）。

　新しい成年後見制度においては、新しい登記制度が創設されました。本人のプライバシーを保護するとともに、多様な代理権を公示することも可能としたのです。

　ただし、この登記制度にも、改善すべき点が指摘されています。登記事項証明書の記載事項に、同意権の対象行為とされているもの（たとえば、保佐の場合における民法13条1項各号の行為）や同意権の対象とされていないもの（たとえば、日常生活に関する行為）などをわかりやすく記載すべきといったことが議論されています。

(2)　任意後見における実務上の課題（☞第1章Ⅴ）

　任意後見は、自己決定の尊重という理念に最も適（かな）った制度であるといわれています。利用者も、少しずつ増加しています。

　しかし、一方で、わが国の市民は契約にあまり慣れていないということや、利用者が70歳代、80歳代の高齢者であることも多いことなどから、任意後見を利用するうえでさまざまな問題が生じています。さらに、この制度を悪用する事例も出てきています。

　そのような状況から指摘されている課題を紹介します。

　(A)　**公証人の権限**

　公証人の審査権限を強化することや、嘱託を拒絶する権限を明確にすることで、委任者の契約締結能力および意思の確認を確実にすべきではないかと議論されています。

　(B)　**移行型と任意代理契約**

　任意後見契約とあわせて、任意後見監督人が選任される前の財産管理などに関する任意代理契約を締結することがあります（いわゆる「移行型」）。この場合、任意代理契約の内容として、任意代理人の権限を、日常生活に必要な金銭管理や、重要書類の保管・高額な支出を伴う施設入所契約などを除く身上保護事務の範囲に限定すべきではないかと議論されています。

(C)　任意後見監督人の選任の申立ての義務化

　移行型の場合、委任者の判断能力が不十分になっても、任意後見受任者が家庭裁判所へ任意後見監督人選任の申立てを行わず、任意代理契約を継続し、誰の監督も受けないままに権限濫用を行う事案が明らかとなっています。

　権限濫用を防止するためには、「委任者の判断能力が不十分になった場合には、任意後見受任者が任意後見監督人選任の申立てをしなければならない」と法的に義務づけるべきではないかと議論されています。

(D)　任意後見に関する登記表示

　現在の登記事項証明書の記載事項は、発効しているか未発効なのかわかりにくい記載になっています。そこで、未発効の任意後見登記事項証明書では「任意後見受任者」を「任意後見人予定者」と表示するか、「契約未発効」の表示をするなど、契約の効力がいまだ生じていないことを明確にして誤認されないようわかりやすく改善すべきではないかと指摘されています。

（第1章XII　高橋　隆晋）

第 **2** 章

市民後見概論

●この章で学ぶこと●

　市民後見人の定義・位置づけや理想像、その具体的役割としくみから、市民後見人の現状と課題を学習します。さらに、市民後見の可能性や将来的なあり方についても考えます。

Ⅰ　市民後見人の理想像

1　市民後見人とは、市民後見活動とは何か

この章は、市民後見人のあるべき姿を探って、より充実した市民後見活動につなげることを目的としています。その前提として、まず市民後見人、そして市民後見活動とはどのようなことを指しているのかについて考えてみましょう。

まず、市民後見人の市民とは、単に「その行政区域に住む人」という意味ではなく、社会の一員としての自覚を備えている、自立した大人のことを指しています。私たちの暮らす社会が人が相互に連帯して成り立っていることを理解し、その社会の構成員としての責任と義務を果たし、未来に向かって社会がよりよくなることを望んでいる、そのような人が、市民後見人に挑戦しようとする市民であるといえます。

そのような市民は、個人の利益だけを追求するのではなく、社会全体のためになることを行おうとします。社会をよくすること、それは自分自身のためでもあることを知っているからです。そして、よりよい社会は、周囲から当然にもたらされるものではなく、市民一人ひとりが求めなければ、実現しないことを知っているからです。市民後見人をめざす市民は、よりよい社会を求め行動する存在です。

私たちは、日頃から、困っている人を手助けしたり、迷惑行為を注意したり、社会の一員として、さまざまな努力をしています。社会をよくするための行いは、それがどんなにささやかであっても価値のあることです。

さて、本書序章の「市民後見人のすすめ」にもあるように、市民後見人が登場しました。それは、後見人の供給源としても新しい選択肢ですが、市民の社会参加のあり方、すなわち、よりよい社会を求めて行動する方法という点からみても、新しく登場した選択肢だといえます。市民後見人は、地域に暮らす「隣人」の後見人として、判断能力の不十分な本人の揺らいだ日常生活を支えます。その結果として、自分たちの暮らす地域を判断能力が不十分な人にも暮らしやすい地域にするのです。そうした市民後見活動は、社会をよくするための行動としては、決してささやかなものではありません。ここまで繰り返し述べられてきたように、後見人の権限と責務はとても大きいものだからです。後見人の判断は、本人の生

活を一変させるほどの力をもっています。また、後見人の任務は一時的なもので
はなく継続的なものであり、10年を超えるような期間にわたって続く場合もあり
ます。後見活動はとても重厚なものなのです。

　よりよい社会を求めて市民がそうした重責を担うことは、これまでになかった
新しい社会参加の形です。そうした市民後見活動が重厚なものであることは、全
国の市民後見人によって結集されるエネルギーが大きなものになることを示して
います。市民後見人の活動が拡大すれば、おそらく今後の社会にさまざまな影響
を及ぼすことになるでしょう。そのように考えると、市民後見活動は、新しい文
化であるともいえるのではないでしょうか。

　市民後見活動は、みずからが暮らす地域を、誰もが暮らしやすい地域にするた
めに、これまでの市民としての知見や経験を活かして、同じ地域に暮らす人の権
利擁護を行う活動です。特別な経験や専門的な資格をもっている必要はありませ
ん。自立した生活者としての市民それぞれの経験によって、判断能力が不十分な
ために日常の暮らしが揺らいでいる人を支えて、安定した生活を取り戻すための
サポートをすることになります。そのような活動は、本人の利益につながるだけ
でなく、地域の度量を大きくし、ひいてはその地域に暮らす市民後見人自身の利
益になるはずです。

　こうした活動は、従来のボランティア活動とは異なります（☞**序章**）。市民後
見活動が、民法の規定に則り家庭裁判所から選任され監督を受けるという公的な
立場に基づく活動であるということは、とても重要なポイントです。まず、家庭
裁判所に選任されなければ、いくら意欲をもっていたとしても市民後見活動を始
めることはできません。当然、家庭裁判所には選任権者としての責任があります
ので、信用して任せることのできる市民を選ばなくてはなりません。すなわち、
相応の研修を修め、十分な支援体制の下で活動できる市民を選任することになり
ます。市民後見活動は、参加したければ誰でもいつでも参加できる活動ではなく、
活動するための準備が伴っていることを家庭裁判所に認めてもらわなくては、参
加できないのです。また、いったん後見人に就任すると、いつでも辞めるという
ことはできません。辞任するには、正当な理由があることを家庭裁判所に認めて
もらわなくてはならないのです。その点では、覚悟をもって引き受けなければな
りません。

　そして、これらのことは、本書第1章で述べられているように、すべて法律に
よって定められています。このような法に規定されたシステムは、後見人が負う
べき責任の重さを映し出しているものであり、市民後見活動がこれまでにない特

別な社会参加の形であることの証であるといえます。

　また、後見活動は、それぞれの後見人が自分のできる範囲においてできることを行えばよいというものではないのも特徴の１つといえます。まず、先にも述べたように、後見人に選任されるにあたっては、後見人として一定の水準の活動ができるだけの適性が求められています。さらに、後見人としての務めを適切に果たさなければ、後見人としての義務に違反するとして、責任が問われることもあります。後見人は、道義的な責任だけではなく、法的にも重い責任を負っているのです。この点でも、活動に参画するに際して覚悟が必要です。

　これまでに説明してきたように、市民後見活動はとても重厚な活動です。そのことは、国が、老人福祉法や知的障害者福祉法等に規定して、そのしくみづくりをしようとしているところからも、察することができるでしょう。

　権限と責任が大きいこのような活動は、誰に強制されるのでもなく、市民自身の自発的な意欲によってしか実現されません。よりよい社会を求めて自発的に大きな責任を担うということは、その裏返しとして、市民後見人としての誇りが生まれます。誇りは市民後見活動の原動力の１つであり、文化であるゆえんでもあります。

　以下に「市民後見人のあるべき姿」を示します。具体的な活動について学ぶ前に、市民後見活動の特長をよく理解しておくようにしましょう。

2　市民後見人は、本人との多くの接点をもちます

　後見が開始された人（被後見人）は、自分自身で自己の権利を十分に主張することが難しい状態にあります。自分の思いを論理立てて説明することができなかったり、処遇に不満があって苦情を言おうにもその相手がわからなかったりします。後見人は、そうした主張を本人に代わって申し出ていく立場にあります。本人の立場に立って主張できる唯一の存在が後見人であることを忘れてはなりません。

　事案によっては、本人は、言葉に限らず、何の意思表示もできない場合があります。そのようなときには、本人の思いに気づくことができず、つい耳に入りやすい周囲の人の言葉に気をとられてしまうことがあるかもしれません。しかし、そのようなときにこそ、後見人の立場を思い出し、声にならない本人の思いをくみとって、主張していかなくてはならないのです。

　このような役割は、市民後見人に特筆されるべきものではありません。親族後

見人も専門職後見人も、本人の代弁者としての役割をしっかりと果たさなければなりません。けれども、その役割の果たし方に、市民後見人ならではの特長があります。市民後見活動は、主に、本人の居住地域で暮らす、あるいは職についている市民が後見人を引き受けることが前提となっています。ですから、本人と市民後見人の物理的な距離は近く、頻繁に本人を訪れることができることが大きな特長と考えられています。

　本人を訪れ、多くの接点をもつことは、後見活動にとっては非常に有益です。本人が他人を認識できないような状態になっていない限り、接する時間に比例して、本人と後見人との信頼関係を醸成することができるからです。また、信頼関係が強くなるほど、本人から得られる情報の量は増えていくのが通常です。本人のもっている環境に対しての思いや不満、要望などを知る機会が増えるのです。また、本人の言葉以外の情報も、訪問する機会が多ければ当然に多く得られるようになります。

　多くの情報をもつことは、本人の思いを代弁すべき後見人として、大きなアドバンテージです。それゆえ、市民後見人は、頻繁に訪問することが難しい専門職後見人とは違う、本人に寄り添った後見活動が可能になるのです。

3　市民後見人は地域福祉に貢献します

　市民後見人として地域住民である本人の生活を支えることは、それ自体が地域福祉活動になるものです。

　現代の社会は、多くの場面において契約によって成り立っていますが、認知症や知的障害、精神障害等のある人は、その契約を結ぶだけの判断能力がないことがあります。また、契約内容を吟味する能力に乏しいために損失を被ったり、情報を入手することができないために必要な物やサービスを入手できなかったりすることもあります。そうした状況に対して、後見人が支援することで、本人が健全で安定した生活を送ることが可能になります。これは地域での福祉活動にほかなりません。

　さらに、その市民後見活動を通して、他の地域住民に成年後見制度そのものや、認知症高齢者など判断能力が不十分な人たちへの理解を深めてもらうことも、地域福祉を進める一環になります。誰もが地域で普通の暮らしができることをめざすノーマライゼーションの実現へつながるものでしょう。

　地域住民からは理解が得られず、苦労することもあるかもしれません。しかし、

市民後見人は大きな役割を担っていることを理解してください。あきらめることなく、粘り強く対応することが大切です。判断能力が不十分な状況にあるというのは決して特別なことではないということが周知され、そのような人も普通に暮らせるように地域全体が協力することが当たり前だという地域がつくり上げられたとしたら、そこに住む人たち全員の幸福につながります。

4　市民後見人はチームプレーヤーです

　後見人は、広範囲にわたり、本人に代わってその権限を行使することができます。特に成年後見人の場合には、本人の一身専属的な事柄（婚姻、遺言、医療同意など）を除けば、「万能」といっても過言ではありません。

　しかし、後見人が単独でその職務のすべてをこなすことは不可能です。これは専門職後見人も市民後見人も同じであり、1人の力には限界があります。また、「餅は餅屋」という言葉のとおり、何事にもその道のプロがいますから、その人たちの力を十分に借りることが、後見人が円滑に職務をこなすことにつながり、結果として本人の利益にもなるのです。もちろん、それぞれのプロに任せっきりにするということではありません。何がどのように進行しているのか、常に情報を把握して、それをもとに、本人のよりよい生活を組み立てていかなければなりません。本人にかかわる多くの人との連携があってこそ、本人の生活を支えることができるのです。

　また、本人の生活上の課題について、本人自身が決定できるように、意思決定支援を行う際にも、後見人が単独で本人に意思決定に必要な情報を提供して、その意思を表明できるように支援するのではなく、本人を支える関係者とともに行うべきであると考えられています。偏った情報提供や、思い込みによる誘導などが入り込まないようにするためです。

　したがって、関係者との関係は良好でなくてはならず、必要なときには十分な協力を得られるよう、常に誠実に対応し、関係づくりをしていくことが大切です。

　さて、この項の小見出しに「チーム」と書きました。具体的には、どのような人たちがチームメイトになるのでしょうか。1人で自宅に暮らす高齢者の場合を考えてみましょう。介護サービスを利用していれば、ケアマネジャーやヘルパーが必ずいます。デイサービスセンターに通っていれば、その職員もいます。持病があればかかりつけ医がいるでしょう。地域の民生委員とも協力関係を築いていれば、強力な支援者となります。日常的な接点はなくとも、地域包括支援センタ

ーの職員や行政の高齢福祉担当者も、場面によってはチームに入ってもらいます。このような人々と連携をとりながら、全員で本人のよりよい生活をめざすことができれば、後見人の仕事は、かなり高いレベルにまで到達しているといえるでしょう。

> ★用語解説★
>
> ●民生委員
>
> 　民生委員は、民生委員法に基づいて厚生労働大臣から委嘱され、それぞれの地域において、常に住民の立場に立って相談に応じ、必要な援助を行い、社会福祉の増進に努める人々です。民生委員は、援護が必要な人の私生活に立ち入り、その一身上の問題に介入することが多いことから、守秘義務が課せられています。

5　市民後見人は、その責務を肝に銘じます

　後見人に大きな責任と義務があることは、繰り返し説明されています。それは、親族、専門職、市民にかかわりなく課せられるものです。報酬の有無・多寡にも関係ありません。

　このような大きな責任と権限について、社会参加の形としては重すぎると考える人もいるでしょう。けれども、だからこそ生まれる誇りがあることも事実です。そうしたことをすべて了解し、市民後見活動に参加することが肝要です。

　一方で、そうした市民後見人に孤独を感じさせず万全の支援をする体制を、行政や家庭裁判所、専門職は全力で確保しなくてはなりません。市民後見人は、支援体制が不足だと感じたら、率直に改善を申し出るべきです。それが、ひいては本人の生活支援に結びつきます。

　市民後見人の活動はまだ緒に就いたばかりであり、その姿はこれから変遷を遂げていくでしょう。その中で、崇高な志が受け継がれていくことが強く望まれます。社会全体で市民後見活動を支えてこそ、それがなし遂げられることになるのだと思います。

（第 2 章1　梶田　美穂）

Ⅱ　市民後見人の具体的役割

1　市民後見人の活動のイメージ

⑴　市民後見人の1カ月

　ここでは、市民後見人としての活動について、具体的なイメージをもつことを目的とします。どのような点に注意しながら活動すれば、本人の生活の質をよりよくすることに役立てるのか、考えていきましょう。

　まず、市民後見人の1カ月を記してみました。被後見人は、1人で在宅生活を送る認知症の高齢者で、就任してから半年が経過しているという想定です。

○月3日㈰　自転車で1週間ぶりに本人の自宅を訪問しました。初めの頃は、顔も覚えてもらえませんでしたが、今では玄関を開けると「やあ、久しぶり」と声をかけてくれます。名前までは覚えてくれていませんが、市民後見人が自分の味方だということはわかっているようです。いつものように、週に2回通っているデイサービスでの様子や、糖尿病の持病があるためヘルパーのつくってくれる食事の内容を確認しようとしますが、いつのまにか話はそれて、これまでにも何度も聞いた、働いていた頃の話や亡くなった妹の話が繰り返されます。けれども、初めて聞くかのように相槌を打って、とりとめのない時間を過ごします。

○月4日㈪　デイサービスの事業所から、市民後見人の自宅に、先々月分の利用料金の領収書と、先月分の利用料金の請求書が届きました。ファイルに綴っておきます。

○月9日㈯　ヘルパーの家事援助サービスが入っている時間をめざして、本人の自宅を訪問しました。ヘルパーから本人の様子を聞きます。ヘルパーが使いみちを確認している本人の生活費が残り少なくなっているので、次に訪問する際に3万円を持参することを約束しました。

○月15日㈮　出勤途中に、本人の口座のある銀行のATMに立ち寄りました。キャッシュカードを使って次回持っていく生活費3万円を出金し、記帳しました。先月25日のヘルパー利用料の自動引落し、11日のデイサービス利用料の自動引落し、今日の年金の振込みを確認し、通帳にメモをしました。

○月16日㈯　自宅を訪問し、本人に3万円を渡し、受領書を受け取りました。また、この1カ月の出納帳のコピーとレシートを持ち帰ります。本人から、お盆なので両親と妹の墓参りをしたいという話が出ました。

○月17日㈰　昨日持ち帰ったレシートを出納帳と照らし合わせました。最初の頃は記入漏れなどがありましたが、何度も申入れをしているうちに、正確な出納帳を作成してくれるようになりました。

○月20日㈬　家庭裁判所へ6カ月目の報告をする準備のために、成年後見支援センターの相談に行きました。また、墓参りをしたいという本人の希望をかなえるための方法について相談しました。

○月24日㈰　本人の自宅を訪問しました。本人はテレビを見ていたので、横に座って一緒に見ながら話をします。糖尿病を改善するため、栄養のバランスを考えて、週に何度か配食サービスを使うことを提案しましたが、「自分で好きなものを買って食べたいから嫌」と言われました。

○月31日㈰　自宅を訪問し、いつものようにとりとめもない話をして帰りました。本人から、「いつもありがとう」と見送ってもらいました。選任された当初に比べて、本人の笑顔が増えたような気がします。先日は、ヘルパーが「最近は安心されたのか、体調も安定しています」と言っていました。

⑵　市民後見人がもつべき意識

　このような落ち着いた後見活動であっても、後見人として、本人の生活を支えているという意識を常にもつ必要があります。具体的にどのような意識をもてばよいのかということを、事例に関連づけて説明したいと思います。

⒜　本人の思いをくみ取りましょう

⒜　本人の意思を尊重します

　民法858条において、成年後見事務を行ううえでの重要な義務が、次のとおり示されています。

> 　成年後見人は、成年被後見人の生活、療養看護及び財産の管理に関する事務を行うに当たっては、成年被後見人の意思を尊重し、かつ、その心身の状態及び生活の状況に配慮しなければならない。

　ここでは、本人意思尊重義務と身上配慮義務について規定されています。

　この本人意思尊重義務を果たすためには、当然のことながら、本人の意思を知る必要があります。しかし、成年後見が開始された本人は、必ずしも上手にその意思を後見人に伝えてくれるわけではありません。本人自身からの明確な意思表示を期待することは、まず難しいのです。ですから、後見人から働きかけて、本人が何を思っているかを知るための努力をする必要があります。

　判断能力が低下している場合の「本人の意思」とは何なのか、疑問に思うかもしれません。人は、判断能力が不十分であったとしても、決してゼロになっているわけではありません。成年後見が開始されていても、その人なりの考え方が示されることはあります。それは、結果などを十分に考慮しているとはいえない「気持ち」にすぎないかもしれません。けれども、論理的ではない「気持ち」までも含めて「本人の意思」としてとらえたうえで、その意思をできるだけ尊重で

きるように、工夫しながら職務を行うことが求められるのです。

　たとえば、本人の発する言葉を軽んじることなく、「なぜそのような発言になるのか」と考え、心を寄り添わせて耳を澄ませば、何か伝わってくるものがあるかもしれません。事例では、市民後見人が配食サービスの提案をしたことに対して、「好きなものを買って食べたいから嫌」と言っています。買い物に行くこと自体が楽しみなのかもしれませんし、特定の好物を食べることが大切なのかもしれません。本人は、思っていることを整理して明確に伝えることは難しいということを理解したうえで、断片的に言葉として出されたものをスタートラインにして、本人の思いを追い求めるという姿勢が重要です。

　本人の思いがどうしてもわからない場合には、「推測する」ということを試みるとよいでしょう。たとえば、判断能力が十分にあった頃から本人をよく知っている人に話を聞く、アルバムや手帳などこれまでの人生の記録から情報を得る、といったことが考えられます。

　本人意思尊重義務は後見人に等しく課せられた義務ですが、その前提となる本人の思いを知るためには、本人とかかわる時間が多ければ多いほど望ましいといえます。本人との接点を多くもつことのできる市民後見人だからこそ、本人の思いに近づいた後見事務を実現できるのです。

　　(b)　焦りは禁物です

　市民後見人として初めて本人に会うとき、「私はあなたの成年後見人です。家庭裁判所から選任されました。これからお金や生活のことで、あなたが自分だけではできないことを私がお手伝いしていきますね」と言葉を尽くして自己紹介したとしても、すぐに本人に受け入れられることは少ないでしょう。

　判断能力が不十分な人にとっては、自分の生活圏に入ってきた新しい人物に慣れるだけでも、相応の時間が必要になります。

　本人の役に立ちたいと勢い込んでしまいがちですが、あまり焦らず、まずは自分という存在を認識してもらうことに専念しましょう。そのためには、当初はあまり時間を空けずに訪問することなどもよい方法だと思います。また、すでに本人が慣れ親しんでいる人、たとえばヘルパーやケアマネジャーといっしょに面会すると、警戒心をもたれないことが多いようです。

　そのようにしてかかわっていくうちに、事例にもあるように、「この人（後見人）は、自分にとって力強い味方である」という認識が本人の中に生まれてくることでしょう。それが、本人の思いに近づく第一歩となるのです。

　　(c)　いろいろと試してみるのも１つの方法です

　本人が何を欲しているのか、どのような状態を快適と感じているのか、本人の言葉からは伝わってこないことも多いでしょう。

　言葉での回答を求めるばかりではなく、いろいろなことを試してみて、それに対する反応で本人の思いがわかる場合もあります。

　たとえば、あまりに殺風景な施設の居室であることから、ベッドサイドを明るくするために何か置いてはどうかと考えます。そのとき、花がよいのか、ぬいぐるみがよいのか、自宅から写真を持ってくるのがよいのか、あるいは本人が聴くためのラジオがよいのか。後見人として考えをめぐらせて工夫することが、結果として、本人の思いを導き出す場合があるのです。

　事例では、「配食サービス」を言葉で提案するだけでしたが、試しに食べてもらったりすると、意外と気に入るかもしれません。

　成年後見が開始されている人は、抽象的に考えることが難しくなっている場合も多いので、本人の思いを知るためには、できるだけ具体的に、実物を見せたり、体験してもらったりすることが有効な方法です。

　⒝　**本人の暮らしを知りましょう**

　民法858条には、その後半部分で、身上配慮義務についても定められています。本人の心身や生活が安らかで健全に保たれているかということに、後見人は心を配らなくてはなりません。その前提として、本人の状況をしっかりと把握する必要があるのです。

　本人との面会は、最も多くの情報を得られる機会です。本人の話す内容から、毎日の過ごし方や食事の内容、どのような人と交流しているかなどといったことがわかるでしょう。また、顔色はどうか、以前よりもふっくらしたか、髪は洗っているか、服は着替えているか、などということも、本人に会えばわかります。入浴ができていないようであれば、さり気なく本人に事情を尋ねると同時に、ヘルパーなど本人の生活状況を知る立場の人に確認して、なぜ入浴ができていないのかを探ります。脚が弱ったせいで自宅の浴槽をまたぐのが大変なのかもしれません。デイサービスで入浴介助をする職員が異性に替わったことが原因かもしれません。「本人の思いをくみ取る」こととも通じますが、表面に現れたことの下に隠れている理由を探ることで、対応策を検討することが可能になります。

　本人の状況を知るためには、居所を訪問することも欠かせません。施設や病院などに入所・入院している場合も、本人が寝起きしている場所を、必ず自分の目で確認しましょう。清潔であるか、必要なものはそろっているか、危険が潜んでいないか、本人は満足してそこで過ごせているか、生活者としてのセンサーを働

かせて観察するのです。そこには、プロの目線は必要ではないことを理解しておくことが大切です。市民後見人だからプロの見方は必要ないのではなく、生活の場であるから生活者の感覚を活かせばよいのです。専門職後見人の場合、往々にして現実的な「限界」に理解を示してしまいます。生活者の素朴で率直な感覚を働かせるのは、市民後見人の得意な分野といえるでしょう。

　曜日や時間帯をさまざまに変えて訪問するのも、本人の状況をより広く知ることにつながります。無理のない範囲で工夫してみましょう。

　本人の生活状況に改善する余地があると感じたら、ケアマネジャーなどに相談して、どのような対応方法があるかを一緒になって検討します。100点満点の解決方法が見つかる場合もあるでしょうし、次善の策を講じる場合もあるでしょう。何ら打つ手がなく現状を受け入れるしかない場合もあると思います。それでも、後見人としては常に前向きに、本人の状態や生活状況に目を凝らし、よりよくするにはどうしたらよいかということを問い続けなければなりません。そして、こうしたことをこまめに行っていくことで、ケアマネジャーなどの関係者も、同じように心配りをしてくれることが期待できるはずです。

　後見人自身の目や耳で直接に確認するだけでなく、本人の状況を知る立場にある人やさまざまな記録から情報を集めることも大切です。事例では、ヘルパーから普段の様子を聞くことができました。在宅でサービスを受けている場合、「介護サービス提供の記録」が自宅にありますから、その内容を読むことも重要です。本人の日々の様子や、サービスの具体的内容が記されています。ヘルパーが同行して買い物に行った際に、本人が久しぶりの屋外を楽しんでいたと記されていれば、外出機会を増やすことを検討してみてもよいでしょう。

　ケアマネジャーなどと日頃のコミュニケーションを密にしておいて、本人に何か変化があればすぐに連絡をもらえるようにしておくことも、身上配慮には欠かせません。

　　(C)　周囲の人に理解してもらいましょう

　後見事務を行うにあたっては、周囲の理解不足という壁にぶつかることがあります。けれども、成年後見制度や市民後見人の役割について理解をしてもらうことで、その壁を取り払うことができ、本人のためのより充実した後見活動が可能になります。また、そのような理解を求める努力を行うことが、成年後見制度や市民後見活動を普及し定着させることになるのです。

　　(a)　成年後見制度についての理解を求めましょう

　「成年後見制度」という言葉そのものは普及しましたが、その詳しいことにつ

いてはまだ知らない人が多いでしょう。

　後見人が就任する以前は、関係者同士の信頼関係に頼って手続がされており、受領書や契約書などの書類が整えられていない場合があります。けれども、後見人は、自己の活動内容について、いつでも監督者である家庭裁判所に説明できるようにしておく必要があります。そのためにも、お金や物の受渡し、約束事の取り決めをした場合などには、その内容を書面として保管し、家庭裁判所に提示できるようにしておくことが重要です。また、それは後日の紛争を防ぐという点で、後見人自身の身を守ることにもつながります。したがって、これまで書面化する習慣がなかったとしても、市民後見人としては「家庭裁判所の監督を受けているので」と説明し、書面を作成してもらうように働きかけなければなりません。

　また、事実行為については後見人の職務ではないことを説明することが必要な場合があります。後見人を親族と同じような存在としてとらえる関係者もおり、さまざまな事実行為（たとえば、日用品を購入することなど）を求められることがあります。たやすいことであれば親切心から応じてしまいがちなのですが、簡単に応じることは、成年後見制度について正しく理解してもらうことを阻害することになりかねません。最初の段階で、後見人にできることとできないことを明確に説明しておくと、求められてから説明して断るよりも、摩擦が少なくて済むでしょう。

　後見人は財産管理だけを行うもので、介護サービスなどには関心をもたないと誤解されることもあります。後見人には、身上配慮義務があり、本人の生活状況に心配りをしなくてはならないこと、そのために福祉関係者などにさまざまな情報提供を求めることを理解してもらいましょう。

(b)　「市民後見人」についての理解を求めましょう

　後見人として選任されるのは、親族が23.2%（平成30年）となっており、その他については司法書士、弁護士、社会福祉士などの専門職が選任されています（☞第1章Ⅲ）。

　親族ではなく専門職でもない市民後見人は、まだ一般に周知されているとはいえないのが現状です。銀行や役所の窓口で本人との関係を尋ねられたときに、「市民後見人です」と答えると、怪訝な顔をされることもあるでしょう。

　そのようなときには、市民後見人は、行政によって養成され支援を受けていて、地域を代表して本人の権利擁護を行っていること、営利を目的とした活動ではないことを説明し、理解してもらいましょう。正しい理解がなされれば、市民後見活動に協力しようという人が現れると思います。それによって、市民後見人とし

第
２
章

ての活動がしやすくなるはずです。また、市民後見人を志す人が増えることも期待することができます。そして、このような活動の結果として、市民後見人が市民権を得ることにつながるのです。

(c)　本人の状況について理解を求めましょう

　安全で安心な本人の日常生活が、さまざまなことをきっかけとして揺らぐことがあります。さらに、それを本人が理解していないために、周囲の人に不安や警戒の念を抱かせてしまっていることがあります。周囲の人の協力なしに本人の生活の安定が成り立つことはありませんから、後見人としては、周囲の人に対して本人の状況を説明し、理解を求めることが必要です。

　たとえば、鍋を空焚きしてボヤ騒ぎになったことがあり、近所の人が「いつ火事を出すかわからない」と心配しているのであれば、ガスコンロを電気コンロに交換し、火災報知機を設置するなどして、それを近所の人にも説明します。お金を持たずに飲食店に行ってしまうことがあるようなら、１カ月ごとにまとめて請求書を送ってもらうように飲食店にお願いするなどします。本人の欲求を満たしつつ、周囲に迷惑をかけない方法を考えるのです。

　後見人が必要な対応を行い、きちんと説明することで、これまで不安と警戒心を抱いていた周囲の人たちも、本人を温かく見守ってくれる立場に変わることがあります。

　ただし、本人のプライバシーを侵害しないということについては、十分に配慮しなくてはなりません。不必要な説明まですることのないように注意しましょう。

(D)　１人で判断するのは避けましょう

　「成年後見事務において、正解は１つではない」ということがよくいわれます。事例ごとに、前提となる条件が異なるために判断基準が異なりますし、同じような事例であっても、後見人によって対処方法が異なることもあります。どの方法が正しく、どの方法が誤っていると一概に決めつけることはできず、一定の適正な範囲内であれば、後見人の判断に任されているのです。後見人には大きな裁量権があるといえます。

　しかし、だからといって、後見人が１人ですべてのことを決めてしまうのは、客観性を失い、独善に陥ってしまう危険性があります。それは、本人に思わぬ損害を与えることにもなりかねません。

　市民後見人にとって、最も身近な相談先は成年後見支援センターです。一定の判断が必要となった場合には、最終的な結論を出す前に、まず成年後見支援センターに助言を求めるという習慣を身につけておきましょう。

　事例では、本人が希望した墓参りの実現方法について、市民後見人は成年後見支援センターに相談しています。お墓がどこにあるのか、その位置まで正確にわからなければ墓参りはできません。遠方の場合は、旅費負担の問題もあります。そもそも、お墓まで往復することに耐えられる体力が本人にあるのかという見極めも必要です。外出するときの同行を誰に頼むべきなのか、道中の事故に対する責任の所在といったことも重要です。本人の希望などに対して簡単に答えを出すことなく、実現するために検討すべき条件を洗い出し、それについて一つひとつ検討していくという作業を、1人で行うのではなく、支援組織である成年後見支援センターと一緒に行うことが大切です。

　後見人の重い責任、本人に与える影響の大きさを正しく理解していれば、必然的に、慎重な姿勢で職務に取り組むことになると思います。

　⒠　1人で悩むのは避けましょう

　意欲をもって市民後見活動を始めても、人の心の状態には波があります。いつも同じ心持ちでいられる人はいないのではないでしょうか。本人や関係者とのコミュニケーションが円滑に運ばず、気持ちが落ち込むこともあります。また、市民後見活動は、市民がプライベートな時間を利用して行う活動なので、私的な事情が市民後見活動に影響を与えることも大きいはずです。家族や市民後見人自身に起こった出来事に対応しなければならないために、後見活動の負担が大きく感じられることもあると思います。

　そのようなとき、責任感が強ければ強いほど、弱音を吐いてはならないと我慢をしてしまいがちですが、悩みを抱えていては健全な後見活動は期待できません。また、その結果として、本人に迷惑をかけてしまうことになるかもしれないのです。後見人は公的な役割を果たすということを自覚し、後見活動を負担に感じるなどの悩みがあったら、1人で抱え込むことなく、支援組織である成年後見支援センターに相談しましょう。担当者に話を聞いてもらうだけで悩みが解消するかもしれません。また、助言を受けることで、負担を軽減するための方策が見つかるかもしれません。

　⒡　本人の意思の尊重と本人の安全との調整は永遠の課題です

　後見人がその執務を行ううえでの最大の悩みは、本人の思いと本人の安全とのバランスのとり方です。安全を重視すれば、本人の思いをかなえることはできなくなりがちです。一方、本人の思いをすべてかなえれば、資産や健康を危険にさらす場合があります。本人が理解できるような工夫をしながらリスクの説明も行い、それでも、本人自身あるいは周囲の人に回復できないような損害を与えてし

まう選択をする場合には、やむなく、関係者で代わりに判断をすることになります。その場合にも、本人の考え方に立って一番よいと思われる判断を、関係者の協議で行います。

　事例では、糖尿病のことを考えて、本人が好きなものばかり食べるのを制限しようと試みていますが、本人は嫌がっています。この場合、無理に健全な食事を押し付けても本人の不満が募り、うまくいかないのではないかと思われます。精神的に不穏になってしまうかもしれません。こういった場合には、部分的に本人の希望をかなえ、場合によっては意識をそらすことも考えながら、必要な対応をしていくことが求められるでしょう。その際、本人の状況や本人との関係に、決定的なダメージが生じないよう、注意をめぐらせることが必要となります。

　　(G)　いつでも説明できるように、わかりやすい記録を残しましょう

　民法863条1項では、「家庭裁判所は、いつでも、後見人に対し後見の事務の報告若しくは財産の目録の提出を求め」ることができると定められています。したがって、市民後見人としても、いつでも報告できるように備えておくことが大切です。

　具体的には、何よりも記録を丁寧につけておくことです。まず、お金の出入りの記録があります。事例では、ヘルパー事業所とデイサービスの利用料金の自動引落し、そして生活費の現金での出金について、通帳にメモを書き入れていました。また、ヘルパーが記録してくれていた出納帳も、後見人の責任としてレシートと照合して確認しています。

　同時に、資料の整理も重要です。事例では、デイサービスの請求書と領収書をファイルに綴じていました。通帳に書いたメモと照らし合わせれば支出の内容がはっきりとわかります。生活費の受領書も、通帳から引き出した3万円の使い道を示す大切な証拠ですから、きちんと保管しておきます。

　資料の整理方法については、日付順にするのがよいか、種類別にするのがよいかということは必ずしもありません。後日、自分が調べやすいように、また説明しやすいように工夫しましょう。

　また、日誌を付けておくことも大切です。「誰と電話で何を話した」「どこから何が送られてきた」「どこへ何を発送した」など細かいことも含めて、大変でも記録しておくと、報告書を作成するときや、成年後見支援センターで活動支援を受けるとき、そして支援計画を立てるときに、とても役に立ちます。長文にする必要はなく、簡単な言葉でかまわないので、面会の際の感想や本人の発した言葉も含めて記録しておくとよいでしょう。

2　後見人として活動するにはゆとりも必要です

　後見人に就任してからの具体的な活動のイメージが湧いてきたでしょうか。

　事例は、就任から少し時間が経過して、落ち着いた状態にあるケースを想定していました。就任した直後は、財産目録の作成や各種の届出などで少し忙しく活動する必要があります。また、本人の状況に急な変化が起こったときにも、緊急対応が求められることがあります。

　あなた自身の環境に照らし合わせて、このような活動ができるかどうかを問い直してみることも大切なことです。後見人自身に、心や体力そして時間に、ある程度のゆとりのあることが必要です。

（第2章Ⅱ　梶田　美穂）

III　市民後見のしくみ

1　公的支援の1つの形

　成年後見制度は、判断能力が不十分な人たちが、そのために不利益を被らないように生活のさまざまな場面で必要な支援をする制度です。権利擁護のために必要不可欠な制度ですから、必要とする人は誰もが容易に利用できるべきであり、そのような環境を整えることは行政の使命であるといえます。

　現在、成年後見制度に関する公的支援策としては、民法で定められた申立権者のほかに市町村長が申立人となる市町村長申立てと、成年後見制度を利用するために要する費用を負担できない人のためにその費用を国と市町村が援助する成年後見制度利用支援事業があります（なお、**第1章IX2**も参照してください）。いずれも、申立人がいない、あるいは費用を負担できないために制度利用ができないということが起こらないようにした施策であり、その役割は大きいものがあります。

　そして、市民後見事業は、第三者後見人の供給を行政が責任をもって行うという、新しい公的支援のしくみです。

　超高齢社会の到来によって第三者後見人が足りなくなるということは、以前から指摘されていました。法律専門職や福祉専門職による支援が必要な場合には、それら専門職が後見人に選任されるべきですが、専門性までは必要でなく、日常的な手続と本人の立場に立った見守りによって、よりその人らしい日常生活を取り戻せるといった事案も数多く存在します。大きな課題に直面しているわけではないために、成年後見の利用にまで至っていなかった人たちも、同じ地域に暮らす身近な市民後見人が支援者となることによって、生活の質の向上を実現することができるのです。市民後見人の登場によって、そのような人たちが成年後見制度を利用できるようになったのだといえます。

2　欠かせぬ司法と行政の協調関係

　市民後見事業は、後見人を選任・監督する家庭裁判所と、市民後見人を養成・支援する市町村がかかわる事業です。両者の共同事業ですから、協調して進めて

いくことが不可欠です。どちらか一方だけが取り組むということでは、この事業は成り立たないのです。

具体的には家庭裁判所と市町村、そして実施機関である成年後見支援センター（今後は成年後見制度利用促進基本計画に基づく中核機関☞**第1章Ⅶ2(3)(B)**）という三者のかかわりによって、市民後見事業が運営されていくことになります（☞**第1章Ⅷ3**）。

<u>(1)　家庭裁判所はどのような役割を担うか</u>

成年後見制度は、各地の家庭裁判所によって運用されています。

民法には、家庭裁判所の権限として、選任（843条）、辞任の許可（844条）、解任（846条）などといった後見人の地位に直結する規定や、家庭裁判所はいつでも後見人に報告を求めることができる（863条1項）などといった監督に関する規定があります。

後見人の選任は家庭裁判所の専権事項であり、それぞれの事案に適した後見人を、親族や専門職などから選任する責任を負っています。市民後見人についても、その特徴をよく理解したうえで、適した事案に市民後見人を選任することが、家庭裁判所の役割です。

一般的に、市民後見人に適した事案として、次の3点に当てはまることといわれています。

①　紛争性がないこと

②　本人の財産が多額・複雑ではないこと

③　専門性を必要としないこと

こういったことを前提として、各家庭裁判所と管轄内の市町村および成年後見支援センターが綿密な協議を行い、市民後見人に適した事案について共通したイメージをもつことが重要になります。

市民後見人を選任する形態も、実際に選任する家庭裁判所との協議なくして決めることはできません。市民後見人が単独で選任されるのか（その場合、成年後見支援センターが監督人に選任されるのか）、法人後見の担当者として活動することになるのか、専門職との複数後見になるのかなど、市民後見人が選任される形態にはいくつかのポイントがあります。各地の事情にあわせて、選任の形態を検討していくことになるでしょう。この選任の形態については、市民後見人の志が十分に活かされる形はどのようなものか、といった視点も重要になると思われます。

自分の地域で実施される市民後見事業について、どのような形態で市民後見人

が活動しているのか、確認しておくことは重要でしょう。

　先にも触れたように、後見人を監督する責任は家庭裁判所にあります。市民後見人も、他の後見人と同じく、家庭裁判所によって監督されることになります。そのことを強く意識しましょう。後見活動において疑問が生じたような場合に、最終的に判断を求める先は、家庭裁判所ということになります。家庭裁判所への報告内容やその頻度についても、家庭裁判所と市町村・成年後見支援センターとの協議によって決定されることになり、地域によって異なるものと思われます。

⑵　市町村はどのような役割を担うか

　市民後見人の育成および活用の事業を実施するのは市町村です（老人福祉法32条の２、知的障害者福祉法28条の２、精神保健福祉法51条の11の３）。地域住民が成年後見制度をより利用しやすくなるように、地域に暮らす判断能力が不十分な人たちの権利擁護を図るために、市町村は市民後見事業に取り組む責任があります。たとえ成年後見支援センター（中核機関）の運営を外部に委託したとしても、市町村は主体性をもって事業の運営に関与する必要があります。成年後見支援センターの事業が適切に行われているかについて、常に監督・指導できる体制をつくっておくことが求められるのです。

　市民後見事業を実施するにあたって、どのような理念のもとで行っていくのかをしっかりと確立することも、実施主体である市町村の役割です。結果的には、全国の市町村によって市民後見事業の理念に大きな違いが生じることはないと考えられますが、議論を踏まえてみずから理念を作り上げていくからこそ、関係者に浸透し、それが研修過程を通じて市民後見人にも伝わっていくのです。さらに、その後の事業実施においても、課題に直面したときに立ち返る原点となり、ブレのない活動の源となります。

　この理念を確立するためには、家庭裁判所や、市民後見人の活動支援に協力する専門職らと、充実した議論を重ねることが必要です。

　後見活動は、本人の死亡により終了することが多く、一つひとつの事案がいつまでに終わるかという予定を立てることができません。市町村には、養成した市民後見人の活動を支援する責任がありますから、その活動が続く間は市民後見事業を継続しなくてはなりません。したがって、市民後見事業のための予算を確保し続けることは、市町村の大きな役割です。

　また、市町村として、市民後見人が円滑に活動することのできるような環境整備に努めることも重要です。具体的には、役所の内外に対して、市民後見人の存在とその活動の内容を広く周知し、市民後見人に接点をもつ人たちがその活動に

協力するよう働きかけることが求められます。市民後見人は、市町村が全面的に
バックアップしているもので信頼できること、地域の人の権利を擁護するために
市町村の呼びかけに応じてくれた支援者であることを説明するのです。そうした
広報活動は、その後に続く志高い市民後見人の育成にもつながるはずです。

(3)　成年後見支援センター（中核機関）はどのような役割を担うか

　成年後見支援センター（中核機関）には、大きく分けて、次のような役割があ
ります。

① 　市民後見人の養成（研修の実施）
② 　家庭裁判所への市民後見人候補者の推薦
③ 　市民後見活動の支援
④ 　継続的な研修
⑤ 　名簿の作成および管理

以下では、それぞれについて、求められる要素を取り上げます。

(A)　市民後見人の養成

　市民後見人の養成において最も重要なことは、その地域でめざしている市民後
見活動の理念を、養成研修の受講者に浸透させることです。市民後見事業を実施
する市町村、成年後見支援センター、受講者が、同じイメージをもつことが、そ
の後の市民後見活動においてとても重要になります。その理念を十分に伝えられ
る講師の確保も課題になるでしょう。

　また、活動に必要となる基本的な考え方や知識を身に付けることも必要です。
後見人の責務は重大であり、親切心だけで行えるものではありません。その責務
に応えるため、成年後見制度のしくみ、民法をはじめとする日常生活を取り巻く
数々の法律、高齢者や障害者のための施策など、学ぶべきことは多岐にわたりま
す。講義で習得できることには限界もありますが、このような学習が、後日、現
実に市民後見活動を行うにあたっての重要な土台となるのです。

　また、受講者の側からみれば、この段階で、求められている市民後見人像や市
民後見活動を正しく理解することで、実際に市民後見人としての活動に参加する
か否かという最終的な決断をすることになります。市民後見人の担う責任につい
ての理解が進むほど、気軽な気持ちで参加することはできなくなるかもしれませ
ん。しかし、重い責任を負うからこそ、その中にやりがいを見出し、市民後見人
として活動することに意欲をもつことにもつながるはずです。

(B)　家庭裁判所への市民後見人候補者の推薦

　成年後見支援センターは、家庭裁判所から「市民後見人を推薦してほしい」と

いう要望が寄せられた事案に対して、さまざまな事情を多角的に検討し、その事案に最も適切な市民後見人を推薦します。

　市民後見人が本人を訪問するために要する時間や、市民後見人の経歴からうかがえる得意分野、そして研修過程を通じて把握した人柄などが判断材料になるでしょう。市民後見人の活動可能な時間帯なども重要な要素です。その市民後見人が活動しやすい事案を担当するということは、本人にとっても、充実した支援を受けられることにつながります。

　また、たとえば市民後見人が従事している介護事業所を本人が利用していないかなど、利害関係の有無についての考慮も、この段階でなされなければなりません。

　場合によっては、その事案は市民後見人が担当するには適していないとして、推薦しないという結論を出すこともあります。

　後見人は、いったん選任されると、正当な事由がなければ辞任することができず、簡単に交替することはできません。ですから、この段階で事案の内容をよく吟味し、事案と市民後見人との適合性を慎重に判断することが重要なのです。

(C)　市民後見活動の支援

　後見活動は、他人の人生に寄り添うことです。その過程では、どのようなことでも起こる可能性があります。ですから、あらゆることを予測して、あらかじめ準備しておく、ということは不可能です。研修過程で学んだことだけで、あらゆる事態に対応できるわけではありません。だからこそ、市民後見人としての活動が始まった後に成年後見支援センターによって行われる活動支援が、とても重要になるのです。

　市民後見人としては、後見活動が軌道に乗るまでは、何事についても慎重に、成年後見支援センターの助言を求めるべきでしょう。また、軌道に乗った後であっても、初めて遭遇することについては、成年後見支援センターに相談するべきでしょう。

　市民後見人が、課題であることに気づかずに、成年後見支援センターの助言を受けることなく職務を進めてしまうことも考えられます。このようなことを防ぐために、市民後見人が必要を感じたときだけ成年後見支援センターに相談するという体制だけでなく、日頃から定期的に、成年後見支援センターで面談や意見交換をするといったしくみがあったほうが、より望ましい体制だといえるでしょう。後見人が判断に悩むことについて助言するという成年後見支援センターの役割は、市民後見人が安心して活動をするためには非常に重要なものです。

　また、さまざまな情報を提供することも、市民後見人の活動を助けます。社会資源に関する資料や、さまざまな手続に必要な書式なども、その１つです。

　さらに、市民後見人の活動をねぎらい、その苦労話に耳を傾けて共感することで、市民後見人に孤独を感じさせないといったことも、大切な役割となります。

(D)　継続的な研修

　養成研修を終了しても、すぐに全員が後見人として選任されるわけではありません。

　しかし、受任の機会が訪れるまでの間も、市民後見活動への意欲を維持し、また養成研修で習得した知識に磨きをかけて、いつ選任されてもかまわないように準備を整えておかなくてはなりません。

　こうしたことを、個人の努力だけで継続することは難しいものです。ここにも、成年後見支援センターの重要な役割があります。成年後見に関する研修会や、すでに選任された市民後見人らとの懇談会などにより、前向きな気持ちを持ち続けられるような工夫が求められます。

(E)　名簿の作成と管理

　養成研修の修了者は、成年後見支援センターに登録されることになると思います。その登録方法に関するルールは、成年後見支援センターがその機能を構築する時点で整備しておく必要があります。そのルールに基づいて、修了者の名簿の管理を行います。

　転居などの個人的事情で登録をとりやめる人もいるでしょうし、家族の介護のために一定の期間、活動を休止するような人もいるかもしれません。こういった事情が出てくるのはやむを得ないことですから、実際に市民後見人として活動できる人を正確に把握しておくために、適切に名簿を管理しておくことは不可欠です。

　そして、その名簿に基づき、研修の案内を行ったり、家庭裁判所から依頼のあった事案についての推薦の検討を行います。

(F)　家庭裁判所、行政との連携

　このようにみると、市民後見事業の実施において、成年後見支援センターの果たす役割は、非常に重要であることがわかります。そして、成年後見支援センターがその役割を十分に果たせるように、家庭裁判所と市町村が協力を行う必要があるのです。

　市民後見人が安心して伸び伸びと、本人のよりよい生活のために後見活動を行うことができるかどうかは、成年後見支援センターの機能がどれだけ充実したも

のとなっているかにかかっています。ですから、成年後見支援センターは、その役割を担えるだけの職員の人数と質を確保しなくてはなりません。そして、職員みずからも養成研修を受講するなどして、成年後見とは何か、市民後見活動はどうあるべきかを体得し、成年後見支援センターの運営に携わることが望まれます。

(4)　市民後見人は家庭裁判所・市町村・成年後見支援センターの協力の下で活動を行う

　市民後見事業にかかわるそれぞれの機関の役割を理解し、それらを十分に活用しながら、その中心にいる市民後見人として市民後見活動を作り上げていきましょう。主役はあくまでも本人自身ですが、活動の中心にいるのは市民後見人です。他方、家庭裁判所、市町村そして成年後見支援センターが協力するというしくみがなければ、適正な市民後見活動はできません。市民後見人は、こうしたトライアングルの中で後見事務を行っているということを、常に自覚しておきましょう。

3　専門職からのサポート

(1)　専門職の経験を伝える

　親族以外の人が後見人に選任される割合が、7割を超えるようになりました。その大半を司法書士、弁護士、社会福祉士が占めています。この3職種は、これまでに、第三者後見人としての経験を豊富に蓄積しています。

　たとえば、施設入所の際の身元保証、手術などの医的侵襲行為に関する同意、そして本人が死亡した後の葬儀など、親族が後見人の場合には問題として表面化しないものの、第三者が後見人である場合には大きな課題となっていることがあります。こういった事態に直面した場合には、慎重な対処が必要になります。このような第三者後見人に特有の問題について適切に対応することをはじめとして、財産管理や身上保護についての専門職後見人の経験の集積は、市民後見活動を支援するにあたって必要不可欠といえます。

　また、司法書士、弁護士、社会福祉士の専門性は、日々の市民後見活動で直面する課題を解決するのにおおいに役立ちます。

　遺産分割協議が必要になったり、借家の賃貸借契約を解約したり、借金の返済を求める督促状が届いたりした場合には、法的知識を前提として対処しなければ、本人に不利益を生じさせるおそれがあります。このような場合には、法律専門職の助言を受けなければ、先に進むことが難しくなるでしょう。また、本人の生活が円滑に送れないような状態になったときなどに、どのような福祉サービスを利

用するのが有効か、何を誰と検討すればよいのかといったことについて、社会福祉士の専門性を得ることで活路を見出すことができるでしょう。

　こういった司法書士・弁護士・社会福祉士を養成研修の講師として活用するのはもちろんのこと、市民後見活動の支援のプロセスにおいても、いつでも相談できる助言者として確保しておくことは、極めて有効です。

　市民後見人は、本人のために何を行うかを決める最終的な責任者ですが、必要に応じて専門職の助言を得ることは、本人の権利を護るうえで大切なことです。一方で、専門職の助言だからといって、すべてそのまま受け入れなければならないということではありません。本人に対して責任を負っているのは、あくまで市民後見人です。市民後見人が、自分の判断をしなくてはならないのです。自信をもってその判断をするために、専門職の助言を聞くということが大切になるのです。

(2)　中核機関をとおしてのサポート

　成年後見制度利用促進基本計画（☞第1章Ⅶ2）は、市町村の単位を基本として中核機関を設置し、成年後見制度の利用が必要な人は誰でも利用できるような体制の構築をめざしています（中核機関が設置されていない場合は、後見センター、権利擁護センター等がその役割を果たします）。そして、中核機関には司法書士、弁護士、社会福祉士等の専門職が配置され、地域包括支援センターや障害者相談事業所等と連携しての役割が求められています。中核機関における専門職のサポートは具体的に以下の場面が考えられます。

(A)　広　報

　中核機関は、地域における効果的な広報活動を行うため、専門職と連携してパンフレットの作成、研修会、セミナー等を行うことになりますが、専門職は一般の市民を念頭において、市民後見人としての社会参加をよびかける内容を盛り込むよう留意すべきです。広報を最大限に利用して、一般市民が成年後見制度に関心を向けるきっかけづくりにするよい機会となります。

(B)　市民後見人養成研修

　市民後見人をめざす市民が、専門職と初めて接する場はおそらく「市民後見人養成研修」です。専門職は、市民後見人の意義と役割を理解し、よりかみくだいたわかりやすい講義や実習が求められます。特に法律用語や福祉関係用語は言い換えたり、図表を使うなどする工夫が重要です。後見人としての厳しさや一定の「覚悟」を伝えることも重要ですが、「難しそうだがやってみたい」「生きがいになりそうだ」との意欲をいかに喚起させるか、がポイントです。

　研修は座学のほかに、実務研修が行われます。専門職は、各専門職の事務所、施設、法人後見を担う社会福祉協議会等に案内し、後見人になるための実務を学ぶコマに協力します。実務研修は、成年後見制度が実際にどのように利用され、運用されているかを知る絶好の機会です。専門職の苦労や悩みなどを聞くことにより、専門職への親しみも湧くものと思われます。

(C)　受任調整

　後見人にだれがふさわしいのか判断をするのが中核機関におかれた受任調整会議です。市民後見人が後見人になるにふさわしいケースについては、後見人候補者へのアドバイス、記録の取寄せ、本人や家族との面談などを行います。

(D)　後見人支援

　市民後見人を支えるサポート体制を整備することが重要です。市民後見人が安心して活動するためには、判断に迷ったときにはいつでも相談に乗ってもらえる体制がなくてはなりません。また、新しい情報や知識を得るために、市民後見人や養成研修修了者を対象として継続的に研修をしていくことも必要となります。「困ったら家庭裁判所に聞く」というだけでは、中核機関としては不十分です。中核機関の職員等が、市民後見人からの相談に対応できるだけの力を身に付ける必要があります。また、それと並行して、司法書士、弁護士、社会福祉士などの専門職を加えた事例検討会などを設置する必要があります。この事例検討会では、個人の事例についての課題などをメンバー全員で協議します。この協議は、その課題を解決するためのものであることはもちろんですが、それだけでなく、協議に参加するメンバー全体の意識や理解をレベルアップすることに役立ちます。

　また、家庭裁判所、市町村、専門職との協力関係を築くことも忘れてはなりません。市民後見人が活動をしていく中で、対応に迷ったり、問題が起きたりしたときに、「自分だけで解決する」「実施機関の内部で処理する」という考え方は、事件の発見を遅らせ、その問題をさらに大きなものにし、場合によっては取り返しのつかない結果を生むことにもなりかねません。そのようなときは、専門職や家庭裁判所等に相談して協力を求めるという姿勢が大切です。専門的な知識・経験をもつ人の知見の協力・支援を求めようとしなければ、市民後見人を支援すること、その先にある本人を支援することも難しくなるのではないかと思います。

　整理しますと、市民後見人の養成研修を修了すれば、そのまま後見活動ができるのではないということです。市民後見人の活動が機能するためのポイントは、市民後見人を継続して支えていく支援体制をつくることにあります。具体的には、中核機関としての後見センター、権利擁護センター、行政から委託を受けた団体、

組織等が市民後見人をサポートする役割を担うものとして位置づけられます。こうした体制がなければ、市民が、丸腰に等しいまま後見活動の現場に送り出されることになってしまい、市民後見人としての取組みは長続きしません。支援体制は、市民後見人の養成・支援において絶対的に必要な条件であると考えるべきです。市民後見事業は、市民後見人の「養成事業」にとどまるものではなく、市民後見人の「活動支援事業」として展開すべきものなのです。

4 「市民後見憲章」策定のすすめ

(1) 主　旨

　平成26年5月、公益社団法人成年後見センター・リーガルサポート（以下、「当法人」という）は市民後見人および市民後見人育成事業のあるべき姿を「市民後見憲章（案）」として策定しました。

　老人福祉法、知的障害者福祉法、障害者総合支援法等の改正、成年後見制度の利用の促進に関する法律の施行の後押しを受け、市民後見人育成事業は各地で本格化しています。当法人では、各自治体等においても、当法人が提案するこの「市民後見憲章（案）」を参考にしていただき、関係各機関と連携、議論し、「市民後見憲章」を策定していただければと考えております。

　この市民後見憲章の策定によって、社会貢献としての市民後見が各地域で定着し、市民後見人が誇りをもって活躍できる社会が実現することを願っています。

「市民後見憲章（案）」

　市民後見は、良識ある市民が自らの意思により、誇りと共助の精神をもって、自らの暮らす地域の高齢者・障害者の権利の擁護を担うものです。さらにその活動は、地域社会における権利の擁護を目指し、地域に支え合いの力を取り戻します。

1. 市民後見人は、良識ある生活者としての経験を生かし、本人の思いに寄り添い心の通い合う後見活動を行います。
2. 市民後見人は、その職務と責任を理解し、自己研鑽を重ね、本人の権利の擁護と本人の支援に努めます。
3. 市民後見人は、行政・司法・福祉・医療などの関係者と連携を図りながら、本人の生活の質を高める後見活動を行います。
4. 行政は、責任をもって市民後見人を支援する組織をつくり、市民後見人を養成し、その活動を支援します。
5. 支援組織は、安定的に確保された財源により、常設の機関として維持運営されます。
6. すべての人々は、市民後見人に対して敬意を表明します。
7. 成年後見制度に関わるすべての人々は、市民後見人に協力を惜しみません。
8. 市民後見活動は、支援を受ける本人の幸福を希求します。そして、共に助け合う地域社会全体の幸福を希求します。

---

(2)　市民後見憲章（案）の説明

市民後見憲章について下記のとおり説明します。

> 　市民後見は、良識ある市民が自らの意思により、誇りと共助の精神をもって、自らの暮らす地域の高齢者・障害者の権利の擁護を担うものです。さらにその活動は、地域社会における権利の擁護を目指し、地域に支え合いの力を取り戻します。

市民後見人の神髄とも言うべき「誇りと共助の精神」が高らかに宣言されています。そして、市民後見人は本人への支援を通して地域共生社会の実現に寄与することが述べられています。ここに、市民後見人という親族後見人や専門職後見人には見られない独自の後見人像を描いています。

> 　1．市民後見人は、良識ある生活者としての経験を生かし、本人の思いに寄り添い心の通い合う後見活動を行います。

後見人には、その属性にかからず本人の思いに寄り添い心の通う後見活動が求められていますが、市民後見人には特に「良識ある生活者としての経験」を活かすことを強調しています。同じ地域で暮らす生活者としての長い人生で培ってきた人生観や価値観をもって本人に接すれば、それが本人に伝わり、心の通い合う支援が可能となります。

> 　2．市民後見人は、その職務と責任を理解し、自己研鑽を重ね、本人の権利の擁護と本人の支援に努めます。

市民後見人と言えど、継続した研修会に参加し、知識をアップトゥデイトなものにしたり、情報収集などの主体的努力が必要です。たとえば、医師が判断能力の診断を行う際の補助資料として活用される「本人情報シート」の知識です。本人を支える福祉関係者によって作成されますので、理解しておく必要があります。

また、民法改正により相続法が大きく変わりましたので、市民後見人としても新聞などにも目をとおし、最低限の知識は得ておいたほうがよいでしょう。

> 　3．市民後見人は、行政・司法・福祉・医療などの関係者と連携を図りながら、本人の生活の質を高める後見活動を行います。

後見人実務は、法律・福祉・医療等が交錯する新しい分野ですので、医療同意や死後事務等判断に迷うことや解決が難しい局面に立つことも予想されます。そのため、市民後見人の活動を継続的にサポートするしくみとして市町村等の中核

機関（相談センター）や専門職後見人、家庭裁判所などが不可欠です。市民後見人は、１人で抱え込まない、孤立しない、独善的にならず、相談したり、第三者の意見を聞くなど謙虚な姿勢が求められています。

　これを実行することにより、本人の思いに寄り添うよき後見活動が可能となります。市民後見人はネットワークの一員として関係者（団体）と積極的な交流が求められています。

> 　４．行政は、責任をもって市民後見人を支援する組織をつくり、市民後見人を養成し、その活動を支援します。

　市民後見人の活動が機能するためのポイントは、市民後見人を継続して支えていく支援体制をつくることにあります。具体的には、中核機関としての後見センター、権利擁護センター、行政から委託を受けた団体、組織等が市民後見人をサポートする役割を担うものとして位置づけられます。こうした体制がなければ、市民が、丸腰に等しいまま後見活動の現場に送り出されることになってしまい、市民後見人としての取り組みは長続きしません。支援体制は、市民後見人の養成・支援において絶対的に必要な条件であると考えるべきです。市民後見事業は、市民後見人の「養成事業」にとどまるものではなく、市民後見人の「活動支援事業」として展開すべきものなのです。

> 　５．支援組織は、安定的に確保された財源により、常設の機関として維持運営されます。

　支援組織は安定した財源や常設の機関でなければ到底市民後見人の活動をバックアップすることはできません。

　中核機関が活用できる財源としては、国の平成30年度からの地方交付税措置や成年後見制度の利用促進のための予算等があり、更なる助成が必要となります。また、市民後見人の養成等権利擁護人材育成事業としての財源が用意されています。

> 　６．すべての人々は、市民後見人に対して敬意を表明します。

　市民後見人は、数あるボランティア活動の中から「研修や監督」というハードルを乗り越えて貢献活動に手を揚げられた方で権利擁護という重い役割を担います。しかし、家庭裁判所という「司法」に直接与するにかからず、国が関与する権利擁護委員、保護司、民生委員等と比較すると地位、役割、評価が不十分であ

る点は否めません。

　一方、利用促進法の位置づけなどを見ると、「地域共生社会の実現の担い手」という大きな役割を背負っています。「いつか我が身の認知症」という言葉がありますが、地域になくてはならない存在です。

　今後地域から1人でも多くの市民後見人が誕生することを願い、市民後見人をリスペクトすることが大切です。

　7．成年後見制度に関わるすべての人々は、市民後見人に協力を惜しみません。

　利用促進法は、「社会全体で支え合うこと」そして「共生社会の実現」を掲げ、それを受けて同法7条（国民の努力）として「国民は、成年後見制度の重要性に関する関心と理解を深めるとともに、基本理念にのっとり、国又は地方公共団体が実施する成年後見制度の利用の促進に関する施策に協力するよう努めるものとする」としています。これは、成年後見制度のみでまかなえない医療や介護、地域の見守りと生活支援、教育や子育てなど地域でかかわっているより多くの人々が参加しなければ実現が難しいことを意味しています。

　8．市民後見活動は、支援を受ける本人の幸福を希求します。そして、共に助け合う地域社会全体の幸福を希求します。

　市民後見人の活動は、親族後見人や専門職後見人と異質の大きな役割があります。それは、直接の権利擁護活動にとどまらず、本人の幸福の希求や社会全体の幸福という遠大な理想を描くものです。それだけ尊く意義と価値のあるものです。これを実現するためには、関係機関との協働（コラボレーション）、市民後見人に対する惜しみのない協力・理解そして敬意の表明が重要です。

（第2章Ⅲ　梶田　美穂・大貫　正男）

Ⅳ　市民後見人と法人後見

　平成28年に成年後見制度利用促進法が施行されたことにより、最近、市民後見人のみならず法人後見という言葉も各自治体や社会福祉協議会等から頻繁に聞こえてくるようになりました。というのも、成年後見制度利用促進基本計画では、地域連携ネットワーク・中核機関の成年後見制度利用促進機能として、担い手の育成（市民後見人養成事業への取組みや法人後見の構築）を掲げており、このことが影響しているかと思われます。この利用促進に不可欠な担い手は、具体的には、市民後見人や法人後見が想定されており、各自治体のネットワーク会議でも、「市民後見人の早期養成を進めたい」や「まずは手始めに法人後見に着手したい」等の意見が出ています。

　このように、担い手養成の必要性を強く感じている自治体や市区町村社会福祉協議会では、すでに予算化され動き始めている自治体等もあり、担い手育成への取組みは今後一層高まるものと予想されます。自治体等の関係者の方々は、予算を投じて担い手の育成に取り組まれるわけですから、「絶対成功させるぞ」という強い意気込みで臨まれることでしょう。

　さて、市民後見人や法人後見、専門職後見人等のような親族以外の後見人を第三者後見人とよびます。第三者後見人には、それぞれにメリット・デメリットがあるため、後見関係者らは、被後見人の環境・状況・支援内容等を鑑みて、どの第三者後見人を候補者として選択するかを慎重に検討することになります。この第三者後見人の中でも、市民後見人と法人後見は、実務上・運営上において、非常に高い関連性があります。

　そこで、ここでは市民後見人と法人後見の2つに絞り、それらの概要や関連性、活動形態について述べたいと思います。なお、ここで紹介する内容は、各地域によって若干の違いがありますので、必要に応じてお住まいの自治体や社会福祉協議会、リーガルサポート等の専門職団体にご確認ください。

1　市民後見人

(1)　市民後見人の現状

　市民後見人とは、一般市民の方が自らの生活する地域において、第三者後見人

として活動するしくみのことです。市民後見人を活用する際には、後見関係者らが、市民後見人、法人後見、専門職後見人等がそれぞれ異なる特徴を有していることを認識したうえで、「今回の案件は市民後見人が適切である」と候補者を推していくことが必要となってきます。

それでは、その市民後見人は全国でどの程度選任されているのでしょうか。最高裁判所事務総局家庭局（平成31年１月〜令和元年12月）による成年後見関係事件の概況によると、平成31年の１年間に全国で296件選任されています。前年は320件でしたが、全国的にみても市民後見人の選任は、おおむね年々増加傾向にあります。このことから、各自治体や社会福祉協議会等における市民後見人の養成は、急務だといえるでしょう。

ただ、東京都や大阪市等の都市圏では、比較的早い時期から市民後見人の養成事業が実施されており、すでに大勢の市民後見人が誕生しています。都市圏以外では、なかなか事業が進まずいまだ市民後見人が誕生していない地域も数多くあります。事業が進まない理由としては、予算や職員の確保、実施団体（以下、成年後見制度利用促進法の用語である「成年後見等実施機関」といいます。成年後見制度利用促進基本計画の「中核機関」が養成にあたる場合もあります）の選定、養成研修のカリキュラムづくり、受講希望者がいない等、数多くの課題が考えられます。また、以前と比べれば少しは改善されてきたものの、市民後見人の認知度の低さも大きな要因の１つだと考えられます。

⑵　市民後見人の誕生過程

市民後見人になるには、いくつかの過程を経る必要があり、希望したからといって、すぐになれるというものではありません。一つひとつの段階を踏んで、いくつかの過程をクリアしてから、ようやく市民後見人になれます。それでは、その市民後見人の誕生過程を説明していきましょう。

⑷　市民後見人養成研修（法人後見支援員養成研修）の受講

まずは、成年後見等実施機関等が開催する「市民後見人養成研修」（「法人後見支援員養成研修」という名称の場合もあります）を受講しなければなりません。研修は、お住まいの自治体や社会福祉協議会で開催していると思います。もし、お住まいの地域で実施していない場合は、県下全域を対象として県単位で研修を実施しているところもあるので、県や県社会福祉協議会に確認してみるとよいでしょう。また、今後は、後見制度利用促進基本計画により、市町村・都道府県と地域連携ネットワークとが連携して、養成研修が取り組まれることも予想されます。

市民後見人養成研修は、延べ10日間以上かけて実施されます。厚生労働省が提

示している、市民後見人養成基本カリキュラムでは計50時間、リーガルサポートが提案しているカリキュラム案でも52時間の研修が必要とされています。後見人になるためには、幅広い知識が必要となりますし、1人で担う責任や重圧も大きくなりますので、後見制度の知識だけでなく、権利擁護や後見人の倫理、保険制度、その他関連する法律等、さまざまなことを学ばなければなりません。つまり、内容豊富な養成研修課程を修了することで、後見人としての資質の確保や、後見人として活動できるという担保が得られるのです。

　しかし、市民後見人になる意欲はあるのだが、この長時間の研修がネックとなり、「受講するのは、時間的に厳しい」と諦める方がいるのも事実です。ただし、後見人は、専門職でも市民後見人でも、職務・責務内容はまったく同じです。他人の貴重な財産を預かって管理し、また、被後見人本人の権利をまもっていく必要があるので、市民後見人をめざしている方の学習内容が多岐にわたるのは、仕方のないことなのです。

　今後は、成年後見等実施機関が、研修のシステムや組み方等を工夫していくことで、受講生の負担を減らし、意欲をもっている方が少しでも受講しやすくなるような養成研修の改善が望まれます。

(B)　名簿登載

　研修を修了した受講生は、成年後見等実施機関において設置する市民後見人候補者名簿（人材バンク）に登録されます。その後、必要に応じてその名簿の中から適任者が選定され、市民後見人として活躍することになります。もっとも、名簿登載されたからといってすぐに市民後見人になれるわけではありません。後見人の選任権限は家庭裁判所にあり、選任されるためには、事前に成年後見等実施機関が家庭裁判所と十分な協議を行っておくことが必要不可欠となってきます。

(C)　フォローアップ研修の開催

　市民後見人は、後見人に就任したからといってそれで終わりではありません。成年後見等実施機関が定期的に実施するフォローアップ研修を受講する必要があります。この研修により、改正法の把握や後見制度のブラッシュアップ等、就任後も自己研鑽に努めなければなりません。また、名簿登載はされているが、まだ市民後見人として就任していない名簿登載候補者も、モチベーション維持という観点から、フォローアップ研修を積極的に受講することが求められます。

(3)　成年後見等実施機関の役割

　養成研修の実施、研修修了者の候補者名簿への登録、候補者の選定、市民後見人への活動支援等が必須となってきます。これらを実施するのが、成年後見等実

施機関です。

　特に、担い手の育成においては、市民後見人が孤立しない支援体制の強化が求められており、成年後見等実施機関に市民後見人の活動支援のしくみが構築されていることが大前提となります。逆にいえば、家庭裁判所から市民後見人として選任してもらうためには、後ろ盾として、市民後見人の活動を支援してくれる組織があるということが重要になってきます。

　なお、成年後見等実施機関の主体は、あくまでも各自治体であり、成年後見等実施機関の設置は自治体単独で行いますが、規模の小さな自治体では単独設置が困難なため、複数の自治体が共同して事業を運営する形（広域連合）で取り組む場合もあります。また、自治体が地元の社会福祉協議会等に委託して、そこを成年後見等実施機関として位置づけることも多いので、その形態は各自治体や地域によって異なります。

2　法人後見

⑴　法人後見とは

　後見制度を定めている法律は民法です。民法には後見人が法人である場合の規定が存在します（民法843条3項）。また、後見登記法では、「後見登記等ファイルに後見人の氏名及び住所（法人にあっては、名称又は商号及び主たる事務所又は本店）を記録する」とありますので、法人が後見人となることが想定されています。つまり、法人も後見人に就任できます。

　ちなみに、法人とは、社会福祉法人、公益法人、一般社団法人、特定非営利活動団体（NPO法人）、株式会社などをいいます。ただ、自然人の場合と違い、法人後見では、法人の手足となって動く人が必要となるため、実際には法人の職員が後見事務にあたることになります。以降、法人後見における法人は、社会福祉協議会を想定して説明していきます。

⑵　法人後見のメリット

　法人後見のメリットとしては、以下のようなことがあげられます。

(A)　長期間にわたる後見が可能

　自然人の後見では、後見人の海外への転居や、病気・事故等や突然の死亡により、後見事務の遂行が困難になることもあり得るので、長期の後見事務が予想される場合は、ある程度リスクが高まることになります。また、万が一、後見人が辞任・死亡となると、新たな後見人が選任されることになりますが、前任の後見

人がそれまで構築してきた信頼関係まで、なかなかスムーズに引き継がれるものではありません。

　しかし、法人後見では、担当者の異動や何らかの理由で、後見事務を行えなくなったとしても、法人自体は、自然人のような病気・死亡等の不測の事態が考えられないので、後見人の交代ということはあり得ません。そのような場合も、担当職員を変更するだけで、後見事務をこれまでどおり継続して行うことができます。そのため、法人後見は、長期に及ぶ後見の場合には、非常に適しているといえるでしょう。また、被後見人にとっても、将来にわたっての安心感が継続して得られるということになるのです。

　(B)　組織的な対応をとることが可能

　後見事務には、ときとして困難な判断を迫られることが多々あります。そのようなときでも、法人後見であれば、チームによる対応を行ったり、専門職等からの協力を得たりして、組織的に後見事務を遂行できるというメリットがあります。組織的な対応をとることで、困難なケースでも柔軟に対応することが可能になるということです。

　(C)　被後見人との相性がうまくいかない場合の対応が可能

　通常、後見制度では、単に「相性が悪い」というだけで後見人を替えることはできません。それに対し、法人後見では、担当職員の交代や複数の担当職員を配置することで、相性の問題を回避することができます。常に被後見人と安定した関係が保たれやすいということになり、おのずと担当職員の負担も軽減されます。

(3)　法人後見のデメリット

　(A)　財政面からみた事業の存続性の問題

　原則として、法人の維持費は、後見報酬をあてるということになりますが、それだけで法人を維持することはなかなか難しいでしょう。特に、社会福祉協議会が受任する法人後見事件は、被後見人の資産が少なく、後見報酬を期待できない案件も多くあります。それゆえ、採算ベースに乗っていない社会福祉協議会も少なくないと聞きます。また、たとえ後見報酬が期待できる場合であっても、後見報酬は1年後の後払いとなっており、当面の事業を実施するための担当職員の人件費等をどのようにして賄っていくのかが大きな課題となってきます。

　このように、財政面からみた事業の存続性がネックとなりかねませんので、助成金・委託料の可否・額等に関し、自治体と事前の丁寧な協議が必要です。

　(B)　担当職員のスキル維持の問題

　後見に関する知識やスキルをもった担当職員が、異動によりいなくなってしま

うと、法人自体で一定のスキルを維持することが困難になってくることがあります。担当職員のスキル維持という観点からも、法人としては何らかの対応策が必要でしょう。可能であれば、担当職員の負担軽減も考え、常に複数担当職員で事業を行うことが望ましいでしょう。

(C)　被後見人との信頼関係の構築問題

担当職員の異動の頻度によっては、被後見人との信頼関係の構築が図りづらくなることも考えられます。その点からも、前述のような複数担当職員での対応が、常日頃から望まれるところです。

(D)　利益相反の問題

法人と被後見人との間に利害関係がある場合は、利益相反となるため、法人後見としての受任は回避する必要があります。たとえば、サービス提供者が後見人になるといった場合です。サービス提供者が利用者の法人後見に就任してしまうと、お互いの利益が相反してしまう関係に立ってしまいます。つまり、法人後見が自らの利益を重視して被後見人の利益を奪ってしまったり、被後見人のために行動することができなくなくなってしまう等のおそれが生じるからです。なお、利益相反は、行為の外形から客観的に判断すべきであるため、現実に被後見人の利益を害すような意図や動機がなくても避けなければなりません。

しかし、自事業所でサービス提供をしている社会福祉協議会も多いため、利益相反を回避する手段として、新たに成年後見部門のセクションをつくり、その職員がサービス提供部門との関係をもたないような配慮等をすることで、成年後見業務を他の一般業務から独立させ、サービス提供者からの影響が間接的になるような工夫をしながら、法人後見に取り組んでいるところもあります。

(4)　法人後見が社会福祉協議会で積極的に行われている理由

現在、全国各地の法人後見の多くは、社会福祉協議会が成年後見等実施機関となっています。なぜなら、社会福祉協議会には公共性と中立性があり、地域住民からの信用・信頼も厚く、組織の継続性も高いからです。また、社会福祉協議会には、地域福祉を推進してきた経験やノウハウがあり、更には、幅広い福祉関係者や地域住民とのネットワークも形成しており、これらの強みを活かすことで、頑丈な権利擁護体制が構築できると考えられるからです。このように、社会福祉協議会が法人後見を行うことが地域住民の安心感にもつながり、今後も、法人後見への積極的な取組みが全国的に広がっていくことが期待できます。

また、各地域の社会福祉協議会では、判断能力の低下している高齢者や障がいのある方の日常生活を支えるための日常生活自立支援事業（第1章Ⅸ参照）を実

施しており、地域で自立し、安心して生活が送れるような支援を日々行っています。この実績を活かし、法人後見に取り組んでいる社会福祉協議会が多いのも、その要因の１つです。

　最高裁判所事務総局家庭局による成年後見関係事件の概況（平成31年１月〜令和元年12月）によると、平成31年の１年間での社会福祉協議会の法人後見は1241件で、全成年後見人等選任件数（３万5959件）の4.4％を占めています。

(5)　法人後見の受任対象者

　法人後見の受任対象者は、各社会福祉協議会において、地域性を考慮し検討・整備されますが、一般的にその対象者としては以下の方が考えられます。

　(A)　本人が首長申立てにより後見を開始した場合

自治体との連携や関連性が構築されているかどうかで判断します。

　(B)　親族がいない、もしくはいても親族後見人となる親族がいない人

身寄りの有無や親族の協力関係等により判断します。

　(C)　生活保護受給世帯、もしくは十分な資力がない方

法人の社会的意義や後見人に対する管理責任の大きさ等により判断します。

　(D)　身上保護が主な課題である方

事案の困難性の面からみて複雑な課題（紛争性・法的問題等）が存在するかどうかで判断します。

　(E)　日常生活自立支援事業の利用者で、判断能力が低下している方

社会福祉協議会内でのスムーズな移行が可能かどうかで判断します。

　(F)　長期にわたる支援が必要な方

法人後見のメリットを活用できるかどうかで判断します。

　(G)　申立て前または申立て中に相談があった方

十分な状況把握ができているかどうかで判断します。

(6)　法人後見運営委員会とは

　法人後見の公平・公明な運営をするためには、法人後見運営委員会（地域により名称は異なります）を設置し、後見制度利用の必要性の確認、具体的な受任の可否、定期的な運営に関する確認等を行う必要があります。構成委員としては、第三者の意見も取り入れる必要があるため、行政機関のみならず司法書士、弁護士、社会福祉士、福祉行政関係者、施設関係者、学識経験者等も入ることが望ましいでしょう。

(7)　法人後見担当者とは

　法人後見においては、理論上その後見事務を行うのは法人自身であり、後見人

としての権利義務の帰属主体も法人自身となります。しかし、実際に後見事務を行うのは、先述のとおり法人の職員です。法人後見を担当する職員（担当者）は、社会福祉士、精神保健福祉士、ケアマネジャー等、社会福祉に関しての専門的な有資格者であることが望ましいといえます。仮に資格がなくとも、社会福祉に関して専門的な知識を有していることが必要です。

この法人後見担当者には、ある程度の裁量権が与えられているため、一般的には法人後見担当者の判断で後見事務を遂行していくことになります。具体的には、相談対応や協議、計画策定、法律行為等の後見事務を行います。また、通常、法人後見には、法人後見支援員（後記(9)を参照してください）を配置することが多くなっており、法人後見担当者は、その法人後見支援員に対し、後見計画に基づいた支援の指示を出したり、指導監督や助言を行ったりします。

(8)　法人後見担当者の業務

(A)　成年後見制度の利用相談

電話や窓口、訪問による相談業務を行います。状況に応じて、協議等を継続して実施していくことになります。

(B)　後見計画の策定

後見計画の策定や定められた法律行為を行い、親族との調整等も行います。また、支援方針を協議しながら、チームで身上保護、財産管理を行います。

(C)　法人後見支援員への指示・指導・助言

法人後見支援員に対し、日常的な後見業務に必要な指示を伝え、法人後見支援員から報告・連絡・相談を受けます。

(D)　法人後見運営委員会の開催

法人後見運営委員会を開催し、法人後見の適正な運営を図っていきます。また、行政や家庭裁判所から後見人の推薦依頼がきた場合、法人後見運営委員会等で受任の有無を協議します。

(E)　福祉関係機関との連携・調整

本人支援のため、行政や地域包括支援センター、福祉機関との連携・調整を図ります。

(9)　法人後見支援員

法人後見を円滑に進めるにあたり、必要不可欠な存在となるのが「法人後見支援員」です。法人後見支援員は、法人後見担当者の指示を受け、被後見人の定期的・臨時的な訪問による見守り（生活状況の観察）、日常的な法律行為の援助、金銭管理の支援等、被後見人を直接支援することになります。当初から法人後見支

援員が在籍している社会福祉協議会もありますが、法人後見受任件数が少ない社会福祉協議会では、法人後見担当者のみですべての後見業務を行い、受任件数が増えてきてから法人後見支援員を採用し、後見業務の分担を検討することもあります。法人後見支援員の雇用形態は、社会福祉協議会の非常雇用職員となることが多いかと思います。また、法人後見支援員の賃金は、業務内容が日常生活自立支援事業の生活支援員の業務に類似するものですので、それを勘案して設定している社会福祉協議会が多くなっています。

⒜　法人後見支援員の誕生過程

⒜　法人後見支援員養成研修（市民後見人養成研修）の受講

法人後見支援員になるためには、各地域の社会福祉協議会が開催する法人後見支援員養成研修を受講する必要があります。研修の受講生を募集する際、応募要件を設定されることがありますが、これは年齢・地域性を考慮するもので、特別な資格を必要とするものではありません。

⒝　名簿登載

研修を修了した受講生は、社会福祉協議会において設置する法人後見支援員候補者名簿（人材バンク）に登録され、必要に応じてその名簿の中から適任者が選定され、法人後見支援員として雇用されることになります。

ここでお気づきかもしれませんが、法人後見支援員の誕生過程は、前述の市民後見人の誕生過程とほぼ同じものです。ただ、市民後見人が後見人となるのに対し、法人後見支援員は、後見人ではなく、法人後見を裏方として支援する人という点で大きな違いがあります。

⒝　法人後見支援員の業務

以下、法人後見支援員の主な業務を紹介します。

⒜　被後見人に対する定期的・臨時的な訪問による見守り

定期的に被後見人の居所を訪問し、被後見人の健康状態・生活状況の確認、福祉サービスの提供状況、被後見人がかかえる生活上の課題、悪質商法等による財産侵害の有無、身上保護を中心とした業務を行ううえで配慮すべき事項がないか等を確認します。支援の範囲は、社会福祉協議会によって異なりますが、見守りは必ず実施することになるでしょう。

⒝　日常的な法律行為の援助

被後見人の状況を確認し、日常的な法律行為がある場合、法人後見担当者と相談し、その指示を受けて、適切な支援を行います。

⒞　日常的な金銭管理

訪問の際、必要に応じて被後見人の生活費等を届けます。また、施設や病院、福祉サービスがある場合は、その費用を支払います。当然、その利用料やサービス等が適切であるかどうか確認する必要もあります。

(d)　業務の記録、法人後見担当者への報告、相談

被後見人の定期的・臨時的な訪問を行った場合、業務の実施状況を記録するとともに、被後見人の様子や支援内容について法人後見担当者に報告し、今後の後見業務について相談します。

3　まずは法人後見支援員や日常生活自立支援事業の生活支援員として活動する

市民後見人や法人後見支援員の誕生過程を比較してみると、双方とも研修名称が異るだけで、ほぼ同じ内容の研修を受講し、修了後は候補者名簿に登載され選定を待つことになるという点で、非常に似かよっています。極論をいうと、登載名簿が市民後見人候補者なのか法人後見支援員候補者なのかの違いだけです。つまり、市民後見人と法人後見支援員は、後見業務の範囲・内容は異なりますが、どちらも同じ後見業務に携わる被後見人の支援者です。そのため、市民後見人として就任してもらう前に、後見業務の準備段階として、まずは法人後見の支援員や日常生活自立支援事業の生活支援員として活動してもらうことが非常に多くなっています。法人後見支援員等を体験してもらうことで、将来の市民後見人としての活動内容や役割を肌で感じてもらうことができるわけです。あわせて、現場での経験を積み重ねることで、後見支援業務に自信をもつこともできます。

また、いきなり市民後見人になることに対しては、社会福祉協議会のみならず、市民後見人候補者も不安がる傾向があるため、このような段階的な運用方法をとる社会福祉協議会が多くなっています。

法人後見支援員がある程度経験を積むと、社会福祉協議会の判断により、担当法人後見支援員を市民後見人に選任してもらい、それと同時に社会福祉協議会が法人後見を辞任するという流れもあります（辞任と同時に社会福祉協議会が後見監督人等に選任されることもあります）。そのため、市民後見人を誕生させるためには、まずは法人後見の構築に取り組むという自治体・社会福祉協議会も増えているようです。

これらのことから、市民後見人と法人後見支援員との関連性は、非常に深いということがおわかりいただけるでしょう。もっとも、法人後見支援員から市民後見人へ移行するということに対し、責任感や重圧感、不安感から、市民後見人へ

の移行を敬遠する法人後見支援員がいることも事実です。

4　市民後見人の誕生パターン（図表1-23）

　市民後見人の誕生パターンとしては、以下の2つがあります。なお、④、⑤において、社会福祉協議会の成年後見担当部署が、成年後見支援センター（地域によって呼び方は変わります）という名称であると仮定して説明していきます。

 図表1−23　市民後見人の誕生パターン

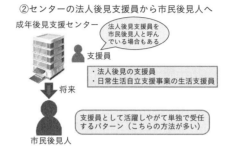

① 　当初から市民後見人として選任されるパターン

② 　まずは法人後見の法人後見支援員として活動し、経験を経た後、市民後見人として独り立ちするパターン

　①は当初から市民後見として活動していくのに対し、②はまずは法人後見支援員や日常生活自立支援事業生活支援員として活動・経験を積んだ後、市民後見人として独り立ちするものとなっています（☞③）。全国的には②のほうが多く見受けられます。

5　市民後見人の選任形態

　市民後見人が就任し後見人として活動するためには、何らかの市民後見人への活動支援は不可欠といえるでしょう。たとえば、活動支援の1つとして、市民後見人の選任形態の多様化があります。市民後見人の選任形態にはいくつかの種類がありますが、リーガルサポートでは次の6つに分類しています。

① 　市民後見人単独【単独就任型】

② 　市民後見人＋法人後見監督人（もしくは専門職後見監督人）【監督人選任型】

③ 　市民後見人＋専門職後見人【複数後見型1】

④ 　市民後見人＋法人後見人【複数後見型2】

⑤ 　市民後見人＋市民後見人【複数後見型3】

⑥　法人後見の支援員【法人後見支援員型】

※市民後見人と定義しないこともあります。

　どの選任形態を選択するかは、成年後見支援センターが管轄家庭裁判所との協議等で決めていくことになります。それぞれの選任形態をみていきましょう。

(1)　市民後見人単独【単独就任型】（図表1 -24）

図表1 − 24　①市民後見人単独【単独就任型】

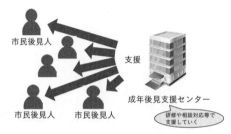

■単独で就任し、必要に応じてセンターの支援を受け後見事務を行っていく

　市民後見人が単独で就任する形態です。市民後見人単独での後見活動となります。この形態では、相談・サポート対応窓口としての成年後見支援センターの存在が不可欠です。というのも、もし市民後見人がさまざまな問題・課題に直面した場合にも、成年後見支援センターに気軽に相談ができる体制があれば、安心して後見活動を行うことができるからです。

(2)　市民後見人＋法人後見監督人（もしくは専門職後見監督人）【監督人選任型】（図表1 -25）

図表1 − 25　②市民後見人＋法人後見監督人 (もしくは専門職後見監督人)【監督人選任型】

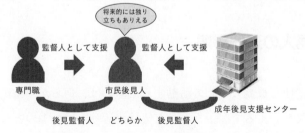

■センターまたは専門職が後見監督人として市民後見人を支援・監督する

　市民後見人に後見監督人が選任される形態です。後見監督人は、法人後見支援員から市民後見人に移行した場合には、法人後見を行っていた成年後見支援センターが就任することが多いようです。また、専門職が後見監督人に就任することもありますが、どちらにせよ、経験が浅い市民後見人に対しては就任当初から支援・監督を行っていくことになります。その先、市民後見人の知識・経験が十分に備わってくれば、後見監督人は辞任し、市民後見人が独り立ちするということもあり得るでしょう。

(3)　市民後見人＋専門職後見人【複数後見型1】（図表1-26）

<figure>
図表1－26　③市民後見人と専門職後見人の複数後見【複数後見型1】

■専門職後見人が市民後見人を支援しながら共同して取り組む

将来的には独り立ちもありえる

専門職後見人　市民後見人

支援

成年後見支援センター

専門職後見人が市民後見人を支援していく
</figure>

　市民後見人と専門職後見人の複数の後見人が選任される形態です。専門職後見人は、市民後見人をさまざまな面で支援していきますが、この形態も、(2)同様、専門職後見人は辞任し、市民後見人が独り立ちするということもあり得るでしょう。

(4)　市民後見人＋法人後見【複数後見型2】（図表1-27）

<figure>
図表1－27　④市民後見人＋法人後見人【複数後見型2】

■法人後見人が市民後見人を支援しながら共同して取り組む

将来的には独り立ちもありえる

法人後見人　市民後見人

後見人として支援

成年後見支援センター

法人後見人が市民後見人を支援していく
</figure>

　市民後見人と法人後見の複数の後見人が選任される形態です。法人後見は、法人後見から市民後見人に移行する場合は、これもやはり法人後見を行っていた成年後見支援センターが就任することが多いようです。この形態も、法人後見が市民後見人を支援するという形ですが、(2)(3)同様、市民後見人が独り立ちするということもあり得るでしょう。

(5)　市民後見人＋市民後見人【複数後見型3】（図表1-28）

<figure>
図表1－28　⑤市民後見人＋市民後見人【複数後見型3】

■成年後見支援センターの支援を受けながら市民後見人が共同して取り組む

市民後見人　市民後見人

支援

成年後見支援センター
</figure>

　数としては少ないのですが、2名の市民後見人が選任される形態です。市民後

見人の間で職務を分担することもありますし、あえて職務を分担せず、市民後見人同士の話合いで臨機応変に対応することもあります。

(6) 法人後見の支援員【法人後見支援員型】（図表1-29）

図表1－29　⑥法人後見の支援員【法人後見支援員型】

■法人後見の支援員として活動する

この形態を市民後見人と定義しない場合もありますが、市民後見人として定義して活動している地域もあります。法人後見支援員がどの範囲までの後見事務を行うかは、各成年後見支援センターで異なってきます。

6 成年後見制度利用促進基本計画を踏まえた裁判所における市民後見人・法人後見人の選任イメージ

成年後見制度利用促進基本計画では、市民後見人や法人後見人を候補者として選任する場合に際しての「選任イメージ」を提案しています。これは、家庭裁判所に対して後見開始の審判の申立てがされた事案について、中核機関等による支援が十分に機能するまでの過渡期における家庭裁判所での後見人等選任の検討過程をイメージとして図示したものです。

これによると、中核機関等による支援の有無や、本人のニーズ・課題への対応できるかどうかで、市民後見人や法人後見としての選任の可否や、場合によっては専門職後見監督人の併用、または専門職後見人との複数後見を採用するようになっています。専門職監督人等が選任されることで、今までは市民後見人や法人後見として受任できなかったような事案も、今後は受任できるようになり、受任事案の幅が広がることが予想されます。なお、選任形態は定期的に見直しすることとなっているため、将来的には、専門職の関与が外れ、市民後見人や法人後見の単独受任ということもあり得るでしょう。

7 市民後見人と法人後見の課題

以上のように、成年後見制度利用促進法の施行により、担い手の育成としての

市民後見人や法人後見が全国で誕生していますが、それに伴ってさまざまな課題もみえてきました。以下、そのような課題について説明します。

(1)　人材育成・人材確保

　市民後見人等が育成されていない自治体等があったり、自治体等においてどのような育成をすればよいかわからないといった意見や、裁判所においてどのような育成がされているか把握できていないといった意見があります。課題解消に向けて、自治体等と裁判所の連携がより一層必要になってくるでしょう。また、最近では、市民後見人養成研修や、法人後見支援員養成研修の受講生が年々減少してきたり、受講希望者がいなかったりする地域も見受けられます。今後は市民後見人や法人後見支援員を安定して供給してくための人材確保という点が、大きな課題となるでしょう。そのためにも、後見関係者らは、市民に対し、広く後見人の意義や役割についての理解を求め、成年後見制度の発展に努めなくてはなりません。

(2)　モチベーションの維持

　市民後見人候補者名簿や法人後見支援員候補者名簿に登載となっても、いつ選定されるかはわかりません。その間に、候補者のモチベーション維持が困難になってくることもあります。それを防ぐためにも、社会福祉協議会等は、候補者も対象としたフォローアップ研修を定期的に開催していく必要があります。

　また、育成されていても十分に活用されているとはいいがたい状況もありますので、活用をより進めるため、選任イメージや支援態勢の整備について自治体等と協議を行う必要もあります。

(3)　財政面

　社会福祉協議会等が、市民後見人や法人後見事業を実施していくうえで、維持費をどう工面するかという課題があります。後見報酬が見込めない事件も多いですし、受任事件数にもかかわらず、一定の人件費は定期的に発生していきます。そのため、社会福祉協議会等にとって、自治体からの安定・継続した助成金・委託料は、必要不可欠といえるでしょう。

　また、市民後見人や法人後見支援員を養成するためのコストは、地域によっても異なりますが1人あたり数十万円から百万円ともいわれています。市民後見人養成事業や法人後見事業に踏み切る前に、社会福祉協議会等は、その点も含めて慎重に検討していく必要があるでしょう。

(4)　市民後見人と法人後見の後見報酬

　現在、市民後見人の報酬は、無償または低廉との考えが一般的ですが、市民後

見人といえども、後見事務は他の第三者後見人と何ら変わりはないため、ある程度の報酬は必要なのではないかという考え方も出てきています。各地の社会福祉協議会では、無報酬よりも報酬付与申立てを認めているほうが圧倒的に多いです。今後、市民後見人に対する報酬の考え方の整理も必要になってくるでしょう。

　また、資産のない方の後見制度の活用は、確実に後見報酬が見込めないという理由から、手続がスムーズにいかないこともあります。もちろん、そのような場合にも、第三者後見人がボランティアで就任していることもあります。しかし、安定・継続して後見人を供給していくためには、いつまでもボランティア精神に頼っていくことには、限界があると思われます。さらに、ボランティア精神に頼った制度設計はあやういのではとの意見もあります。

　市民後見人や法人後見において、後見業務に見合った報酬が得られるようにするためには、全国規模での成年後見制度利用支援事業の報酬助成の拡大（首長申立てに限定せず親族申立てにも適用する等）を積極的に進めていくべきでしょう。今後、全国各地で利用支援事業の拡大推進が図られることを強く望んでやみません。

（第2章Ⅳ　隈本　武）

市民後見人の可能性

1　市民後見人とは誰か？

(1)　民法の立場——市民後見人を考える前に

　成年後見制度（法定後見制度）は民法で規定されたしくみです。ところが、民法の中には、市民後見や市民後見人という言葉は全く出てきません。親族後見人、専門職後見人も同様です。こうした区分は、あくまでも実務上、あるいは、学問上のものにすぎないのです。私たちは、まず初めに、この事実をきちんと確認しておく必要があります。なぜなら、この事実は、市民後見人の問題を考えるうえで欠かすことのできない重要な2つの視点につながるからです。

　1つは、そもそも民法は、後見人になるための特別な資格を何も要求していないということです。つまり、特別な欠格事由（民法847条等）に当たらない限りは、本来、誰でも後見人になれるはずなのです。

　もう1つは、それにもかかわらず、市民後見人として活躍するためには、あらかじめ一定の研修を受けて、後見人にふさわしい適性を身につけなければならない、と一般に考えられているということです。実は、これは、民法が市民後見人や、親族後見人、専門職後見人といった区別をしていないからなのです。民法の立場では、後見人の職務やその法的な責任の範囲は、誰が後見人になったとしても、基本的には変わりません。市民後見人だから当然に責任が軽くなるとか、専門職後見人だから職務範囲が広くなるといったことはないのです。だからこそ、市民後見人という重要な役目を引き受けてもらう前に、十分な研修を通じて、その仕事の内容と責任の重みをきちんと知っておいてほしいと考えられているわけです。さらに重要なのは、実際に市民後見人に就任した人たちに対して、その活動をバックアップするための組織的な地域の支援体制を事前に整備しておくことです。こうした前提条件が完全に整って初めて、ごく普通の市民に対して、専門職後見人と基本的には同等の重い職責を担ってもらうことができるのです。

　市民後見人の定義や役割を抽象的な形で議論するよりも先に、まず私たちは、市民後見の運用の前提となる民法のこうした立場を確認しておくことが大切です。

(2)　発展途上の市民後見

　市民後見人を定義していく前に、私たちにはもう1つ確認しておくべきことが

あります。それは、市民後見とは、大阪市や、東京都の世田谷区・品川区といった先進的な自治体の試行錯誤の努力によって、まさに実務の中から作り上げられてきたしくみだということです（各地の先進的な実践例の紹介については、池田惠利子＝小渕由紀夫＝上山泰＝齋藤修一編『市民後見入門』42頁〜124頁に詳しく紹介されています）。このため、各地の実践例は、地域の実情に応じて、実に多様な内容となっています。つまり、市民後見や市民後見人とは、いまだ発展途上にある生成中の概念だといえます。逆にいえば、市民後見人に関する明確な定義が確立されているわけではないのです。市民後見とは、日本各地の実践の積み重ねによって作り上げられつつある、壮大な、しかし未完のプロジェクトだといえるでしょう。しかも、このプロジェクトは、平成23年度にスタートした市民後見推進事業、これを受けて平成27年度に開始された地域医療介護総合確保基金に基づく権利擁護人材育成事業等の後押しも受けて、新たな参入者をますます増やしながら進展しています。市民後見の多様性もさらに広がっていくかもしれません。

　こうした状況の中で、市民後見人の定義を一義的に定めることは困難です。さらにいえば、現実の実践の多様性を無視して、市民後見人を「お仕着せ」の1つの型に無理やりはめこんでしまうのは、むしろ弊害を生むおそれがあります。いうまでもなく、市民後見の運用は、長く持続可能なしくみでなければなりません。そのためには、地域の実情にきちんと根ざした無理のないしくみを、地元の人的・物的な資源をやりくりしながら、地道に作り上げていくことが必要です。だからこそ、市民後見の実践の多様性が、高齢化率や専門職の人数といった地域の実情の多様性の反映である場合には、こうした多様性を単純に切り捨てるわけにはいかないのです。

　しかし、もし法定後見制度を、判断能力が不十分な人が地域生活を安心・安全に送るためのセーフティー・ネットとしてとらえるならば、その運用について、地域による格差があまり大きくなりすぎても困ります（法定後見制度が判断能力不十分者の地域生活を支える社会福祉の基礎インフラでもあることについては、上山泰『専門職後見人と身上監護〔第3版〕』12頁〜30頁を参照してください）。つまり現状では、一方で各地の実践例における、よい意味での多様性を保障しつつ、他方で、市民後見の運用に関する最低限の基準（ナショナル・ミニマム）を確立しておくことが、同時に求められているわけです。このためには、少なくとも当座のところは、市民後見人に関する一義的な定義を拙速に示してしまうよりも、むしろ、各地の優れた実践例（グッド・プラクティス）に共通する要素を抜き出して、市民後見と市民後見人に関する中心的な要素を描き出すほうが好ましいといえる

でしょう。

(3)　市民後見人の中心的な要素

　各地の優れた実践例やこれまでの市民後見人の定義をめぐる議論を見渡してみると、市民後見を適正に運用していくために必要な要素について、実はかなりの程度まで関係者間での共通認識が確立されていることに気がつきます（詳細については、前掲『市民後見入門』14頁以下を参照してください）。

　まず、市民後見人は、①「親族を含まない、いわゆる第三者後見人の一種（専門職後見人とは異なる第三者後見人）」として位置づけられます。最高裁判所事務総局家庭局が毎年公表している「成年後見関係事件の概況」という公式資料があります。この資料の中でも、平成23年版からは配偶者等の親族や、弁護士、司法書士、社会福祉士等の専門職後見人とは別の類型として、「市民後見人」というカテゴリーが新設されています。この事実は、市民後見人が社会的に認知されたことの証であるととともに、裁判所が、市民後見人を、親族後見人とも専門職後見人とも異なる第3の類型としてとらえていることを示しています。おそらく、この理由の1つは、裁判所もまた、市民後見人には、②「後見職務に対して、ある程度高度の理解・資質・適性等が必要である」と考えているからでしょう。もちろん、そもそも他人のための財産管理や権利擁護を行う後見人には一定の適性が必要です。たとえ親族であっても、他人の財布を預かるための最低限の資質が要求されることはいうまでもありません。しかし、市民後見人の場合は、ある程度「勝手知ったる」家族による支援ではなく、それまでは全く交流のなかった人の支援に携わるわけですし（したがって、通常は本人からの指名があるわけでもありません）、特に倫理面を含めて、一般的な親族後見人の水準よりも高度の適性が求められるというべきでしょう。

　こうした事情を踏まえて、市民後見人の適性を担保するために、③「組織的な養成体制（養成研修等）」、④「組織的な支援体制（専門職による相談支援等の活動支援、継続研修等）」、⑤「組織的な監督体制」の整備が必要であると、一般に考えられています（この詳細については、のちほどあらためて触れます）。重要なのは、こうした組織的な支援体制の整備は、市町村を基本とした地域の司法（家庭裁判所）、行政（市町村）、民間（専門職後見人団体、市町村社会福祉協議会、公益的なNPO法人等）の密接なネットワークの構築を通じて確立されるべきだということです。なぜなら、市民後見は、⑥「地域社会における市民の自発的な公益活動（社会貢献活動）」であると考えられているからです。ここから、市民後見人の担い手は原則的に地域住民であることが想定されています。また、後見報酬（民法

862条）についても、公益活動という視点から、無報酬か、あるいは、ごく低額の報酬にとどめるというのが一般的な理解となっています（先進的な実践例でも、ごく低額とはいえ報酬請求を認める有償型と、報酬請求をいっさい認めない無償型とに分かれています）。ただし、後見活動にかかった交通費や通信費等の「費用」については、市民後見人を含めて、すべての後見人が本人に請求できることになっています（民法861条2項）。市民後見を公益活動として位置づける以上、少なくとも費用については、本人の資力が乏しいために、市民後見人が事実上みずから負担するといったことが起きないように、公的な財政援助のしくみを確立しておく必要があるといえます。成年後見制度利用支援事業の大幅な拡充や生活保護費における後見扶助の新設等の対策が早急に進められるべきでしょう。

　なお、市民後見の運用方法の1つとして、法人後見型のしくみがあります。これは、市町村社会福祉協議会やNPO法人等の後見支援組織（厚生労働省の用語では、〔後見〕実施機関とされています）が、形式上は法人後見人として選任を受けたうえで、これらの団体に帰属する市民が後見支援員等として、具体的な後見職務の実施を担うという方法です。この場合の後見支援員は、法律上は、厳密な意味での後見人に当たりません。しかし、市民後見の本質は、地域における判断能力不十分者のための権利擁護活動に一般市民が自発的に参画するという一点にこそ求められるべきであって、そのかかわり方についての法形式の違いといった技術的な要素には、あまりこだわるべきではないでしょう。私は、地域における市民後見の運用というプロジェクトに自発的にかかわる市民は、みな広い意味での市民後見人と呼んでよいと思います。したがって、法人後見型の後見支援員もまた、私の理解では、当然に市民後見人の一種として位置づけるべきことになります。

2　市民後見人は何をするのか？

(1)　市民後見の中心事案

　冒頭でも触れたように、そもそも民法は、後見人の法的な権限と義務の範囲について、市民後見人、親族後見人、専門職後見人といった類型での区別をしてはいません。どの類型の後見人であっても、法律で認められた権限を最大限に活用して、本人の個別具体的な意向やニーズを可能な限り実現していくということが、後見活動の基本です。とはいえ、各類型にはそれぞれの特性がありますから、こうした特性を十分に活かすためにも、事案の特質に応じた政策的な棲み分けを考

えていくことは重要でしょう（この課題をめぐる最近の議論として、岩間伸之「市民後見人の位置づけと活動特性」実践成年後見42号4頁、井上計雄「市民後見人の養成・支援における課題と考え方」同33頁、梶田美穂「市民後見人の養成・支援における課題と私見」同41頁等があります）。

　ここでは、次のような要素が特に重要です。まず、①「本人に親族がいないか、あるいは、親族とのかかわりが疎遠である事案」です。親族の中に適任者がいれば、あえて希少な資源である市民後見人を使う必要は小さいというべきでしょう（親族後見人との棲み分け）。また、親族間に対立があるような場合はもちろん、後見人に選任されなかった親族との関係調整は非常にデリケートな問題をはらんでおり、一般的には、市民後見人に委託するには負担が重いといえます（専門職後見人との棲み分け）。後者の専門職後見人との棲み分けという視点からは、より一般的に、②「紛争性のない事案」があげられます。

　また、職務内容との関連では、主に財産管理の視点から、③「管理する財産が比較的少額であり、資産の内容も現金や普通預金のような管理方法が複雑にならない事案」が好ましいといえます。管理財産が高額だったり、資産の中にたとえば複数の株式や借家人のいる賃貸不動産が含まれているような場合は、財産管理に対して高度の専門性を備えた専門職後見人（法律系の専門職後見人）に委ねるべきだからです。逆にいえば、「見守りと日常的な金銭管理を中心とした本人の日常生活支援」が、市民後見人の主たる活動領域としてイメージされているといってよいでしょう。

　また、本人側の事情に注目するならば、④「本人とのコミュニケーションに特別な困難を伴わない事案」であることが望ましいでしょう。後見人の職務の基本は、「本人が自分らしく生きる」ことを支えることです。したがって、その活動に際しては、常に本人の意思や意向を最大限に尊重していかなければなりません。そのためには、本人と適切なコミュニケーションを結んで、本人との良質な信頼関係を築いていくことが大切です。ところが、障害の性質によっては、特に見知らぬ人と良好なコミュニケーションをとることが難しいことがあります。こうした事案では、障害の特質について深い理解をもち、対人援助に関する専門的なスキルを備えた専門職後見人（福祉系の専門職後見人）の活用が、まずは検討されるべきでしょう。また、⑤「施設入所事案」を優先すべきであるという指摘も有力です。たとえば、施設入所者の場合、基本的な日常生活上の支援は施設により一元化されているため、後見人の通常の職務としては、定期的な訪問による見守り、施設ケアのチェック等が中心となるので、時間に余裕があり、必要に応じて

頻回の訪問も可能である市民後見人のほうが、本業をもつ専門職よりふさわしいのではないかということです（日本成年後見法学会「市町村における権利擁護機能のあり方に関する研究会・平成18年度報告書」（平成19年））。たしかに、一般論としていえば、在宅生活事案に比べて、施設入所事案のほうが支援しやすいことが多いので、第三者後見事案の中から、比較的負担の少ない事案を中心に市民後見人に割り振るべきであるという政策的配慮からすれば、こうした指摘は傾聴に値します。特に、市民後見事業にこれから初めて乗り出すような市町村の場合には、市民後見人の受任調整時の基準の１つとして有益でしょう。ただし、施設から地域での在宅生活への移行という現在の福祉政策の流れを踏まえても、同じ地域福祉政策の一環でもある市民後見の活動から一律に在宅生活事案を除外してしまうのは好ましくないでしょう。後述する市民後見人に対する支援体制が充実している地域であれば、事案の内容次第では、在宅生活事案を対象にしても差し支えないと思います。また、施設入所という事実に甘えて、施設に本人を任せきってしまうようでは困りますので、施設内での処遇のチェックも後見人の重要な役割であることを、研修等を通じて、市民後見人にきちんと理解しておいてもらうことも大切です。

　最後に、これまでとは異なる視点ですが、⑥事案の困難化リスクという要素をしっかりと認識しておく必要があります。成年後見の特質上、後見人を選任する時点で、その事案の特性を完全につかむことは不可能です。受任調整の時点で、上記の①から⑤の要素を慎重に検討したうえで、市民後見人にふさわしい事案として適切な振り分けを行っていたとしても、その後の状況の変化によって、市民後見人では対処が難しい事案に変わってしまうことは決して珍しくありません。たとえば、本人の資産管理がずさんで、預金通帳などが散逸していたために、後見人を選任する時点ではめぼしい資産がないと思われていたにもかかわらず、いざ市民後見人が就任して、正確に本人の財産を調べ直してみると、多額の資産が見つかったというのは、よくある話です。こうした場合、少なくとも一時的には、市民後見人が高額の財産管理を担うことになります。また、生老病死が人間にとって不回避の事態である以上、現在の後見実務上、第三者後見人にとって最大の難題とされる医療同意や死後事務は、あらゆる後見人が直面する可能性をもつわけです。実際に、市民後見の現場からは、市民後見人のいずれのケースでも、就任から３〜５カ月の間に、当初予定していなかった後見事務や、特別養護老人ホーム入所時の身元引受け、医療同意書の提出など、対応困難な問題が生じていることが報告されています（田邊仁重「市民後見人選任の現場から——世田谷区区民

成年後見人の活動について──」実践成年後見24号79頁）。したがって、市民後見の適正な運用を確保するためには、受任調整時における的確な事案の振り分けに加えて、後述する市民後見人の支援体制の充実がとても重要になるのです。

(2)　市民後見人としての特性

さて、ここまでの親族後見人や専門職後見人との棲み分けの議論は、どちらかというと消去法的な視点に重心があったかと思います。つまり、市民後見人よりも、親族後見人や専門職後見人のほうがふさわしい事案を探して、これを市民後見の領域から除外していくという方向で振り分けを行ってきたきらいがあります。これは、市民後見が脚光を浴びるようになった経緯に関係しています。直近の平成27年では、親族後見29.9％、第三者後見70.1％と、両者の割合はすでに逆転しており、今や数字の上では第三者後見人のほうが成年後見人の理念型といえる状況に至っています。新しい成年後見制度が導入されてからわずか15年ほどで、ここまで第三者後見人の選任が進むことは、おそらくは立法担当官も予測していなかったのではないかと思います。こうした状況の中で、これまでのわが国の第三者後見を支えてきたのは、弁護士会、司法書士会、社会福祉士会のいわゆる３士会を中核とした専門職後見でした。しかし、「後見爆発」とも呼ばれる将来の後見需要の急激な増加への懸念と、第三者後見人の選任率の急増から、専門職後見人が不足する可能性が次第に取り沙汰されるようになりました。こうした背景の中から、市民後見人を、既存資源（親族後見人、専門職後見人、法人後見人）の不足を補うための補充手段としてとらえる見方が生まれてきたのです。

しかし、最近では、従来型の消去法的な選択肢としてではなく、市民後見人の独自の意義を、もっと積極的に位置づけていこうとする動きが活性化してきています。「専門職後見人でなくてもできる事案」を探すという発想から、「市民後見人だからこそできる事案」を考えるという視点に重心が移り始めているのです。たとえば、「市民という専門性」（岩間・前掲論文５頁）といった表現は、こうした発想転換を端的に示すものでしょう（大阪市成年後見支援センター監修『市民後見人の理念と実際』が示す大阪市の取組みは、特にこの視点を重視しています）。

市民後見人の積極的な特性を具体的にどこに求めるかは、まだまだこれから議論を練り上げていくことが必要ですが、その典型的な要素としてよくあげられているのが、手厚い見守りの実行可能性です。すでに述べたように、市民後見を「地域社会における市民の自発的な公益活動（社会貢献活動）」としてとらえた場合、市民後見人として選任される人の対象は、本人の生活圏域周辺で生活（居住または勤務）している人になります。また、市民後見人候補者の多くが、定年退

職等をきっかけに、第2の人生の質的充実をめざす人々であることから、専門職後見人と比べると、活動時間にある程度余裕のあることが多いといわれています。こうした利点（支援者と利用者の生活圏域の近接性と、支援者の時間的余裕）をうまく活用すれば、後見活動の基盤である見守りについて、より充実した支援（必要に応じた頻繁な訪問等を通じた、きめ細かな顔の見える後見活動）が期待できるでしょう。もちろん、この点は、度を超した頻回な接触による過干渉のリスクとも裏腹であるので、留意も必要ですが、孤立した生活を送りがちな判断能力不十分者に対して、社会参加（他者とのより広いコミュニケーションの可能性）への窓口を開くという意味でも重要な価値があるといえます。また、利用者と支援者の生活圏域が近接していることは、後見活動にあたって両者にとって便利であることはもとより、支援に関する時間的・経済的コスト（特に移動コスト）の削減にもつながります。

　他方で、市民後見人の中には、こうした「市民としての専門性」だけではなく、専門職後見人的なスキルを持ち合わせた人もいることを見落とすべきではないでしょう。もともと、わが国の専門職後見の「専門性」というのは、現状では、基本的に各資格職の専門性（法律、福祉、税務経理等）を意味しているにすぎません。必ずしも後見職務全体に対する専門性を保証しているわけではないのです。こうした成年後見職務の一部に関する「個別的専門性」ということであれば、専門職後見人と同水準のスキルを持つ市民後見人を見つけることは、さほど難しい話ではありません。なぜなら、退職後の社会貢献活動として市民後見人を志す人々の中には、専門的な資格をもっていた人たちや、退職前の仕事で高度の専門性を発揮していた人たちが、たくさん含まれているからです。したがって、市民後見人の個性次第では、こうした意味での「専門性」を活かした市民後見活動を実現できる可能性も十分にあるわけです。

　こうしてみると、市民後見人の定義のところで触れたように、市民後見人にふさわしい事案についても、少なくとも現状では、あまり固定化せず、柔軟にとらえていくほうが望ましいように思います。ここでも、かっちりとした枠をはめるというよりは、上に述べたような要素を市民後見人の職務の中心的な要素として理解したうえで、具体的な事案の特質に応じた柔軟な対応を図っていくべきではないでしょうか。

　（編注：最高裁判所事務総局家庭局「成年後見関係事件の概要—平成31年1月～令和元年12月—」によれば、この期間の市民後見人選任実績は296件である。また、成年後見人等（成年後見人・保佐人・補助人）が選任された件数のうち、親族が21.8％、

親族以外が78.2％である）

3　市民後見人をどのように支えるのか？

(1)　市民後見推進事業の基本的な枠組み

　市民後見制度を実際に運用していくうえで、最も大切なことは、市民後見人の候補者を適正なカリキュラム等に沿って育成したうえで（①養成支援）、育成された候補者を現実の選任へとつなぎ（②就任支援）、さらに、選任された市民後見人の活動を適切にサポートしていく（③活動支援）ための基本的な枠組みを、あらかじめ地域社会できちんと作り上げておくことです。

　こうした視点から注目されるのは、平成23年に老人福祉法32条の2（平成24年4月1日施行）という条文が新設されたこと（その後、精神保健福祉法51条11の3、知的障害者福祉法28条の2という2つの同旨の規定がさらに新設されました）と、さらに、この条文の目的を市民後見制度の基盤整備という方法で実現するための具体的な施策である市民後見推進事業が、同じ平成23年度からスタートしたことです。私は、この2つの重要な政策決定があった平成23年を「市民後見元年」と呼んでいます（すでに述べたように、最高裁判所による「成年後見関係事件の概況」でも、平成23年の統計からは、市民後見人が独立のカテゴリーとしての位置づけを与えられています）。

　さて、老人福祉法32条の2という条文は、老人福祉法32条が定めた市町村長申立ての円滑な運用を目的として、市町村と都道府県に対して法定後見制度の運用基盤の整備を求めたものです。この規定によって、市町村は、適正な成年後見人候補者を育成して、その活用を図るために、①「研修の実施」、②「適正な成年後見人候補者の家庭裁判所への推薦」、③「その他の必要な措置」を講じる努力義務を負うことになりました（さらに、都道府県にも、こうした市町村の措置をバックアップする努力義務が課されました）。注目すべきは、この老人福祉法を所管する厚生労働省が、③の具体例として、「研修を修了した者を登録する名簿の作成」に加えて、「市町村が推薦した後見人等を支援すること」をあげている点です。ここには、市町村が、適切な研修を通じて、市民後見人候補者を養成するところからスタートして、適任の研修修了者の成年後見人としての就任支援を行い、さらには、就任した市民後見人の活動支援までバックアップしていくという、継続した支援の枠組みをみることができます（図表1−22）。

　こうした支援スキームの確立を後押しするための施策が、厚生労働省のモデル

図表1－22 市民後見人を活用した取組例のイメージ

（出典）　厚生労働省ホームページ

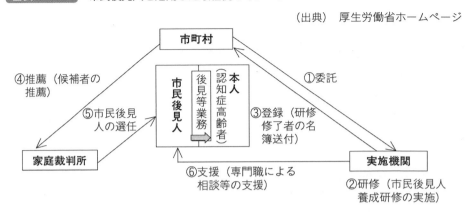

事業である市民後見推進事業です（初年度の平成23年度は37市区町、24年度は87市区町、平成25年度は128市区町、モデル事業としての最終年度となった平成26年度は158市区町で実施されました）。その具体的な事業内容としては、①「市民後見人養成のための研修の実施」、②「市民後見人の活動を安定的に実施するための組織体制の構築」、③「市民後見人の適正な活動のための支援」、④「その他、市民後見人の活動の推進に関する事業」があげられています。ここでも注目すべきは、③です。実施要綱では（☞第1章Ⅶ4）、その具体例として、「弁護士、司法書士、社会福祉士等の専門職により、市民後見人が困難事例等に円滑に対応できるための支援体制の構築」と「市民後見人養成研修修了者の後見人候補者名簿への登録から、家庭裁判所への後見人候補者の推薦のための枠組の構築」があげられています。前者は活動支援の、後者は就任支援の具体化であり、この2つの要素は、適正な市民後見の運用にあたって、絶対に欠かせない要素だといえるからです。

(2)　市民後見を支えるしくみ

(A)　市民後見の運用基盤

　市民後見を適正に運用していくためには、行政（基礎自治体）と司法（家庭裁判所）が地域の民間団体（社会福祉協議会、NPO法人等の後見支援組織や専門職後見人団体）等と密接に連携しながら、①養成支援、②就任支援、③活動支援（＋継続研修）という各ステップについて、一貫した地域的支援体制を構築していかなければなりません。そして、そのためには、こうした機能を実際に担う地域の中核組織が必要になります（④中核組織の確立）。また、市民後見を社会保障的な性格をもった制度として考える場合には、制度の運用基盤に関するナショナル・ミニマムを確立して、極端な地域間格差を生じさせないようにすることが大切です。このためには、必要な予算措置の裏づけも含めて、行政が積極的に関与できるし

くみを作り上げなければなりません（⑤行政の責任の明確化）。こうした視点から
みると、上に述べた市民後見推進事業がめざす方向性は、基本的に正鵠を射たも
のだと評価できます。個人的には、さらに行政の役割を拡充していくことで、市
民後見推進事業のスキームを広義の公的後見のしくみへと発展させることができ
るのではないかと期待しているのですが、この点の詳細は別の機会に譲りましょ
う（興味のある人は、上山泰「市民後見推進事業の意義について」週間社会保障2679
号44頁をご参照ください）。

(B)　活動支援の重要性

　繰り返し触れてきたように、一般市民の人たちに法定後見人の重責を担っても
らうためには、実際に市民後見人として就任してからの活動を地域で組織的にバ
ックアップする活動支援のステップが最も重要です。特に、新たに市民後見人の
養成に乗り出そうとしている市町村の場合は、養成研修と銘打った講座を闇雲に
始めるのではなく、まずはこの活動支援のための体制づくりのほうを先に行うべ
きなのです。具体的には、地域の市民後見人に対して、①相談・助言機能、②執
務管理支援機能、③監督機能等を果たせるような、市民後見人の活動に対する中
核組織を確立することが重要です。近年、「支援者を支援する」という二重の支
援という理念が有力に主張されています（菅富美枝『法と支援型社会』244頁～247
頁・251頁～255頁）。この見解が説くように、地域の後見支援組織を中核として、
後見人を支援する環境を公的に整備することこそが、健全な成年後見制度の発展
にとって重要な鍵を握っているというべきだからです。なお、個々の後見人の具
体的な活動の意味を正確に理解したうえで、適切なアドバイスをしたり、あるい
は、不祥事が起こらないように活動をうまくコントロールするためには、後見支
援組織自体に成年後見の実務に関する十分な知識やスキルが備わっていることが
必要です。逆に、付け焼き刃で設立された団体や、これまで全く成年後見の実務
にかかわった実績のない団体などに、市町村が委託の形で、後見支援組織の機能
を丸投げしてしまうことは非常に危険です。市町村をはじめとして、これから市
民後見のしくみづくりに取り組む関係者は、このことをしっかりと肝に銘じてお
く必要があります。現在の日本で、第三者後見に関して、最も豊富な実績を持ち、
実践的なスキルを鍛え上げてきているのは、いうまでもなく３士会を中心とした
専門職後見人団体です。したがって、後見支援組織の設置・運営にあたっては、
地元の専門職後見人団体と密接な連携をとりながら進めていくことが好ましいと
いうべきでしょう。

　ところで、後見支援組織を地域で立ち上げていくうえで特に留意すべきことの

１つに、こうした組織の安定的な経済基盤の確立という課題があります。私自身が関与した調査でも、現状では、各地で準公的な後見支援活動を行っている団体の大半が、その年間予算（団体の運営費）のうち、正規の後見報酬によって賄えているのは、せいぜい５割から６割程度にすぎないという事実が示されました（日本成年後見法学会「市町村における成年後見制度の利用と支援基盤整備のための調査研究会・平成21年度報告書」(2010年) 129頁）。この背景には、そもそも現在の後見報酬に関する法的整備が極めて未成熟だという事情があります。しかし、最大の原因は、平成23年度に国のモデル事業として市民後見推進事業が導入されるまでは、後見支援組織による後見活動に対して、直接的な形で助成等の公的な経済支援を行うしくみが、少なくとも国レベルでは存在しなかったことにあったといえるでしょう。この意味で、平成27年度から、地域医療介護総合確保基金に基づく権利擁護人材育成事業のメニューの１つとして、市民後見推進事業が一応は普遍化・恒久化されたことは、わが国の法定後見にとって大きな転機となり得るでしょう。もっとも、基金化後の事業の実施には、まずは市町村計画へのこの事業の盛り込みが必要であり、市町村が積極的にイニシアチブをとることが鍵となります。そして、このためには、「法定後見制度は、社会の公的なセーフティー・ネットという性格上、単なる営利事業として成立するものではなく、その健全な財政運営を確保するために一定の公的資金の投入が必要であるということ」を、地域社会の中で合意していかなければならないのではないでしょうか。

（第２章Ⅴ　上山　泰）

第 **3** 章

民法その他の法律の基礎

●この節で学ぶこと●

　私人間の法律（権利義務）関係を規定した私法の中で最も基本となる法律である民法の総則・財産法・家族法について学習します。

　総則では、特に成年後見制度にかかわりの深い意思能力、行為能力、代理について学び、その基本概念を理解します。

　財産法では、後見、保佐および補助の規定の多くが準用している委任について学習します。特に、善管注意義務についてはしっかり学びましょう。

　家族法では、民法に規定される家族法の基礎を学習します。

1　総則・財産法

　成年後見制度は、判断能力が不十分な人の日々の生活や権利（財産）を守り、支えるための法律上の制度です。具体的には、判断能力が不十分な人の生活、療養看護、財産の管理に関する事務（法律行為）を、代理人である後見人が行うことになります。

　ここでは、民法の総則および財産法の内容について、順を追って説明することはせず、成年後見制度を理解するうえで必要であると思われる契約等の法律行為やその代理に関する基本的な用語の解説に絞って、民法の総則および財産法の内容を説明します。

　まず、民法典にはどのようなことが規定されているのか全体像をイメージするために、次の図をみていただきましょう。

　第2編の物権と第3編の債権のことを「財産法」と呼び、第4編の親族と第5編の相続のことを「家族法」または「身分法」と呼んでいますが、こうした名称の別の法律が存在するわけではありません。また、第1編の総則は、財産法にも家族法にも関係があります。

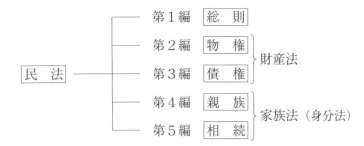

---

(1)　法律行為とは何か、契約とは何か

(A)　日常生活は契約で成り立っている

　私たちの日々の生活は、自分と、他の人（会社などの法人も含みます）との契約の積み重ねで成り立っています。

　事業を営んでいる人が、重要な契約を、繰り返し、継続して締結していることは、説明するまでもないでしょう。

　事業を営んでいるわけではない一般の人であっても、不動産や株の売買のような重要な契約や、銀行等の金融機関との間で住宅ローン・自動車ローンなどの契約を結ぶことは、決して珍しいことではありません。

　また、そのような重要な契約でなくても、スーパーマーケットやコンビニエンスストアなどで毎日のように繰り返している日用品の購入も売買契約ですし、アパートを借りるのも、銀行口座を開設することや預金の預入れ・引出しも、すべて契約です。

　さらに、風邪を引いたときや虫歯が痛むときに、病院（診療所）で診察を受けるためには、病院（診療所・医師）との間で医療契約を締結することになりますし、自宅で電気やガスを利用するときには、電力会社やガス会社との間で電気やガスの利用契約をするわけです。電話で話をすることができるのも、NHKの番組を見ることができるのも、電話会社やNHKとの間で契約をしているからです。

　このように、私たちの生活は、さまざまな「もの」や「サービス」を「買う」（提供を受ける）こと、あるいは「売る」（提供する）こと、すなわち売買、賃貸借、委任等の契約をすることによって成り立っています。

(B)　法律行為とは何か

　私たちが「もの」や「サービス」を「買う」（あるいは「売る」）ための契約をしたり、財産を管理したり処分したりするには、契約の相手（その契約の内容によって、人であったり、会社・法人であったりします）に対して、意思表示をする必要があります。

　意思表示は、「人が、心の内で意思を決定して、それを外部に対して表示すること」といわれます。意思は、「書面」によって表示されることもあれば、「口頭」によって表示されることもあります。また、意思表示は、「明示的」にされることがほとんどですが、「黙示的」にされることもあります。

　人が意思表示をし、その効果として権利や義務が発生したり消滅したり（場合によっては変更したり）する行為を法律行為といいます。私たちの生活は、普段はあまり意識していませんが、この法律行為の積み重ねで成り立っています。

　法律行為の典型例が、契約（法的効果を伴う約束）です。

　(C)　契約とは何か

　(a)　契約によって権利と義務が発生する

　契約は、2人以上の当事者が、お互い、相手方に対して、契約を成立させるための意思表示をすることによって成立する法律行為です。

　契約が成立するためには、契約の申込みの意思表示と、それに対する相手方の承諾の意思表示が必要です。

　前に説明したとおり、この（契約を成立させるために必要な）意思表示は、必ずしも、書面上で表示される必要はありませんし、意思表示によって契約が成立したことを書面にして残す必要もありません。実際、世の中の多くの契約は、当事者間で「契約書」などの正式な書面を作成することなく成立し、効力が発生しています。つまり、契約当事者間で、明示的に「契約をしましょう」という意思を表示して契約が成立することはむしろまれで、一般の人が日常的に繰り返している、日々の生活に欠かせない契約は、当事者が、相手方に口頭で意思を伝えることによって（さらには、当事者が、暗黙のうちに相手方に意思を伝えることによって）成立しています。

　そのため、私たちは、普段は、「契約」をしている、ということをそれほど意識せずに生活しています。

　ところが、実際には、私たちの毎日の生活は、意思表示をし、その効果として契約が成立することによって成り立っています。そして、権利を取得するとともに義務を負担し、その取得した権利を享受するとともに負担した義務を履行する、という一連の行為を繰り返しているのです（たとえば、売買契約の買い主は、「購入した物の引渡しを受け、それを自由に利用し処分することができる」という権利を取得する一方で、「売買代金を売り主に支払わなければならない」という義務を負うことになります）。

　(b)　契約が成立するために必要なこと

　上に説明したように、契約が成立するためには、相対立する複数の意思表示の合致（合意）が必要であり、通常は、申込みと承諾という形式で契約は成立します。

　たとえば、ある人（売り主）が、ある物を（ある特定の金額で）「売りたい」という意思表示をし、他の人（買い主）が（その金額で）これを「買いたい」という意思表示をしたときは、売買契約が成立します。ここで、先にされた「売りたい」という意思表示が「申込み」であり、後にされた「買いたい」という意思表示が「承諾」です。したがって、逆に、ある人（買い主）が、ある物を（ある特定の金額で）「買いたい」という意思表示をし、その物の所有者（売り主）が、（その金額で）これを「売りたい」という意思表示をしたときは、先にされた「買いたい」という意思表示が「申込み」であり、後にされた「売りたい」という意思表示が「承諾」というわけです。

《売買契約》

(c)　債権・債務とは？

　民法は、財産上の権利を、物権と債権に大別して規定しています。

　物権は、物に対する直接排他的な支配権です。

　債権は、特定の人に対して一定の行為をすること（給付）を請求する権利です。ここでいう一定の行為とは、たとえば、金銭の支払いや物の引渡しです。また労務の提供や不作為（一定の行為をしないこと。たとえば、騒音を出さないこと）もこれにあたります。そして、この場合に、特定の人に対して給付を請求することができる人を債権者といい、給付をすべき義務を負っている人を債務者といいます。

(d)　契約の分類

㋐　典型契約・非典型契約

　民法では、典型的な契約（典型契約。有名契約ともいいます）として、13種類の契約が定められています。

　13種類の契約とは、贈与、売買、交換、消費貸借、使用貸借、賃貸借、雇用、請負、委任、寄託、組合、終身定期金、和解、のことです。

　ただし、実際には、これ以外の契約形態も数多くあります。このような典型契約以外の契約を、非典型契約（無名契約）といいます。

　2つ以上の典型契約の要素が混合した契約またはある典型契約の要素と他の非典型契約の要素が混合した契約を混合契約といいます。

(イ)　双務契約・片務契約

　契約の各当事者が互いに対価的な意義を有する債務（一方があるからこそ他方もあるという関係の債務）を負担する契約を双務契約といいます（たとえば、売買、交換、賃貸借、雇用、請負、有償委任、有償寄託、組合、和解）。

　具体的には、売り主Aと買い主Bの間で、ある品物の売買契約が成立した場合、売り主Aは、買い主Bに対して代金債権（売買代金の支払請求権）を取得し、買い主Bは、売り主Aに対して、購入した品物の引渡債権（請求権）を取得します（図①）。この、AのBに対する代金債権と、BのAに対する品物の引渡債権とは、お互いに対価的な意義を有しています（一方があるからこそ他方がある、という関係にあります）。

　これに対し、一方の当事者のみが債務を負う契約、または、双方の当事者が債務を負担するがそれが互いに対価としての意義を有しない契約を片務契約といいます（たとえば、贈与、消費貸借、使用貸借、無償委任、無償寄託）。

　たとえば、贈与する人（贈与者）Bと贈与を受ける人（受贈者）Aとの間で、ある物の贈与契約が成立した場合には、受贈者Aは、贈与者Bに対して贈与の対象となっている物（目的物）の引渡債権（請求権）を取得しますが、贈与者Bは、受贈者Aに対して何らの債権も取得しません（図②）。

　また、お金の貸し借りの契約を、民法では（金銭）消費貸借契約といいますが、この消費貸借契約は、書面を作成しない場合には、借り主と貸し主との間で一定の金額のお金の貸し借りに関する合意（返還約束）が成立するだけでは契約として成立せず、貸し借りする物（金銭）が現実に貸し主から借り主に交付（引渡しが）されて、はじめて契約が成立する「要物契約」であるとされています。したがって、借り主Bが、貸し主Aから100万円の金銭を借り受ける金銭消費貸借契約を締結した場合、契約成立の時点で、借り主Bは、すでに貸し主Aから100万円の金銭の交付を現実に受けていることになりますので、契約成立後は、Aは、Bに対して貸金の返還請求権を有しますが、Bは、Aに対して何らの債権も有しません（図③）。

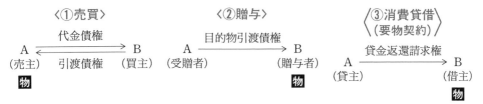

(注) 矢印（→）は債権・債務を意味します。たとえば、A→Bは、AのBに対する債権を
意味します（Aが債権者・Bが債務者）。

(ウ) 有償契約・無償契約

契約当事者が互いに対価的意義を有する出捐（しゅつえん）（経済的損失）をする契約を有償
契約といいます（たとえば、売買、賃貸借、請負）。

これに対し、契約当事者が互いに対価的意義を有する出捐をするわけではない
契約を無償契約といいます（たとえば、贈与、使用貸借）。

消費貸借、委任および寄託は、利息または報酬を支払う場合には有償契約です
が、利息または報酬を支払わない場合には無償契約です。

双務契約・片務契約の区別は、当事者双方が、互いに（対価的意義を有する）
債務を負担するか否かで決まりますが、有償契約・無償契約の区別は、当事者双
方が、互いに（対価的意義を有する）出捐（しゅつえん）をするか否かで決まります。

(エ) 諾成契約・要物契約

当事者の意思表示の合致のみで成立する契約を諾成契約といいます（たとえば、
売買、賃貸借、雇用）。

これに対し、当事者の合意のほかに、一方の当事者が、契約の対象となってい
る物の引渡しその他の給付をすることを契約が成立する要件とする契約を、要物
契約といいます（たとえば、書面によらない消費貸借）。

(オ) 要式契約・不要式契約

契約の成立に一定の方式を要する契約を要式契約といいます（たとえば、保証
契約、任意後見契約）。

これに対し、契約の成立に一定の方式を要しない契約を不要式契約といいます。

(e) 契約の解除

契約の解除とは、契約が締結された後に、その一方の当事者の意思表示によっ
て（単独行為）、契約関係を遡及的に（契約時点にさかのぼって）解消し、まだ履
行されていない債務は履行する必要がないものとし、すでに履行されたものがあ
るときにはお互いに返還することにして、法律関係を清算する（その契約が初め
から存在しなかったのと同様の状態に戻す）ことです（民法540条・545条1項）。

　契約当事者は、契約によって解除権を留保した場合（たとえば、解約手付、買戻特約など）に約定解除権（当事者間の契約によって発生する解除権）を有するほか（民法557条・579条）、法律の規定による法定解除権（当事者間の契約等がなくても一定の要件を充足することにより法律上当然に発生する解除権）を有します（債務不履行による解除権（同法541条・542条）など）。

　なお、解除と類似しているのですが、厳密にいうと解除とは異なる制度に、告知（解約告知）と合意解除（解除契約）があります。

　告知は、契約によって生じている継続的な法律関係を当事者の一方的な意思表示によって終了させることです。将来に向かってのみ効力を生じ（将来効）、契約が初めから存在しなかったのと同様の状態に戻す効果は生じません。賃貸借（民法620条）、雇用（民法630条）、委任（民法652条）、組合（民法684条）のような継続的契約を、一方の当事者の債務不履行を理由に解消する場合の「解除」は、正確には告知です。これに対して、本来の意味での解除は、契約の効力を遡及的に消滅させる効果を有します。売買、贈与、交換などの一時的契約（物や金銭がいったん引き渡されれば、それで契約の履行が済んでしまうもの）の解除は、本来の意味での解除です。

　次に、合意解除とは、契約を解消して契約がなかったのと同一の状態をつくることを内容とする契約当事者間の新たな契約（合意）のことで、解除契約ともいいます。本来の意味での契約の解除は、解除権を有する者の一方的な意思表示によって契約を解消する単独行為で（☞(D)）、相手方の同意を必要としませんが、合意解除は、解除と同じ効果を発生させることを目的とする契約当事者間の新たな契約です。

(f)　意思表示の到達・受領

　相手方のない意思表示は、原則として、意思の表示によって完了し、成立と同時に効力を生じます。

　一方、相手方のある意思表示は、その通知が相手方に到達した時点からその効力を生じます（到達主義の原則）（民法97条1項）。

　到達とは、意思表示が相手方の勢力範囲内に入ること、すなわち、社会観念上、一般に、相手方がその意思表示を知ることができる客観的な状態を生じたと認められることを意味します。相手方が、通知の有無や内容を知ることまでは、必ずしも必要とされていません（判例）。

　意思表示は、相手方に到達する前であれば、その意思表示を発信した後であっても撤回することができます。発信した意思表示が相手に到達するまでに（遅く

とも到達と同時に）撤回の意思表示を相手方に到達させるか、または発信した意思表示が相手方に到達しないようにすれば、いったん発信した意思表示を撤回することができます。

　ただし、発信主義（意思表示を発した時点で効力が生じるという考え）がとられているものもあります。

　ところで、意思表示を発信した後に、意思表示をした人が死亡したときまたは行為能力を喪失したときは、その意思表示は効力を生じるのでしょうか。意思表示は、原則として、表意者が通知（意思表示）を発した後に死亡し、意思能力を喪失し、または行為能力の制限を受けたときであっても、そのためにその効力を妨げられることはありません（民法97条３項）。発信後の表意者の死亡、意思能力の喪失または行為能力の制限は、すでに発信された意思表示の効力とは無関係であると考えられるからです。ただし、契約の申込みの意思表示については、重要な例外があります（民法526条）。申込者が申込みの通知を発した後に死亡し、意思能力を有しない常況にある者となり、または行為能力の制限を受けた場合において、申込者がその事実が生じたとすればその申込みは効力を有しない旨の意思を表示していたとき、またはその相手方が承諾の通知を発するまでにその事実を知ったときは、その申込みの意思表示は効力を有しません。

　(g)　意思表示の受領能力（民法98条の２）

　意思表示の相手方が、その意思表示を受けた時点で意思能力を有しなかったとき、または未成年者もしくは成年被後見人であったときは、その意思表示の効力を、その相手方に対抗（主張）することができません（民法98条の２本文）。意思無能力者または未成年者もしくは成年被後見人は、実質的に意思表示を認識することができる状態にあるとはいえないからです。

　ただし、その相手方の法定代理人（親権者、未成年後見人もしくは成年後見人）または、意思能力を回復し、もしくは行為能力者となった相手方がその意思表示を知った後は、その意思表示の効力を、その相手方に対抗（主張）することができます（民法98条の２ただし書）。

　(D)　「契約」以外の「法律行為」──単独行為、合同行為

　上に述べたとおり、契約とは、典型的には、２人の当事者によって、「申込み」と「承諾」という２つの「意思表示」がされ、その内容が合致した場合に、その効果として、意思表示をした２人の当事者の間に、権利や義務が発生する（または消滅する）、というものです。

　このような契約そのもののほか、契約の取消しや解除、そして遺言によってす

る遺贈も、人が意思表示をし、その効果として権利の発生・変更・消滅といった法律効果が生じる行為ですから、法律行為です。契約の取消しや解除などのように、単一の（一方的な）意思表示がされ、その効果として権利の発生・変更・消滅といった法律効果が生じる行為（単一の意思表示によって成立する法律行為）を、単独行為といいます。

また、会社（社団法人）の設立行為のように、同じ目的に向かって、複数の意思表示が集団的にされ、その結果、さまざまな法律効果が生じる行為（集団的な意思表示によって成立する法律行為）を合同行為といいます。

ちなみに、法律効果（権利や義務の発生・消滅といった効果）は、人が意思表示をしたことの効果として生じる場合もありますが（契約などの法律行為）、事務管理（☞(5)）、不当利得（たとえば、売買契約や贈与契約もしていないのに、金銭を受け取ること）、不法行為（たとえば、自動車事故の場合で、被害者が加害者に対して損害賠償請求権をもつこと）のように、意思表示以外の要件（要素）が揃ったことの効果として法律効果が生じる場合もあります。

(E)　法律行為（契約）をするには、正常な判断に基づく意思表示が必要

人が法律行為（契約）をするには、必ず意思表示をする必要があります。

法律行為をするために必要な意思表示は、「この意思表示をすれば、この法律行為が成立し、その効果として、具体的に、自分や相手にどのような権利・義務が発生・消滅・変更して、その結果として、自分や相手にどのような利害得失が生じるのか」という判断ができるだけの精神的な能力（意思能力）を備えている人によってされることにより、はじめて有効なものとなります。

この精神的な能力が不十分な人は、法律行為（契約）をするために必要不可欠な意思表示（意思の決定）を適切にできない場合があります。つまり、その意思を決定し、表示することによって、どのような効果（法律効果）が発生し、それが自分にとってどのような結果（利害得失）をもたらすのか、ということを十分に理解できない場合があるからです。そのため、その取引に必要となる意思能力がない状態にある人がした契約は、無効であるとされています（☞(G)）。

身近に信頼できる家族等がいる場合には、事実上、周りの人の支援を受けながら、生活や財産の管理をすることができるかもしれません。しかし、周りの人が、たとえどんなに親しい人（親、子、同居の親族）であったとしても、裁判所等から正式に代理権等の権限を与えられていない限り、その周りの人の支援は、法律上は無効であるとされています。したがって、認知症などのような精神上の障害によって一般の取引に必要となる意思能力が継続的にない状態にあるような人は、

法律行為をすることができないこととなり、その結果、自分の生活や財産（権利）を守ることができないことになります。

　そこで、裁判所によって正式に代理権等の権限を付与された後見人が、本人に代わって日々の生活や財産（権利）を守り、その人を法律的に支援する成年後見制度が必要になるのです。

《コラム》　意思自治の原則と契約の拘束力

　　民法（近代法）においては、「人はその意思決定により自由に権利義務関係を規律することができる」という意思自治の原則（「私的自治の原則」ともいいます）が基礎となっています。この「意思自治の原則」は、人が、自分の意思で自由に意思決定できることを前提として、その意思決定に拘束力を認めるという考え方です。逆にいえば、精神上の障害により判断能力が不十分であるために法律行為における意思決定をすることが困難な人が、形式的に、契約等の法律行為をするために必要な意思表示をしたとしても、その意思表示によって形式的に成立した法律行為に、そのまま法的拘束力を認めることはできないことになります。

　　そのため、そのような精神上の障害により判断能力が不十分であるため法律行為における意思決定が困難な人については、その判断能力を補うための手当てが必要となります。

　　日本の民法では、その手当てとして、具体的には、以下の方法が採用されています。

　　①　判断能力の不十分な人の意思決定に拘束力を認めない方法（本人の締結した契約のうち本人に不利益なものを取り消して無効とし、その拘束力を消滅させること）（取消権・同意権の付与）

　　②　第三者が判断能力の不十分な人に代わって意思決定をする方法（第三者を判断能力の不十分な者の代理人として、第三者がその人に代わってその人のために意思決定をして契約を締結すること）（代理権の付与）

　　これらの手当てを、判断能力の不十分な人の支援者として選任された後見人が行うことで、本人の日々の生活や権利が守られることになるのです。

(F)　「行為」＝「法律行為」

　成年後見制度に関する説明として、よく「取り消すことができる『行為』」、「成年被後見人（被保佐人・被補助人）の『行為』を取り消す」「代理人（成年後見人）がした『行為』」といった表現が出てきます。ここでいう行為という言葉は、法律行為の意味です。前にも説明したように、法律行為の典型的な例は契約です。したがって、これらの表現が出てきた場合には、「取り消すことができる『契約』」

第3章

「成年被後見人（被保佐人・被補助人）がした『契約』を取り消す」「代理人（成年後見人）がした『契約』」というような意味であると思ってください。

(G)　取引に必要な意思能力を欠く人がした契約の効力

(a)　取引に必要な意思能力を欠く人がした契約は無効

上記のとおり、契約などの法律行為が成立するには、「意思表示」が必要とされます。したがって、契約が成立し、効力を生じるためには、その前提として、契約当事者によって、欠陥のない「意思表示」がされることが必要となります。

この欠陥のない意思表示とは何かということが問題となります。

就学前の幼児や小学校低学年の児童のような小さな子どもは、他の人と取引をするのに最低限必要な精神的な能力（自分がした法律行為の結果を判断することができるだけの精神能力）を備えているとはいえません。このように、取引に必要な精神的な能力（意思能力）を備えていない人がした契約は、無効とされます（民法3条の2）。たとえ、形式的には、売買や賃貸等をする、という意思表示がされたとしても（そしてその証拠が書面として残っていても）、その意思表示をした人が、その効果として成立する契約の意味を理解していない以上、その契約は、初めから効力を生じないのです。

小さな子どもに限らず、一般に、意思能力を欠く人（その契約をすることによって、どのような法律効果が発生するのかを十分に認識することができない人）が、形式上、売買や賃貸借などの契約をするために必要な意思表示をしたとしても、その意思表示には重大な欠陥があることになります。そのため、法的には意思表示がなかったのと同じことになり、契約は、最初から効力を生じません。

したがって、意思能力を欠く状態で契約をした人は、理論上は、裁判などの手続を経るまでもなく、当然に、誰に対しても、その契約の効力が発生していないことを主張することができます。たとえば、その契約から発生する金銭の支払い等の義務を履行する必要はありませんし、もし金銭の支払い等の義務をすでに履行してしまった場合には支払済みの金銭の返還を求めることができます。

(b)　「制限行為能力者制度」の必要性

しかし、現実には、「契約当時に意思能力を欠く状態にあった」といえるかどうかについては、判断の難しいケースも多いでしょう。

契約当事者の一方が契約当時に意思能力を欠く状態にあったということを、契約の相手方が認めようとしないことも考えられます。

そのような場合には、無効な契約をしてしまった人は、裁判等の手続を利用して、自分は契約当時に意思能力を欠く状態にあったということを主張し、これを

証拠によって証明するわけです。そして、裁判所等がその主張した事実を認め、契約が無効であることを認定すれば、相手方から、支払済みの金銭等の返還を受けることなどができます。

しかし、意思能力を欠く人が無効な契約をしてしまった場合に、いちいちこのような迂遠（うえん）な手続をとらなければ本人を保護することができないというのは大変です。また、意思能力を欠く人と取引をしようとしている相手方としても、せっかく結んだ契約が、相手に意思能力がなかったことを理由に無効となってしまっては困ります。ですから、相手方としても、できれば、契約をする前に、契約当事者（自分がこれからしようとしている取引の相手方）に取引ができるだけの十分な意思能力があるか否か、ということについての客観的な基準が何らかの形で示されていれば、安心して取引に臨むことができると考えられます。

そこで、民法は、欠陥のない意思表示をすることが難しい人のうち、一定の要件を備えている人を制限行為能力者（行為能力が制限された人）と定めて、制限行為能力者がした契約は、取り消すことができるものとしています。

　　(c)　行為能力の制限を理由とする取消しとは？

このように、制限行為能力者がした契約（法律行為）は、取り消すことができます。

契約の当時、意思能力を欠く状態であった場合には、その契約は当然に無効ですが、前に述べたように、それを証明することが困難である場合もあります。

制限行為能力者の場合には、契約の当時に意思無能力であったことを証明するまでもなく、契約の当時に制限行為能力者であったことを理由に、その契約を取り消すことができます。そうすると、その契約は、最初から無効だった（何ら効力が生じていなかった）ことになります。

　　㋐　取り消すことのできる人（取消権者）

行為能力の制限を理由とする取消権を行使することができるのは、制限行為能力者自身のほか、その代理人、承継人（たとえば、相続人）または同意をすることができる者です（民法120条１項）。

制限行為能力者は、行為能力が制限されたままの状態であっても、みずから、行為能力の制限を理由とする取消権を行使することができます。

　　㋑　取消しの効果

取り消すことができる法律行為は、一応は有効なものとされています。しかし、取り消された場合には、初めから無効であったものとみなされます（遡及（そきゅう）的無効（民法121条））。最初から無効だった（何ら法律効果が生じなかった）ことになるの

ですから、いったん生じた債務は発生しなかったことになります（したがって、履行していない債務は、そのまま履行しなくてもよいことになります）。また、その債務がすでに履行されているときは、すでに給付された金銭や物は、返還しなければならないことになります（民法121条の2第1項）。

　ただし、制限行為能力者については例外が認められています。すなわち、制限行為能力者は、取り消された法律行為によって現に利益を受けている限度（現存利益の範囲）においてのみ、返還する義務を負うとされています（民法121条の2第3項）。

　現に利益を受けている限度においてのみ、返還する義務を負うということは、逆にいえば、利益が現存していなければ、返還する義務を負わない、ということです。つまり、その（取り消された）法律行為によって制限行為能力者が取得した財産が、原形のままで、または形を変えて残存している場合には、制限行為能力者は、それを返還しなければなりません。しかし、もし、その財産が残っていなければ、制限行為能力者は、その財産の返還義務を負わないことになります。

　たとえば、制限行為能力者が、取り消された法律行為によって取得した財産を浪費してしまった（その財産が手元になければそのような支出はしなかったと考えられるような用途に支出した）場合には、浪費した財産については利益が現存していないことになりますので、返還する義務を負わないことになります。しかし、取り消された法律行為によって取得した財産を生活費にあてた場合には、制限行為能力者は、その支出によって自己が負担すべき当然の支出を免れていることになり、利益が形を変えて現存しているといえるので、その財産は返還しなければなりません。

(ウ)　取り消すことのできる法律行為を有効にすることはできるか──追認

　行為能力の制限によって取り消すことができる法律行為を取り消すことができる者（制限行為能力者、その代理人、承継人または同意をすることができる者（民法120条1項））は、取り消すことができる法律行為を追認することができます（民法122条）。

　追認とは、取り消すことができる法律行為を、取り消すことなく確定的に有効にするという意思表示であり、取消権を放棄するという意思表示のことです。取り消すことができる法律行為を追認すると、その法律行為は確定的に有効なものとなります。

　制限行為能力者の法定代理人または同意をすることができる者は、本人が制限行為能力者のままであっても、追認をすることができます。これに対して、制限

行為能力者自身は、取消しの原因となっていた状況が消滅し、かつ、取消権を有することを知った後でなければ、追認をすることができません（民法124条）。すなわち、制限行為能力者自身は、行為能力が制限されたままの状態では、単独で追認をすることができないというわけです。

　もっとも、制限行為能力者のうち、同意を得て有効に法律行為をすることができる者は、行為能力が制限されたままの状態であっても、同意権者の同意を得れば、追認をすることができます。したがって、成年被後見人は、成年後見人の同意を得ても追認をすることができませんが、被保佐人または被補助人は、行為能力が制限されたままの状態であっても、保佐人または補助人の同意を得れば、追認をすることができます（民法124条2項2号）。

　　　㈘　取消権の時効消滅

　取消権は、追認をすることができる時から5年間行使しないときは、時効によって消滅します。取消しの対象となった法律行為の時から20年を経過したときも、同様とされています（民法126条）。

　⒟　制限行為能力者制度の概要

　民法は、未成年者（20歳未満の人）、成年被後見人、被保佐人および民法17条1項所定の同意権付与の審判を受けた被補助人を、制限行為能力者（行為能力が制限されている人）と定めています（民法13条1項10号）。行為能力とは、法律行為を単独で行うことのできる法律上の資格のことをいいます（なお、令和4年4月1日から、成年年齢は20歳から18歳に引き下げられます）。

　民法では、制限行為能力者や、これらの人を支援する人に関して、さまざまな規定をおいています。

　なお、成年被後見人、被保佐人、被補助人は、本人または親族等の申立てに基づく裁判所の審判によって制限行為能力者となります。

　⒠　制限行為能力者の保護

　制限行為能力者がした契約は、一律に無効となるのではなく、一応は有効とされます。したがって、制限行為能力者がした契約が、特に制限行為能力者にとって不利なものでなければ、その契約をそのまま有効なものとして確定させて（追認）、制限行為能力者は、その契約から生じた義務を負担するとともに、その契約から生じた権利を享受すればよいのです。しかし、もし、その契約が制限行為能力者にとって不利なものであるときは、制限行為能力者（またはその支援者）は、その契約を取り消すことができます。

　制限行為能力者がした契約を、制限行為能力者またはその支援者が取り消すこ

とは、契約当事者が契約当時に制限行為能力者であったということさえ明らかにすれば、ほかに何の理由や証拠がなくても認められます。

そして、制限行為能力者（またはその支援者）によって契約が取り消されると、その契約は、最初から無効だったことになります。

このように、制限行為能力者（またはその支援者）は、この取消権を行使することによって、自己に不利な契約の効果を否定することができるのです。

ある人が制限行為能力者であるか否かということは、形式的な基準によって判断することができます。たとえば成年被後見人（被保佐人・被補助人）であれば、家庭裁判所によって後見（保佐・補助）開始の審判を受けているか否かによって判断することができます。

家庭裁判所の審判を受けていること（およびその審判の内容）は、裁判所の審判書・成年後見に関する登記事項証明書の提示によって簡単に証明することができます。また、取引の相手方としても、契約当事者の判断能力に疑問をもった場合には、契約当事者に成年後見に関する登記事項証明書（登記されていないことの証明書）を提出してもらえばよいことになります。これによって、契約当事者が制限行為能力者ではなく、これからする契約が制限行為能力者による契約であることを理由に取り消されることはないことを確認することができます。

もし制限行為能力者であることがわかった場合には、その制限行為能力者の支援者との間で契約をする、あるいは、事前にその支援者の同意を得るなど、あらかじめ、契約を完全に有効なものとするために必要な手続をとっておくこともできます。契約が取り消され、無効となってしまうリスクを回避することができるわけです。

(f)　制限行為能力者の相手方の保護

制限行為能力者と取引をした相手方を保護するための制度として、民法は、次のような制度を用意しています。

①　制限行為能力者の相手方の催告権（民法20条）

②　制限行為能力者の詐術による取消権の否定（民法21条）

③　法定追認（民法125条）

④　取消権の期間の制限（民法126条）

ここでは①と②について、具体的な例を設定しながら、簡単に説明することにします。

㋐　制限行為能力者の相手方の催告権（民法20条）

《事例》

　売り主Aおよび買い主Bは、土地の売買契約を締結しましたが、Aは被保佐人であり、売買につき保佐人の同意を得ていません。この場合、Bは、売買契約が取り消されるかもしれない（取り消されるかどうかわからない）ため、非常に不安定な地位におかれます。Bは、この不安定な地位から脱却するために、どのような方法をとることができるでしょうか。

　制限行為能力者が単独でした法律行為は、一応は有効ですが、取り消すことができます（民法5条2項・9条・13条4項・17条4項）。法律行為が取り消されると、その法律行為は、初めから無効だったものとみなされます（民法121条）。したがって、制限行為能力者と取引をした相手方は、その取引が取り消されるかもしれないという不安定な状態におかれることになります。

　そこで、そのような不安定な状態から脱することができるように、民法は、制限行為能力者と取引をした相手方に、以下のとおり催告権を与えています（民法20条）。

（ i ）　制限行為能力者が行為能力者となった後の催告権

　制限行為能力者の相手方は、その制限行為能力者が行為能力者となった後に、その者（元制限行為能力者で現在は行為能力の制限を受けない者）に対して、1カ月以上の期間を定めて、その期間内に、その取り消すことができる行為を追認するかどうかを確答するように催告することができます（民法20条1項前段）。

　その催告に対して、期間内に確答があったときは、その確答に従って、追認または取消しの効果が生じます。

　期間内に確答が発せられなかったときは、行為能力者となった者がその行為を追認したものとみなされます（民法20条1項後段）。

（ ii ）　制限行為能力者が行為能力者とならない間（行為能力が制限されたままである間）の催告権

　制限行為能力者の相手方は、制限行為能力者が行為能力者とならない間（行為能力が制限されたままである間）は、その法定代理人、保佐人または補助人に対し、1カ月以上の期間を定めて、その期間内に、その取り消すことができる行為を追認するかどうかを確答するように催告することができます。この場合には、制限行為能力者の相手方は、制限行為能力者である本人に対して催告をすることはできません（制限行為能力者である本人に対して催告をしても、催告の効果はありません）。

　その催告に対して、制限行為能力者の法定代理人、保佐人または補助人から、

期間内に適法な確答があったときは、その確答に従って、追認または取消しの効果が生じます。

一方、その催告に対して、支援者が期間内に適法な確答を発しないときは、それが、催告を受けた支援者が確答することができる場合であれば、その行為を追認したものとみなされ（民法20条2項）、たとえば、後見監督人の同意を要する場合（民法864条参照）など特別の方式を要する場合には、その行為を取り消したものとみなされます（民法20条3項）。

(ⅲ)　**被保佐人または被補助人が行為能力者とならない間の被保佐人または被補助人に対する催告権**

被保佐人または同意権付与の審判を受けた被補助人の相手方は、被保佐人または被補助人が行為能力者とならない間（行為能力が制限されたままの間）は、その制限行為能力者本人に対して、1カ月以上の期間を定めて、その期間内に、保佐人または補助人の追認を得るように催告することができます（民法20条4項前段）。

その催告に対して、被保佐人または被補助人が、期間内に、保佐人または補助人の追認を得た旨の通知を発したときは、追認の効果が生じます。しかし、その催告に対して、被保佐人または被補助人が、期間内に、保佐人または補助人の追認を得た旨の通知を発しなかったときは、その行為を取り消したものとみなされます（民法20条4項後段）。

(イ)　**制限行為能力者の詐術（民法21条）**

《事例》

売り主Aおよび買い主Bは、土地の売買契約を締結しました。しかし、この売買につき、被保佐人であるAは、保佐人の同意を得ていません。AがBに対して詐術を用いて、自分が行為能力者であると信じさせてこの契約をした場合であっても、Aは売買契約を取り消すことができるのでしょうか。

制限行為能力者が行為能力者であることを信じさせるために詐術（人をだます手段）を用いた場合において、その結果、現実に、相手方が、制限行為能力者を行為能力者であると信じ、または同意権者の同意があったと信じて契約に至ったときは、その法律行為を取り消すことはできません（民法21条）。

詐術を用いて取引の相手方に自己を行為能力者であると誤信させた制限行為能力者を保護する必要はないことから、矛盾した態度に出た制限行為能力者の取消権を否定し、制限行為能力者を行為能力者であると信じた相手方を保護することによって、取引の安全を図る趣旨で設けられている規定です。

判例によれば、被保佐人または被補助人が、保佐人または補助人の同意を得て

いると誤信させた場合にも、民法21条は適用されます。

⑵　代理とは何か

　制限行為能力者の法定代理人は、代理権と取消権（同意権）を行使して、制限行為能力者の判断能力の不十分なところを補完し、制限行為能力者の能力の活用を支援する権限と責任を負います。

　では、代理権とは、どのような効果を発生させる権限なのでしょうか。また、そもそも代理とは、どのようなことをいうのでしょうか。

⒜　契約の効果は誰に及ぶのか？

　契約とは、前に説明したように、2つ以上の意思表示によって成立する法律行為のことです。

　そして、契約が成立した場合には、その効果は、原則として、契約を成立させるために必要な意思表示をした人に帰属します。

　たとえば、ある物品Xを売買するために、売り主のAさんと買い主のBさんが、契約の申込みの意思表示と承諾の意思表示をした場合を考えてみましょう。物品Xの売買契約の効果は、原則として、意思表示をしたAさんとBさんに帰属します。したがって、Aさんが、Bさんから支払われる売買代金を取得し、Bさんが、Aさんから引き渡された物品（の所有権）を取得する、という効果が生じます。

⒝　代理、代理人、代理権

　代理人は、本来の契約当事者（これを本人といいます）に代わって、契約を成立させるために必要な意思表示をする人です。そして、代理人が意思表示をして、その結果として契約が成立した場合には、その契約の効果は、代理人ではなく、本人に帰属します。

　たとえば、Aさん（売り主）が所有する物品をBさん（買い主）が購入するにあたって、Cさんが、Bさんの代理人として、Aさんとの間で売買契約の成立のために必要な意思表示をし、これにより売買契約が成立した場合には、その売買契約の効果は、実際に意思表示をしたAさんとCさんとの間ではなく、AさんとBさんの間に発生します。

　したがって、この売買契約の成立によって、（Cさんではなく）Bさんが、Aさんから購入した物品の所有権を取得することになりますし、また、Aさんに支払うべき売買代金は、（Cさんではなく）Bさんが負担しなければならないことになります。

第
3
章

（Cが、「B代理人C」として意思表示をし、または意思表示を受ける）

↓

Aの意思表示＋ <u>Cの意思表示</u> ⇒ AB間で契約成立 ⇒ AB間で契約の効力発生

A————C（B代理人）　　　　　⇒　　　　　A————B

〔契約の意思表示〕　　　　　〈契約の成立〉　　　〔契約の効果〕

⇒この場合、契約の一方の当事者であるAの相手方として、売買（物品の購入）の意思表示をしたのは、代理人であるCですが、購入した物品の所有権を取得し、売買代金を負担しなければならないのは、本人であるBです。

　以上のとおり、代理とは、代理人が法律行為に関する意思表示をし、または意思表示を受けることによって、本人がその法律効果を取得する制度です。そして、代理権とは、本人のために意思表示をし、または意思表示を受けることによって、その法律効果を本人に発生させることができる法律上の資格（地位）のことです。代理人が行った法律行為の効果は、直接、本人に帰属します（民法99条）。

　(C)　成年後見制度における「本人」

　一般に、代理人が行った法律行為の効果が帰属する主体を、本人といいます。

　成年後見制度に関する説明においても、任意後見契約の委任者（自分の判断能力が不十分な状況になった後の後見事務を他人に依頼した人）や、家庭裁判所の審判によって判断能力が不十分であるとされた被後見人のことを、「本人」と表現することがあります。これは、成年後見制度が、基本的には、判断能力が不十分な人の生活、療養看護、および財産の管理に関する事務を、支援者である任意後見人や成年後見人等が代理して行い、その代理行為の効果を任意後見契約の委任者や成年被後見人等が取得するためのしくみだからです。

　(D)　代理における顕名

　代理行為の要件と効果を規定した民法99条は、「代理人がその権限内において<u>本人のためにすることを示してした意思表示</u>は、本人に対して直接にその効力を生ずる」（1項）、「前項の規定は、第三者が代理人に対してした意思表示について準用する」（2項）と定めています（ここにいう「第三者」は、契約の相手方のことです）。

　そして、「本人のためにすることを示さない意思表示」という表題が付いている民法100条は、「代理人が本人のためにすることを示さないでした意思表示は、自己のためにしたものとみなす。ただし、相手方が、代理人が本人のためにすることを知り、又は知ることができたときは、前条（筆者注・民法99条のことです）

第1項の規定を準用する」と定めています（なお、条文中の「本人」とは、代理人の意思表示の効果が帰属する人のことであり、「自己」というのは、代理人のことを意味します）。

　つまり、代理人が、本人に代わって、契約を成立させるために必要な意思表示をし、または意思表示を受領した場合には、その意思表示は、本人に対して直接に効力を生じ、契約の効果は、代理人ではなく、本人に帰属するわけですが、このような効果が生じるためには、代理人は、「本人のためにすることを示して」意思表示をし、または受領しなければならないということです。そして、もし、代理人が本人のためにすることを示さないで意思表示をした場合には、その意思表示は、（相手方が、代理人が本人のためにすることを知り、または知ることができたときを除いて）代理人自身のためにしたとみなされることになります。

　このように、代理人または契約の相手方が、意思表示をするにあたって「本人のためにすることを示す」ことを、顕名と呼んでいます。

　この顕名は、Cが本人Bの代理人である場合であれば、Cが、「B代理人C」として意思表示をする（契約書や通知書に記名または署名する）ことによって行っています。

　成年後見の実務において、成年後見人（たとえば、甲野太郎さんの成年後見人である後見一郎）は、契約書や銀行預金の払戻伝票に「（成年被後見人）甲野太郎　成年後見人　後見一郎」と記載します。これは、甲野太郎さんの法定代理人である成年後見人（後見一郎）が、本人である甲野太郎さんのために契約等の法律行為をする場合には、「本人である甲野太郎さんのためにすることを示して」意思表示をする（つまり「顕名」をする）必要があるからです。

　なお、顕名は、必ず本人の名を明示してしなければならないというわけではなく、周囲の事情から本人が誰であるかが明らかになれば、それでよいと考えられています。

　(E)　「任意代理」と「法定代理」との違い（代理の種類）

　代理には、任意代理（委任による代理）と法定代理の2種類があります。

　任意代理と法定代理とは、代理権の発生が本人の意思に基づくか、それとも本人の意思に基づかないかによって区別されます。

　(a)　任意代理（委任による代理）

　本人の意思によって代理権が発生した場合の代理を任意代理（委任による代理）といいます。

　任意代理権は、本人が代理人に代理権を与える行為（代理権授与行為、授権行

為といいます）に基づいて発生します。

　任意代理権の範囲（任意代理人の権限の範囲）は、本人が代理人に対してどのような代理権を授与したかによって定まります。

《コラム》　任意代理人の復任権

　代理人の意思により、本人のためにさらに代理人を選任する権限（復代理人を選任する権限）を復任権といいます。

　任意代理人は、本人の意思（信任）に基づき、特定の法律行為についてのみ、代理権を授与されています。すなわち、任意代理人は、本人から特に指名されて代理人となっており、しかも、その代理権の範囲は限定されています（本人は、通常、代理人が本人から委託を受けた法律行為をするために必要な範囲で、代理人が代理することができる法律行為を限定して、代理人に対して代理権を与えています）。

　そのため、任意代理人は、本人の許諾を得たとき、または本人の所在が不明で許諾を得ることができないときなど、やむを得ない事由があるときでなければ、復代理人を選任することができません。つまり、任意代理人の復任権は、非常に限定された場合にしか認められていないというわけです。

　　(b)　法定代理

　本人の意思によらずに代理権が発生した場合の代理を法定代理といいます。

　法定代理権は、本人の意思とは無関係に、法律が定めている内容に従って発生します。たとえば、未成年者の親権者の親権（代理権）は、親であることによって法律上当然に発生します。また、成年後見人の代理権は、家庭裁判所が後見開始・成年後見人選任の審判をすることによって発生します。

　法定代理権の範囲（法定代理人の権限の範囲）は、原則として、法律の規定によって定められています。

《コラム》　法定代理人の復任権

　法定代理人の復任権には、特に制限がありません。すなわち、法定代理人は、原則として、いつでも自由に復代理人を選任することができます。そして、選任した復代理人に、（原代理権の範囲を超えない範囲で）本人のために事務処理を行わせることができます。

　ただし、復代理人を選任した法定代理人は、原則として、選任した復代理人がした行為について、すべての責任を負います。

　逆にいうと、復代理人がした行為の結果については、復代理人を選任した法定代理人（原代理人）がすべての責任を負いますが、その代わり、法定代理人は、いつでも自由に復代理人を選任して、復代理人に特定の事務（訴訟、登記申請、税務申

告等の専門的な知識・能力を必要とする事務等）を処理させ、その効果を直接、本人に帰属させることができる、ということです。

　これは、法定代理人は、本人の信任に基づいて代理人となったわけではなく、しかも、法律の規定によって、通常は非常に広い範囲の代理権を与えられていることから、代理人の意思によって、さらに別の代理人（復代理人）を選任して、必要に応じて復代理人に事務を処理させる（代理行為をさせる）ことができたほうが合理的であると考えられるからです。

　つまり、法定代理人の場合には、「選任された法定代理人自身が代理（事務処理）をしなければならない」という事情（必要性）はあまりなく、むしろ、復代理人を選任して事務処理をさせることを認める必要性が高いと考えられているのです。

　(F)　代理の対象とならない行為にはどのようなものがあるか

　代理とは、代理人が本人に代わって意思表示（契約等の法律行為）をして、その効果を本人に帰属させるというものです。したがって、意思表示を必要としない（契約等の法律行為ではない）事実行為については、そもそも代理の対象とはなりません。

　また、意思表示の中には、代理人が代わってすることができないもの（代理に親しまない行為）もあります。すなわち、意思表示の中には、本人自身によってされることが絶対的に必要とされているものがあり、そのような意思表示は、代理人による代理の対象になりません。こういった行為について、代理人が代わりにその意思表示をしても、その効果は本人に帰属しないことになります。

　このような代理に親しまない行為として、たとえば、身分上の行為や、医療行為の同意などがあります。

　(a)　身分上の行為

　具体的には、婚姻、離婚、子の認知、養子縁組、離縁、遺言などの身分上の行為は、本人自身の意思に基づかなければすることができない「代理に親しまない行為」であるとされており、代理人が代わってすることができません（もっとも、15歳未満の未成年者が養子となる養子縁組の承諾は、例外的に、法定代理人が本人に代わってすることができます）。

　ちなみに、これらの身分上の行為は、制限行為能力者の法定代理人が本人に代わってすることはできませんが、その行為をするのに必要な意思能力を有しているのであれば、支援者の同意を得ることなく、制限行為能力者みずからが単独ですることができます。たとえば、成年被後見人は、一時的に判断能力を回復しているときであれば、成年後見人や親族の同意を得ることなく、単独で、婚姻（の

意思表示）を有効にすることができます。こういった場合、成年被後見人の親族や成年後見人がいくら反対しても、成年被後見人が判断能力を回復しているときにした婚姻（の意思表示）の効果を否定することはできません。

　なお、成年被後見人は、判断能力を一時的に回復している時であれば、遺言をすることができます。その際には、医師2人以上の立会いがなければならないとされています（民法973条）。

(b)　医療行為の同意、身体拘束の同意

　医療行為の同意も、本来は本人自身によってされることが絶対的に必要とされています。インフルエンザの予防接種への同意も、外科的手術への同意も、本来は、代理人が本人に代わってすることはできないと考えられています。もし、代理人が本人に代わって同意・承諾の意思表示をしても、法的には何ら効力が認められないことになります。もちろん、親族が本人に代わって同意・承諾をすることもできません。

　また、医療機関や介護保険施設等において要求されることがある身体拘束の同意についても、同様に、代理人が本人に代わってすることができるものではないと考えられます。

(G)　無権代理（代理人として契約をした人に代理権がなかった場合）

(a)　無権代理とは

　代理人として契約をした人に代理権がなかった場合のことを、無権代理といいます。

　無権代理は、原則として無効です。すなわち、代理人として契約をした人に、実際には代理権がなかった場合には、その代理人がした契約は、何ら効力を生じません。

(b)　表見代理とは

　代理人として契約をした人が、かつては代理権を有していたものの契約の時点ではその代理権が消滅していた場合や、契約の時点で何らかの代理権を有していたもののその代理権の範囲を超えて契約をするということがあります。この場合、代理人として契約をした人が正当な代理権を有しているかのような外観が生じており、「代理人として契約をした人が正当な代理権を有している」と契約の相手方が誤信したのもやむを得ないと考えられる事情がある場合には、契約の相手方の信頼を保護するために、例外的に、その契約が有効となることがあります（表見代理）。

（c）　広義の無権代理と狭義の無権代理

　一般に、無権代理には、広い意味（広義）の無権代理と狭い意味（狭義）の無権代理とがあり、広義の無権代理には、表見代理と狭義の無権代理とが含まれる、と説明されます。

　狭義の無権代理は、無権代理人がした契約を無効としたうえで、それによって契約の相手方に生じた損害の賠償等の責任を無権代理人に負わせるというしくみになっています（民法117条）。一方、表見代理は、無権代理人がした契約を有効なものとして取り扱い、その責任を、無権代理人が正当な代理権を有しているかのような外観が生じたことについて何らかの形でかかわっていた本人に負わせるしくみになっています（民法109条・110条・112条）。

（d）　無権代理行為の追認

　無権代理人がした契約を本人が追認したとき、すなわち、本人が、無権代理人がした（無効であるはずの）契約が効力を生じることを容認するという意思表示をしたときは、その契約は有効となります。

　もっとも、本人が、判断能力が不十分であるため、欠陥のない意思表示をすることが困難であるときは、事実上、本人が追認をすることはできないと考えられます。したがって、本人の追認によって無権代理人がした契約を有効とすることは、非常に難しいでしょう。

（e）　自己契約・双方代理の禁止（代理権の制限）

《事例》
　Bは、Aが所有する不動産の売却についてのAの代理人です。
　①　Bは、みずから当該不動産の買い主になることができるでしょうか。
　②　Bは買い主Cの代理人を兼ねることができるでしょうか。

　1個の法律行為について、当事者の一方が相手方の代理人となって代理行為をすることを自己契約といいます。同一人が1個の法律行為の当事者双方の代理人となって代理行為をすることを双方代理といいます。

　自己契約および双方代理は、原則として禁止されています。事実上、代理人が自分だけで契約をすることになり、本人の利益が不当に害されるおそれがあるからです。

　自己契約および双方代理の禁止に違反した行為は、無権代理となります（民法108条1項本文）。したがって、一応は無効であるものとされますが、本人の追認を得ることによって有効となる可能性があります。これは、結果的に本人の利益が何ら害されておらず、本人が自己契約または双方代理の効果を認めるのであれ

第3章

ば、追認により有効とする余地を残しても差し支えないと考えられているからです。したがって、自己契約および双方代理の禁止に違反した行為は、絶対的に無効というものではなく、無権代理の1つの類型である、ということになります。

　なお、民法108条は法定代理および任意代理の双方に適用があります。法定代理における利益相反行為の禁止を定めた規定（民法826条・860条）は、民法108条に対する特別規定です。

（f）　代理権の消滅

　代理権は、①本人の死亡、②代理人の死亡、③代理人が破産手続開始の決定もしくは後見開始の審判を受けたことのいずれかによって消滅します（民法111条）。これらは、法定代理・任意代理に共通している代理権の消滅原因です。このほか、委任による代理権は、委任の終了によって消滅します（☞(3)(E)(b)参照）。

（g）　本人の親族による支援は法的には無権代理と評価せざるを得ないことが多い

　本人の親族が、本人の利益のためによかれと思って結んだ契約も、無権代理であれば当然に無効です。判断能力を欠く状態にあることが通常の状況であるような人は、本人自身の意思表示によって契約を有効に成立させることは、非常に困難です。したがって、このような人が当事者となって契約をする場合には、必ず、その正式な代理人が、本人に代わって、契約を締結するために必要な意思表示をする必要があります。

　前に説明したように、代理人には、法定代理人と任意代理人の2種類があり、法定代理人の代理権は、法律の定めに従って（たとえば家庭裁判所の審判によって）発生し、任意代理人の代理権は、本人の意思によって（本人からの代理権の授与によって）発生します。そして、判断能力を欠く状態にあることが通常であるような人は、判断能力を欠く状態になる前であれば、委任契約等を締結して代理人に代理権を与えることはできますが、判断能力が不十分な状態になった後ではもはや委任契約等を締結するために必要な意思能力がないと考えられるため、代理人に代理権を与えることはできません。

　したがって、判断能力を欠く状態にあることが通常である人の場合、契約に必要な意思能力がないと考えられますから、親権者や後見人といった法定代理人がいないときは、理論上は、契約を結ぶことがまったくできないことになります。

　たとえ、その人の周囲に親族などの身の回りの世話をする人が存在していても、その人たちは正式な代理人ではありませんから、本人に代わって契約を締結することはできません。その人たちは、法定代理人でも任意代理人でもないのですか

ら、本人を代理する権限を一切もっていないのです。その人たちが、事実上、本人を代理して契約（意思表示）をしたとしても、その契約は、理論上は、無権代理により無効となってしまうのです。

　ただし、本人が、判断能力を失う前に委任契約等を締結し、任意代理人を選任していた場合には、その任意代理人が、本人のために有効な契約を締結することができるかもしれません。

(3) 委任とは何か

　任意代理人に対する代理権の授与は、一般的には、委任契約に伴って行われます。また、委任に関する規定は、後見・保佐・補助の事務、後見・保佐・補助の終了、後見監督人・保佐監督人・補助監督人に数多く準用されています（民法852条・869条・874条・876条の３・876条の５・876条の８・876条の10）。

(A) 委任の意義

　委任契約とは、当事者の一方が、法律行為その他の事務をすることを相手方に委託し、相手方がその委託を承諾することによって効力を生じる契約です。委託を受けた人（受任者）が、委託をした人（委任者）のために、委託を受けた事務を処理することを契約の内容とします（民法643条）。

　委任は、一定の事務の処理を目的とする委任者・受任者間の契約です。一方、代理権の授与は、本人に直接効果が生じる法律行為をすることができる権限を、本人が代理人に授与することです。したがって、委任と代理権の授与との間に、必然的な関係はありません。委任があっても、代理権の授与がないことがありますし、代理権の授与があっても、委任がないこともあります。しかし、実際には、法律行為の委託を目的とする委任は、同時に、受任者に対する代理権の授与を伴うことが多いといえます。

(B) 委任の性質

　委任は、諾成・不要式の契約です。また、委任は、原則として片務・無償の契約ですが、報酬を支払う特約があるときは、双務・有償の契約となります（民法648条１項参照）。

　委任は、当事者間の信頼関係を基礎として、受任者が、委託された事務を処理することを契約の目的とします。したがって、受任者は、必ずしも委任された仕事を完成する必要はありません（これに対して、請負は、仕事の完成を目的とします）。

　ただし、受任者は、次に掲げるような義務を負うことになります。

(C) 受任者の義務

第3章

(a)　善管注意義務

受任者は、委任の本旨に従い、善良な管理者の注意をもって、委任事務を処理する義務を負います（善管注意義務：民法644条）。

善管注意義務とは、委任契約における受任者の職業や地位などから判断して一般的に要求されると考えられる程度の注意（その人と同じ職業についている人やその人と同様の地位を有している人が、平均的に有していると考えられる程度の知識や能力に応じた注意）を払って、委任事務を処理する義務のことをいいます。

万一、受任者が、委任事務の処理にあたって、善管注意義務に違反して委任事務を処理し、これが原因で委任者に損害を与えた場合には、受任者は、委任者に対して、その損害を賠償する責任を負います。

受任者は、有償でも無償でも、善管注意義務を課されます。委任は当事者の信頼関係を基礎とする契約なので、無償の場合であっても注意義務は軽減されません（これに対し、寄託契約の場合、有償の受寄者は、民法400条の規定により善管注意義務を負いますが、無償の場合には、民法659条の規定により、自己の財産に対するのと同一の注意義務を負います）。

> ### 《コラム》「善管注意義務」と「自己の財産に対するのと同一の注意義務」
>
> 善管注意義務は、行為者の具体的な注意能力に関係なく、行為者の職業や社会的地位に応じて、取引上一般に要求される注意義務（行為者に抽象的・一般的に要求される注意義務）です。
>
> これに対して、行為者の注意能力に応じた具体的な注意義務を「自己の財産に対するのと同一の注意義務」「自己のためにするのと同一の注意義務」「自己の財産におけるのと同一の注意義務」などといいます。
>
> 財産法では、原則として善管注意義務が課せられ、善管注意義務を尽くさなければ債務不履行による損害賠償責任（民法415条）を負います。受任者のほか、後見監督人（民法852条）、保佐監督人（民法876条の3第2項）、補助監督人（民法876条の8第2項）、後見人（民法869条）、保佐人（民法876条の5）、補助人（民法876条の10第1項）、遺言執行者（民法1012条2項）なども、善管注意義務を負います。
>
> これに対して、無報酬の受寄者（民法659条）、弁済提供後の売主（解釈）、親権者（民法827条）、限定承認者（民法926条1項）、相続放棄者（民法940条1項）は、自己の財産におけるのと同一の注意義務を負います。

《コラム》 請負契約と委任契約

　請負契約は、仕事の完成を目的とした契約です。したがって、請負人は、仕事を完成させる債務（義務）を負っています。もし仕事を完成させることができなければ、債務不履行による損害賠償責任を負います。

　これに対して、委任契約は、委任者と受任者の間の信頼関係を基礎として、委任者から委託された事務を受任者が処理すること自体を契約の目的とした契約です。したがって、受任者は、必ずしも仕事を完成させる必要はありません。善管注意義務は、このような性質を有する委任契約において、受任者が払うべき注意のレベル（受任者の注意義務）を明らかにし、受任者が債務不履行による損害賠償責任を負うか否かの判断の基準となる機能をもっています。

　(b)　自己服務の原則

　受任者は、原則としてみずから委任事務を処理しなければならず、他人に委任事務の処理を任せることはできません（自己服務の原則）。委任は、受任者個人に対する委任者の信頼を基礎とする契約だからです。

　ただし、受任者は、自己の責任において履行補助者を使用することができます。履行補助者とは、債務者（この場合は受任者）が債務（この場合は委任された内容）を履行するために、債務者の手足となって動く人のことです。

　たとえば、日常生活自立支援事業（☞第1章Ⅷ）は、社会福祉協議会が、利用者との間で、利用者の福祉サービスの利用を援助することを内容とする委任契約を締結し、その委任契約上の義務として、受任者である社会福祉協議会が、委任者である利用者に対して、福祉サービスの利用等に関するさまざまな援助を行う事業です。この事業において、受任者である社会福祉協議会の手足となって動く生活支援員は、受任者である社会福祉協議会の履行補助者です。また、医師が受任者である場合の看護師等の病院のスタッフや、司法書士または弁護士が受任者である場合の司法書士事務所または法律事務所の事務員も、履行補助者です。

　さらに、受任者は、委任者の許諾を得たときまたはやむを得ない事由があるときには、他人に復委任をすることもできます（民法644条の2）。

　(D)　受任者の権利（委任者の義務）

　(a)　報酬請求権

　受任者は、特約がなければ、委任者に対して報酬を請求することができません（民法648条1項）。すなわち、委任者は、特約がある場合にのみ、受任者に対して報酬支払義務を負います。

　報酬は、特約がない限り後払いです（民法648条2項）。したがって、受任者は、

報酬について同時履行の抗弁権（双務契約の当事者が、相手方が債務の履行（提供）をするまで自分の債務を履行しないと主張すること）を主張することができません。

　委任者の責めに帰することができない事由によって委任事務の履行をすることができなくなったとき、または委任が履行の中途で終了したときは、受任者は、すでにした履行の割合に応じて報酬を請求することができます（民法648条3項）。委任は、事務処理行為そのものを目的とするものだからです（これに対して、請負は、仕事の完成を目的としますから、請負人は、仕事が未完成の状態では、報酬を請求することができません）。

(b)　費用償還請求権

　委任者は、受任者の請求があれば、委任事務を処理するために必要な費用の前払いをしなければなりません（民法649条）。

　受任者が委任事務を処理するために必要な費用を支出したときは、委任者は、その費用およびその費用を支出した日以後の利息を支払わなくてはなりません（民法650条1項）。

　受任者が委任事務を処理するために必要な債務を自己の名で負担したときは、受任者は、委任者にその弁済をさせ、またはその債務の弁済期が到来していないときは、相当の担保を提供させることができます（民法650条2項）。

　受任者が委任事務を処理するために過失がないのに損害を受けたときは、委任者は、受任者に対して、その損害を賠償する責任を負います（委任者の無過失責任：民法650条3項）。

(E)　委任の終了

(a)　告知（相互解除の自由）

　委任は、各当事者が、いつでも解除することができます（民法651条1項）。

　委任は、当事者の信頼関係を基礎とする契約ですから、信頼関係が失われたときは、委任を継続させておくことは無意味であるといえます。そこで、委任は、有償・無償を問わず、委任者・受任者のいずれからでも、特に理由がなくても、自由に解除することができるとされているのです。

　委任の解除は、賃貸借の場合と同様に（民法620条参照）、将来に向かってのみ効力を生じます（民法652条による民法620条の準用）。

　当事者の一方が、相手方に不利な時期に委任を解除したとき、または委任者が受任者の利益（専ら報酬を得ることによるものを除きます）をも目的とする委任を解除したときは、やむを得ない事由がある場合を除き相手方の損害を賠償しなければなりません（民法651条2項）。

(b) 委任の終了

委任は、告知（民法651条）のほか、①委任者または受任者の死亡、②委任者または受任者が破産手続開始の決定を受けたとき、③受任者が後見開始の審判を受けたときは終了します（民法653条。なお、委任者が後見開始の審判を受けたときは、委任の終了原因ではありません）。もっとも、特約によって、これらの原因が生じてもなお委任を消滅させないものとすることは可能です（たとえば、特約によって、委任者が死亡しても委任は終了しないとすることもできます）。

(c) 応急処分義務（善処義務）

委任が終了した場合において、緊急に対応することが必要とされる事情（急迫の事情）があるときは、受任者（またはその相続人、法定代理人）は、委任者（またはその相続人、法定代理人）が委任事務を処理することができるようになるまでの間、必要な処分をしなければなりません（応急処分義務：民法654条）。

受任者が委任契約を終了した後、ただちに委任事務を中止することになると、委任者は、予測していない損害を受けるおそれがあります。そこで、委任が終了した場合において、急迫の事情があるときは、受任者に善処すべき義務が課せられるのです。

⑷ 賃貸借とは何か

(A) 賃貸借の意義・性質・成立

賃貸借は、当事者の一方（賃貸人）が、相手方（賃借人）に物の使用および収益（その物について生じる利益を得ること）をさせることを約し、これに対して、相手方（賃借人）が、その使用および収益の対価として賃料を支払うことおよび引渡しを受けた物を契約が終了したときに返還することを約する契約です（民法601条）。

賃貸借は、双務・有償の契約です。賃貸人は、目的物を使用・収益させる債務を負担します。一方、賃借人は、使用・収益の対価（借賃・賃料）を支払い、契約終了時には目的物を返還する債務を負担します。

賃貸借では、借り主は、目的物の処分権限を取得しません。したがって、使用・収益が終了した後は、借りた物自体を返還しなければなりません。

賃貸借は、諾成・不要式の契約です（民法601条）。

(B) 賃貸人の義務

(a) 目的物を使用・収益させる義務

賃貸人は、賃借人に目的物を使用・収益させる積極的な義務を負います（民法601条）。

　具体的には、①賃貸人は、目的物を賃借人に引き渡し、かつ、賃貸借関係が存続する期間中、その目的物を使用・収益に適した状態にしておく義務を負うほか、②第三者が賃借権を妨害するときは、賃貸人は、これを排除すべき義務を負います。また、③賃貸人は、目的物の使用・収益に必要な修繕をする義務を負います（民法606条１項本文）。ただし、賃借人の責めに帰すべき事由によってその修繕が必要となったときは、この限りでありません（民法606条１項ただし書）。なお、賃借物の修繕が必要である場合において、賃借人が賃貸人に修繕が必要である旨を通知し、もしくは賃貸人がその旨を知ったにもかかわらず、賃貸人が相当の期間内に必要な修繕をしないとき、または急迫の事情があるときは賃借人は賃貸物の修繕をすることができます（民法607条の２）。

(b)　費用償還義務

(ア)　必要費

　必要費とは、物の価値を維持するのに必要な費用、すなわち、賃借物の原状を保存し、使用・収益を妨げるような欠陥を修繕するための費用です。

　賃借人は、賃借物について賃貸人の負担に属する必要費を支出したときは、賃貸人に対し、（賃貸借の終了を待たずに）ただちにその償還を請求することができます（民法608条１項）。賃貸人は、賃借人に目的物を使用・収益させる積極的義務を負っているのですから、必要費は、本来、賃貸人が負担すべきであると考えられるためです。

(イ)　有益費

　有益費とは、物の価値を増加させるための費用、すなわち、賃借物を改良して、価値を増加させた場合の費用のことをいいます。

　賃借人が賃借物について有益費を支出したときは、賃貸人は、賃貸借が終了する時点において賃貸物の価格の増加が現存している場合に限り、その選択（賃貸人の選択）に従い、支出された金額または増価額を返還しなければなりません（民法608条２項本文）。

　有益費は、本来、賃貸人が支出しなければならないものではありません。しかし、賃借人による有益費の支出によって賃借物の価値が増している場合において、賃貸借の終了により、賃貸人がそのまま賃貸物の返還を受けると、賃貸人が不当な利得を得ることになります。そこで、有益費については、賃貸人は、賃貸借の終了の時に賃借人に償還しなければならないものとされているのです。ただし、裁判所は、賃貸人の請求によって、有益費の償還について相当の期限を許与することができます（民法608条２項ただし書）。

建物の賃借人が有益費を支出した後、建物の所有権の譲渡により賃貸人が交替したときは、特段の事情のない限り、新賃貸人が有益費の償還義務を承継しますから、賃借人は、旧賃貸人に対して有益費の償還を請求することはできません（判例）。

(C) 賃借人の義務

(a) 賃料支払義務

賃借人は、賃貸人に賃料を支払う義務を負います（民法601条）。賃料は、必ずしも金銭に限られません。賃料の支払時期について、民法614条は後払いと規定していますが、特約により変更することもできます。

(b) 賃借権の無断譲渡・賃借物の無断転貸をしない義務

賃借人は、賃貸人の承諾を得なければ、賃借権を譲り渡し、または賃借物を転貸することができません（民法612条1項）。賃借人が、賃貸人の承諾を得ることなく第三者に賃借物の使用または収益をさせたときは、賃貸人は、契約を解除することができます（民法612条2項）。

(c) 賃借物の保管義務、使用・収益権

賃借人は、特定物の引渡しを目的とする債務を負う者として、賃貸借が終了する時点まで、善良な管理者の注意をもって目的物（賃貸借の対象となっているもの）を保管する義務を負います（善管注意義務：民法400条）。また、賃借人は、当事者の意思（契約）または目的物の性質によって定められた用法に従って、目的物を使用・収益すべき義務を負います（民法616条・594条1項）。

(d) 賃借物の返還義務（民法601条）

賃借人は、賃貸借が終了したときは、賃借物を賃貸人に返還しなければなりません。

(5) 事務管理とは何か

法律上の義務がないにもかかわらず、他人のために事務（法律行為および法律行為でない事務）を管理（処理）することを、事務管理といいます（民法697条）。

義務なく他人のために事務の管理を始めた者（管理者）は、本人のために有益な費用を支出したときは、本人に対し、その償還を請求することができます（民法702条）。

事務管理における管理者と本人の関係は、委任における受任者と委任者の関係に類似したものとなります（民法701条参照）。

事務管理の基本的な効果は、違法性の阻却です。すなわち、管理者の管理行為によって本人に損害を与えた場合であっても、管理者の行為には違法性がないと

評価され、不法行為が成立しません。

　事務管理に関する規定は、決して財産管理（他人の財産の保存・管理・処分）の一般的な根拠となるものではなく、あくまで管理行為の違法性を阻却する根拠にすぎないことに注意してください。　　　　　　　（第3章①1　西川　浩之）

2　家族法

　ここからは、民法の家族法について説明をしていきます。

　後見人が代理権や同意権を行使する範囲は、被後見人の身分上の行為には及ばないので、家族法についての知識は不要だと思われるかもしれません。しかし、後見人に就任した当初は難題がないと思われても、職務を遂行していく中で家族法に関係する知識が必要となる場合も出てきます。

　そこで、後見人として最低限、知っておくことが必要なことについて、できる限り事例を用いながら説明をすることにします。

(1)　親族とは
(A)　親族・親等

《事例》
　私は、Aさんの従兄弟です。Aさんのために後見開始審判の申立人になってほしいと頼まれたのですが、申立人になれるのでしょうか。

　この質問に対する回答を導き出すために、親族と親等を説明します。

(a)　親族とは

　家族には、さまざまな権利や義務があります。それらの権利や義務が、家族の中の誰に及ぶのかを決めておく必要があることから、民法725条において、次に掲げる者を親族とすると規定されています（親族の法律的な効果については、それぞれ関係する法律に規定されていますので、その箇所で説明します）。

親族	①　6親等内の血族 　　自然血族：本来の親子、兄弟姉妹のように血のつながった者 　　法定血族：養子と養親のように法律上血族として扱われる者 ②　配偶者 　　婚姻の届出をした夫婦 ③　3親等内の姻族 　　夫婦の一方と他方の血族との関係

第3章

図表1-23　親等図

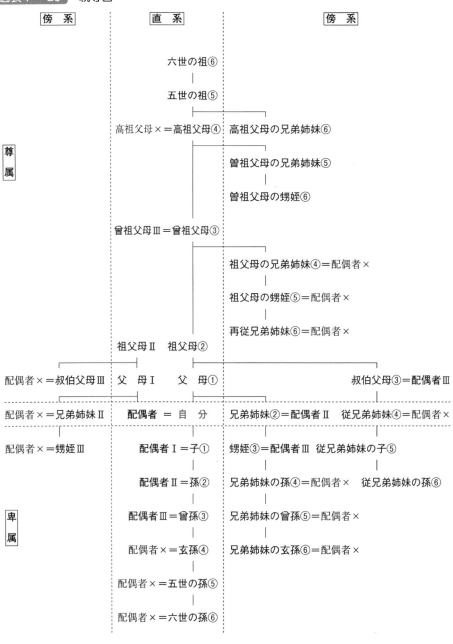

傍　系	直　系	傍　系

六世の祖⑥

五世の祖⑤

高祖父母×＝高祖父母④　高祖父母の兄弟姉妹⑥

曾祖父母の兄弟姉妹⑤

曾祖父母の甥姪⑥

曾祖父母Ⅲ＝曾祖父母③

祖父母の兄弟姉妹④＝配偶者×

祖父母の甥姪⑤＝配偶者×

再従兄弟姉妹⑥＝配偶者×

祖父母Ⅱ　祖父母②

配偶者×＝叔伯父母Ⅲ　父　母Ⅰ　父　母①　　　　　　　叔伯父母③＝配偶者Ⅲ

配偶者×＝兄弟姉妹Ⅱ　配偶者＝自　分　兄弟姉妹②＝配偶者Ⅱ　従兄弟姉妹④＝配偶者×

配偶者×＝甥姪Ⅲ　　配偶者Ⅰ＝子①　甥姪③＝配偶者Ⅲ　従兄弟姉妹の子⑤

配偶者Ⅱ＝孫②　兄弟姉妹の孫④＝配偶者×　従兄弟姉妹の孫⑥

配偶者Ⅲ＝曾孫③　兄弟姉妹の曾孫⑤＝配偶者×

配偶者×＝玄孫④　兄弟姉妹の玄孫⑥＝配偶者×

配偶者×＝五世の孫⑤

配偶者×＝六世の孫⑥

尊属

卑属

①～⑥は血族とその親等
Ⅰ～Ⅲは姻族とその親等
×は親族以外

(b)　**親等とは**

親等とは、親族関係の遠近を表す単位です。自分を基準にした血縁の濃さを順に示しています（図表1−23）。親等数が少ないほど密接な関係にあります。なお、配偶者には、親等はありません。

(c)　**直系・傍系、尊属・卑属とは**

直系とは、親子、祖父母、孫のような縦の関係です。

傍系とは、兄弟姉妹、叔父・叔母、おい・めいのように枝分かれした関係です。

父母以上の世代の者を尊属といい、子以下の世代の者を卑属といいます。

《回答とポイント》

民法7条には、本人、配偶者、4親等内の親族、未成年後見人、未成年後見監督人、保佐人、保佐監督人、補助人、補助監督人または検察官が後見開始の審判請求できると規定されています。

この4親等内の親族とは、4親等内の血族、3親等内の姻族および配偶者となります。従兄弟は4親等の血族ということになりますから、Aさんの申立人になることができます。

図表1−23で、4親等内の親族（特に姻族）の範囲を確認してください。

(B)　**親族に関係する主な法律の規定**

《事例》

民法7条の後見開始の審判請求のほかに、親族に関係する法律の規定としてどのようなものがありますか。

親族に関係する主な規定としては、以下のものがあります。

①　扶養義務（夫婦について民法752条、直系血族および兄弟姉妹について民法877条1項）

②　相続権者（子およびその代襲者について民法887条、直系尊属および兄弟姉妹について民法889条、配偶者について民法890条）

③　後見人と被後見人の間の無許可縁組の取消し（民法806条）

そのほかにも、近親者の間における婚姻の禁止（民法734条）、直系姻族の間における婚姻の禁止（民法735条）、尊属を養子とすることの禁止（民法793条）があります。また、刑法や戸籍法などにも、親族に関係する規定が多くあります。

(2) 婚姻とは

《事例》

　成年被後見人Ａさんは、Ｂさんと長年同居し、夫婦同然に生活をしていましたが、婚姻届を出していませんでした。Ｂさんから、婚姻届を出したいということで、成年後見人の私にＡさんの代理人として署名・押印をしてほしい、と言われました。何か問題はありますか。

　質問に対する回答を導き出すために、婚姻の成立やその効力について説明します。

(A) 婚姻が成立する要件とは

　婚姻は、以下の６つの実質的要件を備えた男女が、戸籍法の定める方式で婚姻届を出す（形式的要件）ことによって成立します（民法739条１項、戸籍法74条）。これを法律婚といいます。また、婚姻の届出をしていない夫婦関係を事実婚といいます。事実婚は、法律上は婚姻とは認められず、内縁として扱われることになります。

　婚姻の実質的要件は、次のとおりです。この要件のうち１つでも欠ければ、婚姻の無効や取消しといった問題が発生することになります。

① 婚姻する意思の合致があること（民法742条参照）　　国籍を取得するためなどの仮装結婚をするなどしていて婚姻の意思がないときは無効です。

② 男性は満18歳、女性は満16歳以上であること（民法731条（編注：令和４年４月１日以降は男女ともに18歳））

③ 重婚ではないこと（民法732条）

④ 近親婚でないこと（民法734条～736条）　　直系血族または３親等内の傍系血族、直系姻族、養親子関係者の間における婚姻は、優生学的・社会倫理的な理由により禁止されています。

⑤ 再婚禁止期間（100日）が過ぎたこと（民法733条）（女性のみ）
　　なお、前婚解消時に妊娠していない場合や前婚解消の後に出産した場合は、100日の経過を待たずに再婚ができます。

⑥ 未成年者が初めて婚姻する場合、未成年者の父母のどちらかの承認があること（民法737条１項（令和４年４月１日以降は削除））

(B) 婚姻の一般的な効果

　婚姻の効果として、一般的には次のものがあります。このほかにも、相続権の発生（民法890条）、子の嫡出化（民法772条１項）等もあります。

① 同居・協力・扶助義務（民法752条）　　夫婦は、結婚すれば同居し、互い

に協力し、助け合わなければなりません。同居義務は法的に強制することにはなじまないため、強制的に同居させることはできません。ただし、正当な理由がないのに同居を拒んだ場合は、「悪意の遺棄」として、離婚の原因となる可能性があります。なお、夫婦の一方が病気などのために入院や入所するために別居する場合や、転勤などといった職業上の理由によって一時的に別居する場合、同居に耐えることができない虐待があるために別居する場合などは、同居義務違反とならないとされています。

② 未成年者の成年擬制（民法753条）　未成年者が結婚すると、成年に達したとみなされます（成年擬制）。そのため、親権者の同意がなくてもアパートを借りる契約や売買契約等を有効に行えることになります。ただし、この成年擬制は、私法上の関係のみに適用されるものです。したがって、公法で規定されているものについては、依然として未成年者とされます。たとえば、飲酒や喫煙は依然として20歳になるまでは禁止されます。憲法改正の国民投票権年齢や公職選挙法の選挙権年齢は、18歳と定められています。なお、20歳未満で婚姻の解消や取消しがされた場合であっても、再び未成年者として扱われるわけではありません（令和4年4月1日以降はこの規定は削除されます）。

③ 夫婦間の契約取消権（民法754条）　夫婦の間で贈与等の契約をしたときは、婚姻中はいつでも、夫婦の一方から取り消すことができます。すでに履行している場合でも、婚姻中であれば取り消すことができます。一方、契約を結んだ時点で実質的に婚姻関係が破綻している場合には、取り消すことはできないとされています。

④ 夫婦の氏の統一（民法750条）　夫婦は、婚姻関係が継続する限り、婚姻の際に定めるところに従って、夫または妻の氏を称することになります。

⑤ 貞操義務　法律に直接の規定があるわけではありませんが、貞操義務に違反した場合は、離婚の原因になる可能性があります。

《回答とポイント》

判断能力が低下している高齢者の婚姻については、さまざまな問題が発生しているのが現状です。多くの場合、財産問題と密接に関連していますので、当事者が死亡した後に、婚姻は無効ではないかという裁判が提起されることも少なくありません。

成年被後見人が婚姻をする場合、成年後見人の同意は不要とされています（民法738条）。もちろん、婚姻は、財産に関する法律行為ではなく、身分に関する行

為ですので、成年後見人が代理して行うことのできるものではありません。

　ところで、平成12年に開始された新しい成年後見制度では、後見開始の審判がされたことを戸籍へ記載しないことになりました。そのため、たとえばＡさんや成年後見人が知らない間に、Ｂさんによってなされた婚姻の届出が受理される可能性があります。また、成年被後見人が婚姻する場合に、それまでは意思能力がある旨の医師の診断書（旧戸籍法32条2項）が必要とされていましたが、成年後見制度が開始されることに伴って必要ではなくなりました。そのため、不審な点がない限り、戸籍係は医師の診断書の添付を求めることはしていません。

　このように、成年後見人は、成年被後見人の婚姻について、何もできないということになります。ただし、Ｂさんから婚姻をしたいという申出があったこととＡさんの気持ちを家庭裁判所に報告し、対応について相談することが必要ではないかと思います。

　　(C)　婚姻の解消の原因にはどのようなものがあるか

《事例》
　成年被後見人ＡさんはＢさんと夫婦ですが、20年近く別居していました。先日、Ｂさんから、Ａさんと離婚したいという申出がありましたが、後見人としてどのように対応すればよいでしょうか。

　質問に対する回答を導き出すために、婚姻の解消の原因である死亡と離婚について説明します。婚姻の解消とは、有効に成立した婚姻が、事後に生じた事由によって、将来に向かってその効果を失うことです。

　　(a)　当事者の一方の死亡

　婚姻当事者の一方が死亡した場合、婚姻関係は当然に終了するとされています（失踪宣告がされた場合もこれに含まれます）。

　死亡によって婚姻関係が終了した場合には、離婚（民法728条1項）と違い、当事者間に生じた姻族関係や氏については、直接の影響はありません。死亡した配偶者の血族との間の姻族関係を終了させるには、生存している配偶者から、姻族関係終了の意思表示をしなければならないことになります（民法728条2項。具体的には、戸籍係へ届出をすることになります）。

　婚姻により氏を変えた生存配偶者は、配偶者の死亡により、次の4つのいずれかを選択することになります。

　①　姻族関係を維持し、氏も変更しない。
　②　姻族関係を維持し、婚姻前の氏に戻す（民法751条1項）。
　③　姻族関係を終了させ、氏は変更しない。

④　姻族関係を終了させ、婚姻前の氏に戻す。

　(b)　離　婚

　　㋐　離婚の種類

離婚の種類には、協議離婚・調停離婚・審判離婚・裁判離婚があります。

①　協議離婚　　夫婦間で協議が整えば、離婚することが可能です。

　　協議離婚が成立するためには、離婚をするという合意、離婚の届出、（子がいる場合には）子の親権者を決めることが必要です。

　　成年被後見人が協議離婚をする場合は、婚姻と同様、成年後見人の同意は不要とされています（民法764条が準用する民法738条）。また、成年後見人が成年被後見人を代理して協議離婚をすることもできません。

②　調停離婚　　夫婦間で協議が成立しない場合、家庭裁判所に離婚調停の申立てをすることができます。調停で合意が調えば、調停委員会が調停調書を作成することで、離婚は成立します。この場合、調停調書を添付して、10日以内に戸籍係へ届出をする必要があります。

③　審判離婚　　離婚調停で、離婚すること自体には両者の合意があるものの、財産分与や親権者決定といった問題が決まらない場合には、家庭裁判所は、調停委員の意見を聴き、当事者双方の申立ての趣旨に反しない限度で、離婚の審判をすることができます。ただし、当事者が2週間以内に異議の申立てをしたときは、審判の効力がなくなります。

④　裁判離婚　　協議離婚の話合いがうまくいかず、調停や審判でも離婚が成立しなかった場合には、家庭裁判所に離婚の訴えを提起することになります。なお、調停をせずにいきなり離婚の訴えを提起することはできません（調停前置主義）。離婚の請求とあわせて、慰謝料や財産分与の請求、子の親権者の指定等も同時に行います。

　　訴えを提起するには、協議離婚や調停離婚と違い、民法770条に定められた原因のうち、1つ以上の要件を満たす必要があります。その原因とは、不貞行為（1号）、配偶者の悪意の遺棄（2号）、配偶者の3年以上の生死不明（3号）、配偶者の回復の見込みのない強度の精神病（4号）、婚姻を継続しがたい重大な事由があること（5号）です。

　　㋑　離婚の効果

離婚によって婚姻は終了し、婚姻の効果は将来に向けて消滅します。これによって、次のような効果があります。

①　再婚が可能となります。ただし、女性の場合には、離婚から100日を経過

しなければ再婚することはできません（民法733条1項）。

②　姻族関係が終了します。これによって、扶養の権利・義務は消滅します。ただし、直系姻族間の婚姻の禁止（民法735条1項）は残ることになります。

③　婚姻で氏を変えた人は、婚姻前の氏に復することになります（民法767条1項・771条）。ただし、離婚の日から3カ月以内に届出をすれば、離婚の際に称していた氏を称することが可能となります（民法767条2項・771条、戸籍法77条の2）。

④　子の監護者と親権者を定めることになります。

⑤　財産分与の請求をすることができます。財産分与請求の根拠としては、財産関係の清算、離婚後の扶養、慰謝料の3つがあります。財産分与請求権は、2年の除斥期間により消滅し（民法768条2項）、慰謝料請求権は3年の消滅時効にかかります（民法724条）。

《回答とポイント》

Aさんに、Bさんと離婚してもかまわないという離婚意思があれば、2人で離婚届を提出してもよいと思われます。問題は、Aさんに、離婚の意味が理解できる程度の意思能力があるかどうかです。ただし、法律上の離婚原因があれば、Bさんは、Aさんに意思能力がなくても、離婚訴訟を提起することができることとなっています。この場合は、離婚訴訟の手続の安定のために、成年後見人が離婚訴訟を追行することができるとともに、裁判長が弁護士を訴訟代理人に選任することも認められています。

Aさんの成年後見人としては、Bさんから離婚をしたいという申し出があったことを家庭裁判所に報告し、今後の対応について相談を行うことも必要ではないかと思われます。

　⒟　扶　養

《事例》

　成年被後見人Aさんは有料老人ホームに入所しています。共済年金を受給しており、多少の蓄えもあります。一方、Aさんの妻であるBさんは、国民年金の収入しかなく、ギリギリの生活をしています。先日、地域包括支援センターの担当者を通じて、Bさんに援助してほしいという申し出がありました。成年後見人としてどのように対応すればよいのでしょうか。

質問に対する回答を導き出すために、扶養について説明します。

扶養とは、自分で生活を維持することができない人に対して、必要な経済的援助をすることです。民法に規定されている「親族による私的扶養制度」と、国家

が扶助する「公的扶助制度」があります。公的扶助制度である生活保護法は、第
２巻第１章Ⅲを参照してください。

(a)　扶養義務の種類にはどのようなものがあるか

　扶養義務には、その義務のレベルに応じて、生活保持義務と生活扶助義務があ
るとされています。

(ア)　生活保持義務

　生活保持義務とは、扶養義務者が、文化的で最低限度の生活水準を維持したう
えで、余力があれば、自分と同一水準の生活をさせる義務であるといわれていま
す。次に述べる生活扶助義務よりも強い義務とされています。

(イ)　生活扶助義務

　生活扶助義務とは、扶養義務者が、自己の地位に相応の生活水準を維持したう
えで、なお余裕がある場合に、その限度で扶養する義務であるといわれています。

(b)　扶養義務者の範囲

　夫婦間および未成熟の子に対する親には、扶養義務者として、生活保持義務が
あります。

　また、直系血族および兄弟姉妹の間では、お互いに当然の扶養義務者となり、
生活扶助義務があります。

　３親等内の親族の間では、特別の事情があるときに、家庭裁判所が審判によっ
て扶養義務を負担させることになります。

　なお、扶養義務が発生するのは、扶養を受けるべき人が扶養を必要とする状態
にあり、扶養義務者に扶養義務を履行することが可能なだけの資力があり、扶養
を受けるべき人からの請求があったときです。

《回答とポイント》

　ＡさんとＢさんは夫婦ということですので、夫婦間には、生活保持義務として
の扶養義務が発生しています。妻であるＢさんが収入が低くて生活に困っており、
夫であるＡさんに援助できる余裕があるのであれば、援助しなくてはならないと
思われます。

　しかし、無制限に援助してよいということではありませんので、援助するかど
うか、援助するとした場合はどの程度の額を援助するのかといったことについて
は、家庭裁判所と相談して決めることになります。なお、打ち合わせの前提とし
て、Ｂさんの収入・支出に関する資料を入手することが必要となります。

(3)　相続とは

《事例》

　成年被後見人Ａさんの姉が亡くなりました。Ａさんの妹の子ども（姪）から、相続を承認するのか、相続放棄をするのかについて回答がほしいと、成年後見人である私に手紙が届きました。Ａさんは本当に相続人の立場にあるのでしょうか。また、成年後見人が相続を承認したり、相続放棄したりできるのでしょうか。

　質問に対する回答を導き出すために、ここでは相続について説明します。

(A)　相　続

　相続の発生原因は、自然人の死亡です（民法882条）。失踪宣告（民法30条）や認定死亡（戸籍法89条）も相続が発生する原因となります。

　相続の対象となるのは、財産のみです。ここでいう財産とは、預貯金などの積極財産（プラスの財産）も、借金などの消極財産（マイナスの財産）も含みます。ただし、財産法上の権利義務であっても、個人的な信頼関係に基づく一身専属的な権利は対象となりません。民法に規定されている本人の死亡により終了する一身専属的な権利とは、使用貸借上の借主の地位（民法599条）、組合員の地位（民法679条）などがありますが、規定がないものは、個別に判断することになります。また、位牌や墳墓などのような祭祀財産は、相続の対象とはされておらず、祭祀主宰者が引き継ぐとされています（民法897条）。

(B)　相続人

(a)　相続人の種類と順位

　相続人には、血族相続人と、配偶者たる相続人の２種類があります。

　配偶者は、ほかに血族相続人がいない場合は単独で遺産を承継します。血族相続人がいる場合には、常に同順位で共同相続人となります（民法890条）。

　血族相続人には次のような順位があります（図表１−24）。

①　第１順位　　被相続人の子です。また、被相続人の子が相続開始の前に死亡しているとき、相続に関する欠格事由があるとき、廃除されたときには、その人の子（直系卑属に限ります）が、代襲相続人となります（民法887条）。

②　第２順位　　被相続人の直系尊属です。直系尊属の中では、親等の近い者が優先します（民法889条１項１号）。

③　第３順位　　被相続人の兄弟姉妹です（民法889条１項２号）。兄弟姉妹が相続開始以前に死亡したとき、相続に関する欠格事由があるとき、廃除されたときには、その人の子（直系卑属に限ります）が、代襲相続人となります（民法889条２項・887条２項）。

図表1－24　相続人の範囲の例

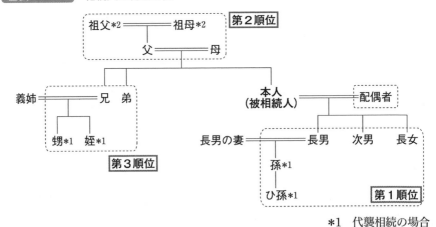

*1　代襲相続の場合
*2　父・母がいない場合

　(b)　相続分

　被相続人が遺言で相続分の指定（民法902条）をしていない場合には、各共同相続人の相続分は、民法に規定された法定相続分（民法900条・901条）となります。配偶者を除く同順位の相続人の間における相続分は、原則として均等です（民法900条4号）。法定相続分は、図表1－25のとおりです。

図表1－25　法定相続分

相続人の範囲	法定相続分	
配偶者と子	配偶者 $\frac{1}{2}$	子 $\frac{1}{2}$
配偶者と直系尊属	配偶者 $\frac{2}{3}$	直系尊属 $\frac{1}{3}$
配偶者と兄弟姉妹	配偶者 $\frac{3}{4}$	兄弟姉妹 $\frac{1}{4}$

　(c)　遺産分割

　被相続人が遺言によって遺産分割方法を決めていない場合に、どの相続人が、どの財産を、どれだけ相続するのかについて決め、遺産共有状態（民法898条）を解消することを遺産分割といいます（民法906条以下）。

　この遺産分割を、相続人全員の話し合い（協議）によって決めることを、遺産分割協議といいます（民法907条1項）。

　遺産分割協議の重要な点は、相続人全員が参加し、その全員が合意しなければならないという点です。合意できない相続人が1人でもいれば、家庭裁判所の調停や審判によることとなります（民法907条2項）。なお、遺産分割の効力は、相続開始の時点（被相続人が死亡した日）にさかのぼって生じます（民法909条）。

　(C)　相続の承認、限定承認、放棄

　被相続人の死亡によって相続が開始すると、相続人は、被相続人の財産上の権利・義務を引き継ぐことになります。しかし、時には、プラス財産よりもマイナ

ス財産のほうが多いこともあります。そのような場合、相続人には、単純承認するか、限定承認するか、相続放棄をするかという3つの選択肢（相続の仕方）があります。

(a) 単純承認

単純承認をすることによって、相続人は、被相続人の権利・義務を「無限に」承継することになります（民法920条）。つまり、500万円のプラスの財産と、750万円のマイナスの財産があった場合、単純承認をした相続人は、250万円については、自分の財産で支払わなければならないことになります。

この単純承認は、次の3つの原因がある場合に、当然に発生することになります（民法921条）。これを「法定単純承認」といいます。

㋐ 熟慮期間の徒過

相続人が、相続開始があったことを知った時から3カ月以内（熟慮期間）に、限定承認または相続放棄をしなかった場合には、単純承認したとみなされます（民法921条2号）。この3カ月という期間は、財産関係の調査のために相当な時間が必要であるということから決められているものです。3カ月では足りないような場合は、家庭裁判所に、熟慮期間の伸長を申請することができます（民法915条1項）。

この熟慮期間の開始については、相続人が未成年者または成年被後見人である場合は、その法定代理人が、未成年者または成年被後見人のために相続が開始されることを知った時点から起算すると定められています（民法917条）。なお、熟慮期間の起算点を負債があることを知った日とすることも、場合によっては許されます。

㋑ 相続財産の処分

相続人が、熟慮期間において、限定承認または相続放棄をする前に、相続財産の全部または一部を処分したときは、単純承認したものとみなされます（民法921条1号）。この場合、相続放棄もできなくなります。ただし、保存行為をすることや、民法602条に定める期間を超えない賃貸をすることは、処分にはなりません（民法921条1号ただし書）。

判例では、経済的価値の高い美術品や衣類の形見分けをすることや、相続債権を取り立てて受領することが処分にあたるとされた事例があります。ただし、慣習上の軽微な形見分け、被相続人の預金を葬儀費用や仏壇・墓石の購入費にあてた行為は処分に該当しないと判断しています。処分にあたるかどうかということは、社会的に妥当な費用であったかどうかなどの観点から判断されますので、注

意が必要です。

(ウ)　選択後の背信行為

相続人が限定承認または相続放棄をした後でも、相続財産の全部または一部を隠匿した場合や、ひそかに費消した場合、悪意で財産目録中に記載しなかった場合については、「背信的行為」であるとして、これらの行為をした相続人は単純承認したものとみなされます（民法921条3号）。ここでの「隠匿」とは、その遺産の存在を容易にはわからないようにすることをいいます。「ひそかに費消する」（つまり、勝手に費消する）とは、相続債権者の不利益になることを承知のうえで、相続財産を費消することをいいます。「悪意で財産目録に記載しない」とは、限定承認の場合で、相続債権者に不利益を与えることを知っていたにもかかわらず財産目録に記載しないことをいいます。

(b)　限定承認

相続が開始された時点でプラスの財産が多いのかマイナスの財産が多いのかわからない場合や、ある程度わかっていてもどちらが多いのかという判断が難しい場合もあります。そのような場合に、プラスの財産の限度内で負債を弁済する責任を負うとする制度が限定承認です（民法922条）。限定承認をした結果、プラスの財産で弁済すれば残りの債務は免れることができ、負債を弁済した後にプラスの財産が残った場合は、それを相続人が承継できることになります。

とても合理的でよい制度と思われるかもしれませんが、次のとおり、相続放棄等の手続と比較すると、非常に煩雑で難しい制度ですので、実際にはあまり利用されていません。

① 相続放棄は各自で行うことが可能ですが、限定承認は相続人全員で行わなければなりません。

② 相続放棄をする際には、財産目録を作成することまでは要求されていませんが、限定承認の場合は、3カ月以内に財産目録等を家庭裁判所に提出しなければなりません。

③ 債権者への公告や配当・弁済をするなどといった専門的な対応が必要となることから、専門家に依頼する必要が出てくるため、費用等の面で経済的メリットが少ない場合が多いようです。

(c)　相続放棄

相続放棄をするには、相続人各自が、それぞれの熟慮期間中に、「相続を放棄する」という申述書を、家庭裁判所へ提出しなければなりません（民法938条）。相続放棄の申述をすることのできる当事者は相続人に限られますが、相続人が未

成年または成年被後見人であるときは、その法定代理人（親権者や成年後見人）がすることができます。

　相続放棄をした人は、その相続に関して、当初から相続人にならなかったものとみなされます（民法939条）。負債が多い場合や、相続争いに巻き込まれたくないなどの理由で、相続放棄の制度を利用する人は多いようです。

　注意を要するのは、ある順位の相続人の全員が相続放棄をした場合には、初めから相続人ではなかったとみなされるために、次順位の相続人の順位が繰り上がることになるという点です。ですから、負債が多いために相続放棄をする場合には、次順位の相続人に対して配慮することが必要となる場合もあります。また、相続放棄の申述が家庭裁判所にいったん受理されると、詐欺、強迫などといった特別の理由がない限り撤回することはできませんので、放棄をするかしないかは慎重に検討しなければならないでしょう。

《回答とポイント》

　Aさんのお姉さんに第1順位・第2順位の相続人および配偶者もいない場合は、第3順位であるAさんも相続人となります。

　Aさんは成年被後見人ですから、相続を承認するか放棄するかということは、法定代理人である成年後見人がすることになります。

　この場合、Aさんの代理人として遺産分割を行う場合も同様ですが、原則Aさんの法定相続分は取得できるようにする必要があることに注意しましょう。被相続人の姪から連絡があったようですが、まずは、姪から相続人の範囲と相続財産についての情報をもらって、成年後見人としての方針を立て、家庭裁判所と相談して対応することが必要です。

(d)　預貯金の仮払い制度

《事例》

　成年被後見人Aさんの夫であるBさんが亡くなりました。Bさんの相続人は、前妻との間の子であるCさんとAさんの二人ですが、Cさんとはなかなか連絡がとれません。Aさんは、収入が少ないので、生前Bさんから毎月一定額の援助を受けていました。

　Bさんの遺産を早く取得してAさんの生活費にあてたいのですが、何か方法がありますか。

　Bさんの遺産は、甲銀行に300万円、乙銀行に1200万円の預金があります。

　質問に対する回答を導き出すために、預貯金の仮払い制度について説明します。

　平成28年12月19日の最高裁判決により、「相続された預貯金は、遺産分割の対

象となり、遺産分割が終了するまでの間は、相続人全員の同意がない限り、相続人単独での払戻しは原則としてできない」とされました。そうすると、相続人の生活費や被相続人の葬儀費用、相続債務の返済等、急ぎの支払いが困難となってしまいます。そういった事情を考慮し、遺産分割における公平性を図りつつ、相続人の資金が確保できるよう、2つの「預貯金の仮払い制度」が登場しました。

1つは、①直接、金融機関の窓口で手続をする方法（民法909条の2）で、1つは、②家庭裁判所で手続をする方法（家事事件手続法200条3項）です。

その中の①について説明します。①の仮払い制度は、家庭裁判所の許可や相続人全員の同意がなくても、直接金融機関に対して手続ができる制度です。ただし、遺産分割前なので、次のとおり、仮払い額の上限がありますので注意してください（民法909条の2）。

ア　相続開始時の預貯金額×$\frac{1}{3}$×仮払いを求める相続人の法定相続分

イ　ただし、同一の金融機関ごとに150万円限度額（法務省令）

《回答とポイント》

相続人の1人であるCさんとなかなか連絡がとれない状況ですので、遺産分割協議（調停・審判）が成立するまでには相当な期間を要すると思われます。その間、Aさんの生活に支障が生じてしまうことがあれば、Bさんの同意が不要な仮払い制度を活用することを検討してください。

Bさんの預貯金の仮払い限度額は次のとおりになります。

甲銀行分　300万円×$\frac{1}{3}$×$\frac{1}{2}$（Aさんの法定相続分）＝50万円

甲銀行分については、上記イの150万円を超えていないので、50万円までは仮払い請求できます。

乙銀行分　1200万円×$\frac{1}{3}$×$\frac{1}{2}$（Aさんの法定相続分）＝200万円

乙銀行分については、上記イの150万円を超えていますので、150万円までは仮払い請求できます。

限度額を計算した後、Aさんのためにどの程度の金額の仮払いを受けるのがよいか等と検討し、裁判所に事前相談をしてください。

(D)　相続人不存在

《事例》

　成年被後見人Ａさんは、Ｂさんと養子縁組はしていなかったのですが、身体が弱かったＢさんを実父のように世話しながら生活をしていました。先日、そのＢさんが亡くなりました。Ｂさんには、相続人が誰もいません。この場合、Ｂさんの財産はどうなるのでしょうか。Ａさんにはあまり資力がないので、Ｂさんの財産を引き継げると、大変助かります。成年後見人として、Ａさんのためにすることはあるでしょうか。

　質問に対する回答を導き出すために、相続人不存在について説明します。

(a) 相続人不存在と相続財産管理人

　相続人の全員が死亡していたり、相続放棄・相続欠格・廃除により相続人の資格を失っていた場合には、相続人がいない状態となります。このような状態を相続人不存在といいます。

　この場合、家庭裁判所は、法律上の利害関係人や検察官の請求によって、相続財産管理人を選任します（民法952条）。

　選任された相続財産管理人は、被相続人の財産を調査したり、財産を換価して債権者へ弁済を行ったりするなど、一定の手続に従って清算を行います。

　清算手続が終了した後、残った財産があれば、特別縁故者に分与し、あるいは国庫に帰属させる手続がとられます。

　なお、相続財産管理人の選任の申立てをすることができる利害関係人とは、受遺者、相続債権者、相続債務者、特別縁故者等です。被後見人が利害関係人にあたる場合には、後見人は法定代理人として申立てをすることができます。また、被後見人が死亡し相続人不存在で申立てが必要な場合も、後見人自身が利害関係人として申立てをすることができます。

(b) 特別縁故者への財産分与制度

　特別縁故者とは、相続人ではありませんが、被相続人の生前に何らかの関係があった人をいいます。民法958条の３には、特別縁故者として、次のように定められています。

① 被相続人と生計を同じくしていた者

② 被相続人の療養看護に努めた者

③ その他被相続人と特別の縁故があった者

　この特別縁故者の請求によって、清算手続が終了した後、残った相続財産の全部または一部を、特別縁故者に与えることができるとされています。

　ただし、法律に定められた期間内に財産分与の申立書を提出する必要がありますので注意が必要です。

　①として、内縁の配偶者、事実上の養親子、未認知の非嫡出子、おじ・おばが認められた事例があります。

　②として、報酬を上回る献身的な世話をした家政婦が認められた事例があります。

　③として、親子のように交流をしていた人、長年にわたって生活援助をしていた被相続人の亡き妻の妹が認められた事例があります。

　最終的には、個別の事情をもとに、相続財産管理人の意見を聞いたうえで、家庭裁判所が、特別縁故者に該当するのかどうか、該当するとした場合にはどの程度の財産分与がふさわしいかを決定することになります。

《回答とポイント》

　Bさんが死亡し、相続人が誰もいないこと（相続人不存在）が確定し、相続財産管理人が清算を行った後も財産が残るような場合には、特別縁故者に対する財産分与を検討することになります。

　Aさんが「被相続人と生計を同じくしていた者」などと認定されれば、Bさんに、残余財産の全部または一部が分与される可能性もあります。

　財産分与の請求をするには、まず、Aさんが、利害関係人として、家庭裁判所に相続財産管理人選任の申立てをする必要があります。その手続は、成年後見人が法定代理人として行うことができます。

　専門家のアドバイスを受けて方針を立て、家庭裁判所に事前に相談をしたうえで手続を進めるとよいでしょう。

⒠　遺　言

《事例》

　成年被後見人Aさんの夫Bさんが亡くなりました。生前、Bさんが書いた遺言書を成年後見人の私が預かっていましたが、どのように対応すればよいでしょうか。

　質問に対する回答を導き出すために、遺言について説明します。

⒜　遺言の方式と種類

　遺言は、遺言者が死亡した後に効力が生じます。そのため、その遺言書が、本当に遺言者の真意に基づいて作成されたのかどうか、また偽造や変造がされていないかどうかについて、遺言者に確認することができません。

　そこで、遺言は、法律に従った厳格な方式で作成されなければならないとされています（民法960条）。

　遺言の種類としては大きく分けて、普通方式遺言と特別方式遺言の2種類があります。特別方式遺言は、死期が近いなどの特別な状況において利用される方式

ですので、ここでは、一般的に利用される普通方式遺言について説明します。

　普通方式遺言には、自筆証書遺言、公正証書遺言、秘密証書遺言の３種類があります（図表１−26）。

　　㈦　自筆証書遺言

自筆証書遺言の要件と特徴は、次のとおりです。

①　自筆、自署、押印　　遺言書の全文（本文・日付・氏名）を自分で書き、押印しなくてはなりません（民法968条１項）。コンピュータで入力したものを印刷したものや、代筆によるものは無効です。ただし、2019年１月13日以降に作成した遺言書は、添付する「財産目録」をパソコンで作成したり、目録の代わりに通帳や不動産登記事項証明書のコピーを付けたりすることが認められています（民法968条２項）。日付は、遺言書を作成した年月日を正確に記載すればよいので、たとえば「平成24年の私の誕生日」といったように日付を特定することが可能であれば有効とされています。また、押印については、実印である必要はありませんし、拇印で有効とされた事例もあります。遺言書が数枚にわたる場合は、連続した１つの遺言書であることを証明するために通常は契印をします。ただし、全体として１通の遺言書として作成されたものであることが確認できればよく、契印がなくても有効とした判例もあります。

図表１−26　普通方式の遺言の比較

	メリット	デメリット
自筆証書遺言	・作成が簡単 ・費用がかからない ・秘密にできる ・証人不要	・方式不備で無効となる可能性あり ・遺言の内容の真意が争われる可能性あり ・偽造・変造・滅失のおそれあり ・検認手続が必要 デメリット解消の対応策として④参照
公正証書遺言	・原本が公証役場に保存されるので偽造・変造・紛失のおそれがない ・公証人が関与するので遺言者の意思が実現しやすい ・検認手続が不要	・公証人費用や証人依頼料、印鑑証明書等の書類がいる ・遺言書の作成と内容が証人等に知られる ・証人（２人）が必要
秘密証書遺言	・遺言書の内容が秘密にできる ・代筆やパソコンで書いてもよい ・遺言書の封入に公証人が関与するので封入後の偽造・変造のおそれはない	・公証人費用や証人依頼料、印鑑証明書等の書類がいる ・遺言書の原本は公証役場で保管されないので滅失・紛失のおそれあり ・検認手続が必要

② 加除訂正の方法　遺言書に書かれた内容（目録含む）について、他人が簡単に字句を修正することができてしまうと、遺言書の信頼性がなくなってしまいます。そこで、字句を修正する方式についても、法律で厳格に定められています（民法968条3項）。ただし、大変複雑ですので、修正箇所によっては、書き直したほうがよい場合もあります。

③ 遺言書の検認手続　自筆証書遺言の場合は、遺言者が死亡した後、遺言の内容を実際に実現する（これを「遺言執行」といいます）前に、家庭裁判所による検認が必要となります（民法1004条1項前段）。この手続は、遺言書の保管者がするように義務づけられています。また、保管者がいない場合は、遺言書を発見した相続人が検認手続をすることになっています（民法1004条1項後段）。封をしてある遺言書は、家庭裁判所で開封することになっていますので、その前に開封することはできません（民法1004条3項）。なお、公正証書遺言の場合には、検認は不要です。

④ 自筆証書遺言のデメリットとして、遺言書の紛失・災害による消失、廃棄・隠匿、改ざんのおそれ等があげられています。それらのデメリットの解消策として「法務局による遺言書保管制度」が2020年7月10日からスタートします。上記のデメリットを解消する制度でもありますが、法務省令で定められた様式に従った遺言書であること、無封であること、郵送や代理人による申請はできず、必ず遺言者自身が出頭する必要があること等の制約はありますので注意が必要です。しかし、上記③の遺言書の検認手続は不要です（法務局における遺言書の保管等に関する法律11条）。

㈣　公正証書遺言

公正証書遺言の要件と特徴は、次のとおりです。

① 証人2人以上の立会いがあること（民法969条1号）　証人は、遺言者が人違いでないこと、遺言者がみずからの意思に基づいて公証人に告げていること、公証人が筆記した内容が正確であることを確認することが任務とされています。遺言書を作成している途中で退席することはできません。また、未成年者、推定相続人・受遺者およびその配偶者並びに直系血族にあたる人などは、公正証書遺言の証人になることはできません（民法974条）。

② 遺言者が遺言の趣旨を公証人に口授すること（民法969条2号）　口授とは、遺言者が公証人に遺言の内容を直接に口頭で伝えることです。ただし、話すことのできない人や耳の聞こえない人でも、手話通訳や筆談等によって、公正証書遺言を作成することができます（民法969条の2）。

③　公証人（または書記）が遺言者の口述を筆記し、これを遺言者および証人に読み聞かせ、または閲覧させること（民法969条3号）

④　遺言者および証人が、筆記の正確なことを承認した後、各自が遺言書に署名・押印すること（民法969条4号）　病気、負傷等の身体的な理由によって、遺言者が署名できない場合には、公証人がその事由を付記して、遺言者の署名に代えることができます。

㈦　秘密証書遺言

秘密証書遺言の要件と特徴は、次のとおりです。

①　遺言者が、その証書に署名・押印すること（民法970条1号）　秘密証書遺言は、自筆証書遺言と違い、遺言書の本文をパソコンや代筆で書くことも有効です。また、何らかの理由により秘密証書遺言として認められなくても自筆証書遺言として有効になることもあります（民法971条）。なお、他人がコンピュータで作成したり、代筆した場合は、それらの者が筆者にあたります。

②　遺言者が、その証書を封筒等に入れて封じ、証書に押印した同じ印鑑で封印すること（民法970条2号）　証書に用いた印鑑と違う印鑑で封印した場合は、秘密証書遺言としては無効になります。

③　遺言者が、公証人および証人（2人以上）の前に封書を提出して、自分の遺言書であること、筆者の氏名および住所を申述すること（民法970条3号）　口のきけない人や耳の聞こえない人が秘密証書遺言を作成する場合は、公正証書遺言と同様に、通訳や筆談によってすることができます（民法972条）。

④　公証人が、その証書を提出した日付および遺言者の申述を封紙に記載した後、遺言者および証人とともに署名・押印をすること（民法970条4号）　封紙に遺言者が署名することが必要ですが、公正証書遺言と違い、公証人の付記によって遺言者の署名に代える規定はありませんので、署名をすることができない人は、秘密証書遺言をすることはできません。なお、自筆証書遺言の場合と同様に、遺言書の検認手続が必要です。

⒝　遺言能力

遺言が有効であるのか無効であるのかということが、遺言者が死亡した後に争われることがあります。その原因の1つとして、遺言をする時点で、遺言者に遺言能力があったかどうかということがあります。特に、認知症高齢者に、遺言の内容や、その結果として生ずる効果を理解して判断できる意思能力（遺言能力）

があるかどうかをめぐる争いが増えているようです。

　遺言書は、基本的に誰でも作成できますが、遺言を作成する人は遺言能力を有しなければなりません（民法963条）。その他、次のような規定があります。

①　15歳に達した者は、遺言をすることができます（民法961条）。

②　成年被後見人、被保佐人、被補助人でも有効に遺言をすることができます（民法962条）。

③　成年被後見人が一時的に能力を回復したときに遺言をするには、医師2人以上の立会いが必要です（民法973条1項）。これは、医師が立ち会うことによって、精神上の障害により事理を弁識する能力が欠けていなかったことを証明するための規定です。立ち会った医師は、遺言書に付記して署名・押印することが必要です（同条2項）。

④　③に従って有効に遺言をした場合であっても、成年被後見人がした遺言で、後見の計算が終了する前に、成年後見人またはその配偶者もしくは直系卑属の利益となるものは無効です（民法966条1項）。ただし、成年後見人が、成年被後見人の直系血族、配偶者または兄弟姉妹であった場合は、推定相続人の立場にあることから、無効とはされません（同条2項）。

　　(c)　遺言の撤回

　遺言は、死亡するまでその効力が発生しません。したがって、遺言の意思に変化があればいつでも自由に撤回することができます。撤回する場合にも、遺言の方式に従って行う必要があります（民法1022条）。

《回答とポイント》

　成年後見人が保管しているBさんの遺言書は、自筆証書遺言書のようです。自筆証書遺言書の保管者は、相続の開始を知った後に、遅滞なく家庭裁判所に提出して、検認を請求しなければならないとされています。ですから、まずは検認手続を行う必要があります。遺言書に封がされている場合は、そのまま裁判所に提出してください。

　遺言の内容によっては、遺言執行者が必要な場合もあります。その場合には、専門家に相談するとよいでしょう。また、Bさんが亡くなったこと、成年後見人がBさんの自筆証書遺言書を保管していること、検認の手続を行うことなどを、家庭裁判所へ報告することも必要です。

　　(F)　遺留分

《事例》

　成年被後見人Ａさんの夫Ｂさんが亡くなりました。ＡさんとＢさんの間には子ども
もはいませんが、Ｂさんには前妻との間に長男Ｃさんがいます。Ｂさんは、前妻と
離婚したときに、Ｃさんに全財産を相続させるという遺言を作成していたようです。
遺言執行者から遺言書のコピーが送られてきましたが、成年後見人としてどのよう
に対応すればよいでしょうか。なお、Ｂさんの遺産は、預貯金が約3000万円です。

　質問に対する回答を導き出すために、遺留分について説明します。

(a)　遺留分とは

　遺留分とは、被相続人の生前処分（贈与）や遺贈等でも奪われない権利として
一定の相続人に留保されている一定割合の財産のことです（民法1042条）。たと
えば、被相続人が、全く赤の他人に「全財産を与える」と遺言した場合、被相続
人の財産に頼って生活していた配偶者等は困ってしまいます。そこで、法律によ
って、一定の相続人に、一定割合で相続財産を確保できるように設けられたのが
遺留分制度です。

　　(b)　遺留分権利者と遺留分

　遺留分権利者は、配偶者、子、直系尊属です。兄弟姉妹には遺留分はありませ
ん（民法1042条）。また、遺留分は、あくまで相続人に認められる権利ですので、
相続欠格・廃除・相続放棄があれば、遺留分は認められません。

　　(c)　各相続人の遺留分額（遺留分侵害額）

　遺留分が侵害されている額を算出するには、まず、遺留分算定の基礎となる財
産の額を、次の算式により算出します（民法1043条１項）。

被相続人の死亡時の財産＋生前贈与の価額－債務の価額
　＝遺留分算定の基礎となる財産の額

　「贈与」は、原則として相続が開始される前１年間にしたものに限られますが、
遺留分を侵すことを双方が知って贈与したものは、１年より前の贈与であっても
相続財産に加えられます。また、相続人に対する贈与については、「特別受益」
に該当するものであっても、相続開始前10年間にされたものに限って、遺留分の
算定に加算されます（民法1044条）。特別受益とは、特定の相続人が、被相続人
から遺贈、婚姻・養子縁組のため、もしくは生計の資本として生前贈与や遺贈を
受けているときの利益です。たとえば、建築資金や開業資金等の生前贈与などが
考えられます。

第3章

次に、各相続人の遺留分額を、以下の計算により算出します（遺留分の割合については図表1－27）。

遺留分算定の基礎となる財産の額×各相続人の遺留分－各相続人の特別受益額＝各相続人の遺留分額

(d)　遺留分侵害額の請求とその方法

遺留分を侵害されている相続人は、侵害している相続人や受遺者（受贈者）に対してその侵害されている額を請求することができます。これを遺留分侵害額請求権といいます。遺留分侵害額請求の方法は、特に法律に規定はなく、遺留分侵害額の請求をすることの意思表示がなされればよいとされています。ただし、遺留分侵害額請求権の時効の問題もありますので、意思表示が相手方に到達したことを証明するために、通常は、配達証明付きの内容証明郵便で行われています。

図表1－27　遺留分権利者と遺留分

遺留分権利者	遺留分	
配偶者のみ	$\frac{1}{2}$	
子のみ	$\frac{1}{2}$	
直系尊属のみ	$\frac{1}{3}$	
配偶者と子	$\frac{1}{2}$	配偶者 $\frac{1}{2}\times\frac{1}{2}=\frac{1}{4}$ 子（1人の場合）$\frac{1}{2}\times\frac{1}{2}=\frac{1}{4}$
配偶者と直系尊属	$\frac{1}{2}$	配偶者 $\frac{1}{2}\times\frac{2}{3}=\frac{2}{6}$ 直系尊属（1人の場合）$\frac{1}{2}\times\frac{1}{3}=\frac{1}{6}$
兄弟姉妹	なし	

(e)　遺留分侵害額請求権の時効

遺留分権利者が相続開始および減殺すべき贈与または遺贈があったことを知った時から1年以内に請求しなければ、時効によって遺留分侵害額請求権は消滅します。また、遺留分が侵害されていることを知らなくても、相続開始から10年を経過したときにも消滅します（民法1048条）。

《回答とポイント》

3000万円の預貯金のみで、債務もなく、生前贈与や特別受益等もなかったと想定した場合の「遺留分算定の基礎となる財産の額」は、3000万円のままとなります。配偶者と子が相続人ですので、全体の遺留分割合は2分の1となり、配偶者Aさんの遺留分は1/2×1/2＝1/4となり、具体的な遺留分額は750万円となります。

Aさんの遺留分が侵害されていた場合に、必ず遺留分侵害額の請求をしなくてはならないわけではありませんが、Aさんの利益になることを断念するには合理的な理由がなければなりません。どのように対応するのか成年後見人として方針を立て、裁判所に事前に相談をするようにしてください。

（第3章Ⅰ②　井上　広子）

Ⅱ 刑 法

●この節で学ぶこと●

　刑法の基本概念を学習し、被後見人が加害者となった場合または被害者となった場合に、後見人としてどのように対応するべきかについて理解します。

　また、後見人自身による行為が犯罪にあたる場合があることも学び、後見人の職責について理解します。

1 被後見人が被害にあった場合に関係する規定と後見人の対応

　被後見人が犯罪被害にあうケースは少なくありません。被後見人は、認知症や障害があることで、被害を受けやすく、だまされやすい立場にあるともいえます。以下では、被後見人が比較的被害を受けやすい犯罪の類型について説明したうえで、そういった場合に、具体的に後見人がどのような対応をすべきかについて触れることにします。

(1) 窃盗、強盗

　人の物を勝手にとることが窃盗、暴力などを使ってとることが強盗です。

> （窃盗）
> 235条　他人の財物を窃取した者は、窃盗の罪とし、10年以下の懲役又は50万円以下の罰金に処する。

> （強盗）
> 236条　暴行又は脅迫を用いて他人の財物を強取した者は、強盗の罪とし、5年以上の有期懲役に処する。

　今でもよくみられる、バイクや自転車に乗ってお年寄りのバッグをひったくるといった行為は、強盗として起訴されることが多いようです。

(2) 詐欺、横領

　人をだまして物をとることが詐欺、人から預かっている物を自分のものにしてしまうことが横領です。

> （詐欺）
> 246条　人を欺いて財物を交付させた者は、10年以下の懲役に処する。

> （横領）
> 252条　自己の占有する他人の物を横領した者は、5年以下の懲役に処する。

　高齢者や障害者がだまされて高価な物を買わされたり、投資をさせられたりする被害は跡を絶ちません。振り込め詐欺もまだまだ多くの被害を生んでいます。このような違法行為に対しては、民法や消費者契約法、特定商取引法などを使って返金を求めていくことは当然に必要となりますが、一方で、そのような悪質商法を行う事業者を詐欺として告訴・告発することも検討が必要です。また、たとえば成年後見人となった後に親族の使い込みが明らかになった場合などは、横領などでの告訴・告発も視野に入れた対応をしていくことになります。

(3)　親族相盗例

　窃盗や詐欺、横領については、一定の範囲の親族間で行われた場合には刑が免除されるという規定があります。これを親族相盗例といいます。

> （親族相盗例）
> 244条　配偶者、直系血族又は同居の親族との間で第235条の罪（窃盗）…（中略）
> 　　　…を犯した者は、その刑を免除する。

　直系血族とは、祖父母、父母、子、孫などの縦の血のつながりのある親族をいいます。

　この規定は、「親族間の一定の財産犯罪については、国家が刑罰権の行使を差し控え、親族間の自律に委ねるほうが望ましいという政策的な考慮」に基づく規定といわれています。

　なお、強盗にはこの規定は適用されないため、刑の免除はされません。

(4)　告訴・告発

　犯罪による被害者および被害者の法定代理人もしくは法により定められた親族等は、告訴（犯罪事実を申告して処罰を求める意思表示。口頭でもできますが、通常は書面を警察または検察に提出します）をすることができます（刑事訴訟法230条・231条）。また、被害者ではない第三者でも、犯罪があると思われるときは、告発（告訴と基本的に同じ手続です）をすることができます（同法239条）。

　成年後見人は法定代理人ですから、本人に代わって告訴することができます。また、保佐人や補助人も告発することができます。本人の判断能力が低い場合で

親告罪にあたる犯罪行為を受けたときには、本人の告訴だけでは公判で本人の告訴能力の有無（犯罪を認識し、かつ処罰意思があるかどうか）が争われることがあります。そのため、成年後見人としても告訴しておくことが望ましいでしょう。

　告訴・告発がされると、警察が被害者である本人から事情を聞くことになります。このとき、警察の対応によっては被害が適切に受け止められず、また、不適切な誘導等により誤った調書が作成されることも少なくありません。後見人は、警察に対し、本人の判断能力の程度やコミュニケーションをとる際に配慮すべき点などを伝え、適切に被害を拾い上げてもらうようにすることが重要です。

2　被後見人の加害が疑われる場合の注意点と後見人の対応

　次に、被後見人が「加害」する側に立ってしまった場合、あるいは犯罪行為を行ったことが疑われる場合について、基本的な知識と後見人としての対応について説明していきます。

(1)　本人の意思確認と適正手続の保障

　前に述べたとおり、後見人は、周囲の認識や判断に惑わされることなく、本当に本人が犯罪行為を行ったのか、行ったとすればどのような動機で行ったのか、十分に本人の意思を確認する必要があります。

　仮に逮捕された場合、逮捕期間（最大で72時間）は、原則として弁護士以外の面会はできません。早期に弁護士を通じて事情を確認するか、逮捕から勾留に切り替わった時点で直接に面会して話を聞くことになります。

　これと並行して、警察や検察に対し、本人の認知症や障害の内容・程度を伝え、本人の特性やコミュニケーション能力を踏まえた取調べが行われるように要請します。また、取調べを最初から最後まで録音・録画すること、心理関係者・福祉関係者を立ち会わせることも求めるようにします。

(2)　責任能力

　刑罰を科すには、その行為が犯罪行為に該当することのほか、違法性（たとえば、正当防衛の場合は違法性がないものとして罪にはなりません）、責任能力（事物の是非・善悪を弁別し、それに従って行動する能力）が必要とされています。

　責任能力がない者により犯罪が行われた場合は、その者に対しては、心神喪失として無罪が言い渡されます（なお、責任能力が著しく減退した者によって犯罪が行われた場合には、心神耗弱として刑が減刑されます）。

　成年後見を利用しているからといって必ずしも責任能力がないということには

なりませんが、判断能力の低下を理由に心神喪失と判断されて無罪が言い渡されることや、そもそも不起訴になることもあります。

　心神喪失と判断されて無罪や不起訴となると、措置入院の手続がとられることがあります。また、重大な犯罪行為（殺人、放火、強盗、強制性交等、強制わいせつ、傷害等）を行った者については、医療観察法に基づき、裁判所の決定によって医療機関への入院や通院を命じられる場合があります。

(3)　弁護人の依頼、示談、受け入れ先の確保

　判断能力の不十分な人が逮捕・勾留された場合、一般的には、その人の権利を擁護するために、早期に弁護人に依頼することが望ましいといえます。逮捕された人に対しては当番弁護制度（初回は無料です）があり、弁護士会から弁護士が派遣されるのが通常ですので、これがなされているかどうかを警察に確認することが必要です。また、初動が重要ですので、警察に誤った初期対応をさせないためにも、並行して弁護士に対応を相談することも必要となります。

　なお、法定代理人にも弁護人を選任する権利があるので、成年後見人は、本人に代わって弁護人を選任することができます。被疑者段階（起訴前）、被告人段階（起訴後）ともに、一定の罪については国選弁護制度を使うことができます。

　犯罪によっては、被害者との示談が必要になります。債務の承認や金銭の支払いについて代理権がある場合は、本人の代理人として示談することもできます（ただし、前提として、本人の意思を確認することが必要です）。

　本人の受け入れ先を確保することが必要な場合もあります。本人を取り巻く環境を調整することは、後見人の身上保護事務の一環ですので、本人の意思と本人の自立を尊重しつつ、積極的に動くことが求められます。

3　後見人による犯罪

　最後に、後見人として、本人の財産を預かる以上、職務上絶対に押さえておかなければならない犯罪として、業務上横領罪があります。

（業務上横領罪）
253条　業務上自己の占有する他人の物を横領した者は、10年以下の懲役に処する。

　後見人が被後見人の財産を横領するという事件は跡を絶ちません。以前から親族後見人による横領などの不正行為が取り沙汰され、これを防止するため選任の段階で第三者後見人を選任する割合が徐々に増えてきたこととあわせて、親族後

見人への監督も強化されるようになってきました。加えて最近では、弁護士、司法書士、行政書士等の専門職後見人による横領事案の報道が増えてきています。

最高裁判所の発表によれば、平成26年の不正利用（横領）は831件、約56億7000万円と過去最悪となり、専門職による不正利用も22件、約5億6000万円で不正利用額の約1割を占めます。なお、最高裁判所が統計を開始した平成22年6月から令和元年末までの9年半での不正利用額は264億円に上ります。

家庭裁判所は、横領を事前に防止するため、後見監督人の選任や後見制度支援信託等の活用を進めています。横領が発覚した場合、家庭裁判所は後見人を解任するなどの対応をしますが、刑事事件としては、後見人が業務として預かっている金銭等を横領していることから、業務上横領罪が成立することになります。

(1) 親族後見人が業務上横領をした場合に親族相盗例は適用されるか

後見人が被後見人の「配偶者、直系血族又は同居の親族」にあたる場合、横領したとしても親族相盗例が適用されて刑が免除されるか、という問題があります。

これについては最高裁平成20年2月18日決定が、未成年後見の事案ではありますが、家庭裁判所から選任された未成年後見人は、未成年被後見人と親族関係にあるか否かの区別なく未成年被後見人のためにその財産を誠実に管理すべき法律上の義務を負っているとしました。そのうえで、「未成年後見人の後見の事務は公的性格を有するものであって、家庭裁判所から選任された未成年後見人が、業務上占有する未成年被後見人所有の財物を横領した場合」には、親族相盗例を適用して刑法上の処罰を免れるとする余地はない、としています。

また、最高裁平成24年10月9日決定が、交通事故で寝たきりとなった息子の成年後見人だった父親が息子の財産を着服した事案で、親族関係にあることが量刑判断で有利な事情になるかどうかという点について、「酌むべき事情として考慮するのも相当ではない」との判断を示しています。

したがって、親族後見人についても刑が免除されることなく、業務上横領罪が成立することになります。

(2) 量刑の傾向

後見人による業務上横領罪は、多くの事案について逮捕・勾留がなされ、実刑判決がなされています。これは、後見人という立場を利用して犯行がなされたことや、家庭裁判所に虚偽の報告をしたことの悪質性、多くの事案について完全な被害回復がなされず何ら非のない被後見人に損害を及ぼしているという結果の重大性によるものです。弁護士等の専門職の横領についても、「高度な信頼の下に、家庭裁判所から成年後見人に選任され、成年被後見人の財産管理等を行う職務を

負っていたのに、その信頼を裏切って本件各犯行に及んだという点で、厳しい非難を免れられるものではなく、社会的影響も大である」などとして、厳しい刑が言い渡されています。また、完全な被害回復や示談が成立している事案でも、実刑判決がなされている例が散見されます。この背景には、刑を厳格に科すことによる一般予防の考え（絶対に許されない行為であることを周知するため厳しい刑を科すという考え）もあると思われます。

　後見人が、裁判所から管理を任された被後見人の財産を勝手に使ってはいけないということは、当然のことであり、最低限の職務上の倫理です。しかし、横領は今も各地で現実に起きています。横領をしてはならないことを常に肝に銘じ、研修も含め対策をしていかなければならない問題です。また、日頃の後見業務においても、不正行為（と誤解されることも含めて）を防止するために、被後見人の財産を後見人の財産と明確に区別することや、会計記録を正確につけておくことなど、財産管理を徹底することが求められます。

（第3章Ⅲ　関哉　直人）

その他の基本法

●この節で学ぶこと●

　消費者被害にあわないためにはどうしたらよいか、消費者被害にあったときに行使できる方策は何かを理解します。

　また、被後見人が契約当事者である場合に、後見人にとって必要となる借地借家法の知識を学びます。

1　消費者契約法

(1)　消費者契約法の趣旨

　現代社会においては、商品を購入したりサービスを利用したりする消費者と、商品の販売や役務（サービス）の提供などを行う事業者との間に、情報の質や量、交渉力の点で格差が生じています。消費者契約法は、そういった格差のあることを前提としたうえで、①消費者と事業者との間での契約（消費者契約）を結ぶ過程において、事業者の行為によって消費者が誤認・困惑をした場合には契約を取り消すことができることや、②契約の内容に不当な内容が含まれていた場合にはそれを無効とすることなどを定めています。そして、事業者に一定の規制をすることで、消費者の利益の擁護を図り、国民生活の安定向上と、国民経済の健全な発展に寄与することを、その目的としています。

　以下では、それぞれについてみていくこととします。

(2)　契約を取り消すことができる場合

　消費者契約法では、①不実告知、②断定的判断の提供、③不利益事実の不告知、④不退去・退去妨害、⑤過量な内容の契約があった場合に契約を取り消すことができます。また、後述のように平成30年の消費者契約法の改正で、新たに⑥社会生活上の経験不足の不当な利用、⑦加齢等による判断力の低下の不当な利用、⑧霊感等による知見を用いた告知、⑨契約締結前に債務の内容を実施などがあった場合に契約を取り消し得るとされました。

(A)　不実告知

　不実告知とは、消費者が、事業者から契約の勧誘を受ける際に、契約の重要事項に関して事実と異なることを告げられたために、それを事実だと誤認して、契

約をしたので取り消すという場合です（消費者契約法4条1項1号）。

　たとえば、学習教材を販売する事業者が、日本語に詳しくない外国人の消費者に対して、月々の支払いが1万2000円ほどであると説明していたにもかかわらず、実際の金額は倍以上であったという事案があります（東京簡裁平成16年11月29日判決）。金額に関して異なる事実を告げていたことは、「金額」という重要事項について事実と異なることを告げていたということ（不実告知）ですから、消費者は、消費者契約法4条1項に基づいて、契約を取り消すことができます。

　なお、重要事項とは、代金のほか、支払方法、物品・権利・役務の内容や品質そのもの、用途などのほか、消費者の生命、身体、財産などの重要な利益に対する損害や危険を回避するために通常必要とされる事情をいいます（消費者契約法4条5項）。

(B)　断定的判断の提供

　断定的判断の提供とは、将来において変動することがあるような不確実な事項について、「必ず実現します」というように、事業者が、断定的な判断を消費者に示し、消費者がそれを事実だと誤認して契約するという場合です（消費者契約法4条1項2号）。

　たとえば、「この土地は将来、必ず値上がりする」というようなセールストークは、断定的判断の提供にあたります。このような場合、消費者は、契約等を取り消すことができます。

(C)　不利益事実の不告知

　不利益事実の不告知とは、事業者が、重要事項に関して、消費者の利益になる事実を説明し、かつ、消費者の不利益になる事実を故意または重過失（(6)参照）により告げないで、消費者を勧誘し、そのために消費者側が不利益になる事実は存在しないと誤認して契約をするという場合です。この場合、消費者は、契約を取り消すことができます（消費者契約法4条2項）。

　たとえば、事業者から「窓から富士山を眺めて生活できる」と勧誘され、消費者がそのような生活ができると信じて高層マンションを購入したところ、実際は隣地に同じような高層マンションが建設される予定であり、消費者が購入してから間もなく富士山を眺めることができなくなることを事業者が知っていたにもかかわらず、それを消費者に告げなかったという場合が、不利益事実の不告知にあたります。

(D)　不退去・退去妨害

　消費者が、自宅や会社から退去して（出ていって）ほしいと事業者に言ってい

るのに、事業者が退去しなかったり（不退去）、勧誘を受けた場所（事務所や営業場所）から帰りたいと言っているのに帰してもらえず（退去妨害）、勧誘を受け続けたために消費者が困惑し、そのために契約をすることになった場合、消費者は、その契約を取り消すことができます（消費者契約法４条３項）。

不退去の場合の「退去してほしい」という意思表示は、「帰ってください」と言うことが典型例です。また、契約する意思のないことを事業者に直接に告げることや、「必要ない」「用事がある」「勘弁してください」「お金がありません」などと言ったり、手を振って拒絶を表現することも、退去を求める意思表示になります。

退去妨害の場合には、消費者が「帰りたい」という意思表示をすること、事業者が消費者を退去させないことが要件となります。この「退去させないこと」とは、たとえば、ドアのある部屋に消費者を入れ、鍵はかけてはいないが退去できない雰囲気をつくるなど、物理的に圧力をかけたりするだけでなく、威圧的な態度を示して消費者を心理的に追い込むといったことも該当します（名古屋簡裁平成17年９月６日判決）。

⒠　過量な内容の契約取消し

過量な内容の契約とは、合理的な判断をすることができない事情がある消費者に対し、事業者がその事情につけ込んで不必要なものを大量に購入させる場合です。この場合、消費者は契約を取り消すことができます（消費者契約法４条４項）。

たとえば、呉服等の販売会社が、店舗に来訪した高齢者に対し、認知症のために財産管理能力が低下している状態を利用して、老後の生活にあてるべき資産をほとんど使ってしまうほどの着物や宝石等の商品を購入させた事案（奈良地裁平成22年７月９日判決）があります。

⑶　取り消すことができる期間と取消しの効果

このような消費者契約法に基づく取消しは、本人や代理人が追認できる時点から１年間、契約の時点から５年以内にしなければなりません。この期間を過ぎると、取消権が消滅することになります（消費者契約法7条1項）。

たとえば、本人が契約をした後に成年後見人が選任された場合には、成年後見人が契約締結に気づいてから１年以内に、契約を取り消す必要があります。

⑷　契約の内容が無効となる場合

⒜　事業者の責任の全部が免責される条項は無効

事業者が、消費者に対して不法行為責任や債務不履行責任、契約不適合責任を負う場合に、その責任の全部が免責されるとする契約条項は、その部分が無効に

なります（消費者契約法8条1項1号・3号・4号）。

　事業者の故意または重過失による債務不履行により事業者が責任を負う場合に、その責任の一部を免除する条項も無効です（消費者契約法8条1項2号）。

　具体例として、次のようなものがあります。Aさんは、ある中古自動車の購入をしました。ところが、この中古車に故障が相次ぎました。確認したところ、自動車販売業者が買い取るときの相手が、走行距離のメーターを巻き戻していたことが判明しました。販売業者側は、売買契約書に「販売業者の契約不適合責任を免責する」旨の条項があることから、販売業者には責任がないと反論していました。契約不適合責任とは、商品に欠陥があったら、売主がそれを賠償する責任を負うという売買契約上の責任（民法562条以下参照）ですが、今回は、契約書にこれを免除する特約があったのです。

　中古車は専門家でなければ価値が判定できない商品であり、しかも高額です。このような場合、「そもそも契約において瑕疵担保責任を免責させる条項は無効」とし、Aさんの損害が認められる可能性があります（大阪地裁平成20年6月10日判決）。

(B) 損害賠償の予定額条項の一部無効等

　契約を結ぶ場合に、解除した場合の違約金などが定められている場合があります。このような条項について、違約金の額が、契約を解除することによって事業者に発生する平均的な損害額を超える場合には、その超える部分が無効となります（消費者契約法9条1号）。

　たとえば、大学に入学する場合、合格通知を受け取った後に、入学金や授業料を納めることになると思います。ただ、その契約の中に、「入学を辞退した場合でも入学金および在学している間の授業料は返還しない」とする条項があった場合、授業料については消費者契約法9条の違約金等条項（損害賠償の予定額条項）に該当し、無効となりますから（最高裁平成18年11月27日判決）、入学を辞退した場合には、授業料については返還を受けることができます。

(C) 遅延損害金条項

　契約を結ぶことによって、消費者は代金等を支払うことになりますが、契約の条項には、その代金等の支払いが遅れた場合の遅延損害金や違約金に関する定めのある場合があります。その遅延損害金等の総額が、支払うべき額について年14.6%を超える場合は、その超える部分が無効になります（消費者契約法9条2号）。たとえば、遅延損害金の約定利率を年15%と定めたり、代金と遅延損害金の金額から計算をしたところ年14.6%を上回っていたりした場合などです。

(D)　消費者の権利を一方的に制限する条項は無効

　これらのような、消費者の権利を制限する条項は、不当条項とよばれます。(A)〜(C)で説明した消費者契約法8条・9条に定められている不当条項は典型的なものですが、そのほかにも、消費者の解除権を放棄させる条項があります。事業者に債務不履行がある場合にも、消費者が解除をすることができないとすると、消費者は契約に不当に拘束され続け、すでに支払った代金の返還を受けられず、または、未払代金の支払義務を免れることができません。これも不当条項の典型例です（消費者契約法8条の2）。

　そこで、このような不当条項を一般的に規制するのが、消費者契約法10条です。

　この消費者契約法10条では、民法等の任意規定に比べて消費者の権利を制限する条項であって、民法1条2項に定める信義誠実の原則に反して消費者の利益を一方的に害するものを、無効としています。

　たとえば、居宅の返還に伴う賃借人の原状回復義務について、「通常の使用による損耗（自然損耗）を含む」とした特約は、消費者契約法10条に違反しており、無効です（大阪高裁平成16年12月17日判決）。つまり、通常の使用であれば、原状回復の費用は賃料に含まれていると解すべきだからです。なお、民法改正により同趣旨の規定が設けられました（後述3(D)参照）。

(5)　適格消費者団体と差止請求

　消費者契約法で定められている、不実告知や断定的判断の提供といった誤認を引き起こす行為や、不当条項については、契約を結んだ後にその契約を取り消すことなどによって被害を救済することも必要ですが、そもそも被害を起こさないための取組みも必要になります。

　そのために、消費者契約法等において、差止請求の制度が設けられています。

　すなわち、事業者が消費者契約法4条1項〜4項（前述(2)）に定める行為を実際にしているか、するおそれがあるとき、または、同法8条〜10条（前述(4)）に定める条項を契約の中に設けているときは、内閣総理大臣が認定したNPO法人等（これを適格消費者団体といいます）が、これらの行為を止めさせるように請求することができる制度です。この請求について、事業者が対応しない場合には、適格消費者団体は、差止めを求めて裁判所に訴えることもできます。

　なお、この差止請求制度については、消費者契約法のほかに、特定商取引法等にも規定があり、それぞれの法律によって、差止請求できる対象が異なっています。

(6)　平成30年改正

平成30年6月、「消費者契約法の一部を改正する法律」が成立し、令和元年6月から施行されています。

この改正は、高齢化の進展をはじめとした社会情勢の変化、および民法の成年年齢引下げに対応する措置を講じたものです。以下の①～④とおりです。

① 　社会生活上の経験不足の不当な利用（消費者契約法4条3項3号・4号）。

② 　加齢等による判断力の低下の不当な利用（同項5号）。

③ 　霊感等による知見を用いた告知（同項6号）。

④ 　契約締結前に債務の内容を実施など（同項7号）。

また、不利益事実の不告知について、事業者の故意が要件であったところ、重過失を追加し、要件を緩和する改正も行われました（消費者契約法4条2項）。

さらに、契約が無効となる不当な契約条項が追加されました。

① 　事業者に対し、消費者が後見開始、保佐開始、補助開始の審判を受けたことのみを理由とする解除権を付与する条項（消費者契約法8条の3）。

② 　事業者が自らの責任の有無、限度、消費者の解除権の有無を決定する権限を付与する条項（消費者契約法8条、8条の2）。

2　特定商取引法

(1)　特定商取引法の趣旨

現在の社会では、契約の対象となる商品やサービスの種類は多様・複雑であり、販売方法もさまざまです。しかし、消費者は、事業者と比較して、圧倒的に情報や交渉力が不足しているため、消費者が損害を被ることがあります。

特定商取引法は、訪問販売など消費者トラブルを生じやすい特定の取引類型を対象とし、事業者による不公正な勧誘行為等を規制し、消費者取引の公正を確保するための法律であり、クーリング・オフや契約の取消しについて規定しています。

(2)　特定商取引法の対象となっている取引類型

以下の7つの取引類型及びネガティブ・オプション（送りつけ商法、後掲用語解説参照）について、規定されています。

① 　訪問販売（3条～10条）

自宅等への訪問販売、キャッチセールス、アポイントメントセールス（後掲用語解説参照）展示会商法、催眠商法（SF商法）等、消費者が自ら求めたわけでは

図表1－28　特定商取引法のクーリング・オフ

取引類型	期間	特定商取引法
訪問販売	8日間	9条
電話勧誘販売	8日間	24条
連鎖販売取引	20日間	40条
特定継続的役務提供	8日間	48条
業務提供誘引販売取引	20日間	58条
訪問購入	8日間	58条の14

※　特定商取引法で定められた内容を記載した申込書面又は契約書面を消費者が受け取った日を1日目（起算日）として、8日目が経過するまでにクーリング・オフの通知を発信すればよい。申込書面又は契約書面に不備がある場合は起算日が開始しないので、8日目を過ぎてもクーリング・オフできる。

※　通信販売の場合は、クーリング・オフの行使をすることができないが、販売業者が広告の中で、返品特約に関する表示をしていない場合は、商品の引渡しを受けた日から起算して8日間は、契約の解除ができる。ただし、商品の返還費用は、購入者の負担となる。

ないのに、不意打ち的に事業者が、商品の購入、サービスの提供、特定権利の契約の勧誘をする販売方法です。

②　通信販売（11条～15条の3）

通信販売のテレビ番組やパンフレット・新聞・雑誌・インターネット等の広告を見て、消費者が郵便・電話・電子メールなどにより、商品の購入、サービスの提供、特定権利の契約の申込みをする取引形態です。

③　電話勧誘販売（16条～25条）

事業者が電話により商品の購入、サービスの提供、特定権利の契約の勧誘をする販売方法です。

④　連鎖販売取引（33条～40条の3）

マルチ商法やネットワーク・ビジネスなどとも呼ばれ、「会員になれば、下順位の会員から利益が得られる」などと勧誘されるが、会員になるためには一定の金銭的負担を負うこととなる取引です。

⑤　特定継続的役務提供（41条～50条）

エステ・美容医療・語学教室・家庭教師・学習塾・結婚相手紹介サービス・パソコン教室の7役務が対象であり、長期継続的（エステ・美容医療は1カ月超、他5役務は2カ月超）でかつ、5万円超の取引です。

⑥　業務提供誘引販売取引（51条～58条の3）

内職商法やモニター商法のように、業務（内職が多い）を提供するので、収入

が得られると勧誘し、仕事に必要であるとして、技能講座や商品等の契約をさせ、金銭負担を負わせる取引です。

　⑦　訪問購入（58条の4～58条の17）

　物品の購入業者が営業所以外の場所（消費者の自宅等）において消費者から物品を購入する取引。いわゆる「押し買い」です。

⑶　**事業者**に対する行為規制

　特定商取引法では、事業者に対して、義務（氏名等の明示義務・契約書面交付義務）や禁止行為（不実告知・重要事項の不告知、威迫困惑を伴う勧誘行為、再勧誘）が定められており、法違反に対しては、指示命令、業務停止命令といった行政処分または罰則が適用されます。

⑷　**消費者保護のための民事的な効果に関するルール**

　以下の(A)から(D)の契約解除や取消しの主張を事業者にする場合、契約をした消費者から勧誘時の状況を聞き取り、契約書面の内容の確認したうえ、どの条文を根拠に契約解除や取消しをするのか法律的な判断をする必要があります。

　ここでは、特定商取引法に規定されている契約解除や取消しの概要を記載していますが、詳しいことについては、消費者センター、弁護士、司法書士に相談し、対応するようにしましょう。

（A）　クーリング・オフ制度

　クーリング・オフとは、申込みの撤回や契約の解除を無条件に行うことのできる、消費者に強力な権利を与える制度です。現実にも、消費者の権利保護に大きな効果を上げています。特定商取引法では、訪問販売、電話勧誘販売、連鎖販売取引、特定継続的役務提供、業務提供誘引販売取引、訪問購入について導入されています（特定商取引法9条等）。

　たとえば、事業者が自宅を訪問して商品の販売を勧誘し、消費者がその商品を購入して代金も支払いました。しかし、事業者が帰ってから、冷静になって考えたところ「その商品はいらない」ということは少なくありません。そのようなときに、クーリング・オフをすれば、代金を返してもらうことができるのです。

　クーリング・オフをすることのできる期間は、特定商取引法によって事業者が消費者に交付しなければならないとされている書面を、消費者が受け取った日から8日間です（訪問販売の場合です。この日数は、取引形態によって異なり、連鎖販売取引と業務提供誘引販売取引では20日間となっています。なお、以下では、基本的に訪問販売の場合を想定して説明していきます）。

　事業者がこの書面を交付していない場合や、交付していてもその書面が特定商

取引法の求める記載事項を満たしていなければ、クーリング・オフ期間は進行せず、いつでもクーリング・オフを行うことができることになります。事業者が交付しなければならない書面の内容については、特定商取引法および同法施行規則で詳細に定められています。

クーリング・オフは、書面等を発信した時点から効力が発生します（特定商取引法9条2項）。証拠を残すため、書面でしておくほうがよいでしょう。具体的には、配達証明付きの内容証明郵便で書面を送付しましょう。

クーリング・オフした場合、消費者は、支払った代金を返してもらうことができる一方で、商品を事業者に返還することになります。返還に要する費用は、事業者が負担することになっています（特定商取引法9条4項。ただし、通信販売の場合は除きます）。たとえば、着払いで返送すればよいのです。

(B)　過量販売解除

訪問販売や電話勧誘販売において、購入者にとって特別な事由がないにもかかわらず、通常必要とされる分量を著しく超える契約をした場合、契約の締結から1年間は、契約の解除ができます。（特定商取引9条の2、24条の2）

(C)　中途解約

特定継続的役務提供や連鎖販売取引の場合、クーリング・オフの期間経過後においては、将来に向かって契約解除（中途解約）することが可能です。

(D)　取消権

特定商取引法では、事業者による不実告知や事実の不告知があり、消費者それによって誤認をして契約をした場合その契約を取り消すことができます。（特定商取引法9条の3、24条の3、40条の3、49条の2、58条の2）ただし、通信販売と訪問購入には、このような定めはおかれていません。

この取消権を行使できるのは、追認できるときから、1年間、契約の時点から5年間です。

(5)　注意すべき点——適用除外

(A)　訪問販売、通信販売、電話勧誘販売の適用除外

ところで、訪問販売、通信販売、電話勧誘販売については、特定商取引法の全部または一部が適用されない（適用除外）取引があります。特定商取引法の適用が除外されるのは、特定商取引法を適用することが適さない取引や、すでに他の法律によって消費者の利益を保護することができるとされている取引です（特定商取引法26条1項）。たとえば、営業のためにする取引、国外にいる人への販売等の取引、国・地方公共団体が行う販売等の取引などがあります。

　その他、書面交付義務とクーリング・オフについてのみ適用が除外されるもの（特定商取引法26条２項）、クーリング・オフについてのみ除外されるもの（同条３項・４項）、書面交付義務、クーリング・オフ、取消権等について除外されるもの（同条５項・６項）など、50種類以上の取引が定められています。

　身近な取引について例をあげてみます。たとえば乗用自動車の取引（販売とリース）、化粧品・生理用品の販売、配置薬・履物などの消耗品の販売（使用または消費した場合）、3000円未満の現金取引については、クーリング・オフが適用除外となっています。飲食店、マッサージ、カラオケボックスなどは、書面交付義務とクーリング・オフが適用除外となっています。

★用語解説★

●キャッチセールス

　販売業者が事業所以外の場所で、消費者を呼び止めるなどして誘引し、事業所や事業所以外の場所で取引させるものです。

　Aさんが、休みの日に買い物に行こうと歩いていたところ、歩道に立っていた若い女性から、「有名な〇〇先生の個展を、来週まで無料で開催しています。少しでもお時間があれば見て行かれませんか」と声をかけられました。今日しか休みがないAさんは、「5分くらいならいいかな」と思い、近所の店舗に入店しました。ところが、女性の勧誘員から「癒しの効果がある」「異性にもてる効果がある」などと言われ、その後、ソフトで巧みな話術に断りきれず、100万円の版画をクレジットで購入してしまった、という場合です。

●アポイントメント・セールス

　販売業者が、事業所等で、電話や電子メールなどで営業所等に誘引し取引させるものです。

　たとえば、Bさんが、「コンピュータによる無作為抽出で、カリブへの海外旅行があなたに当たりました。ついては、私どもの事務所に来所ください」という携帯メールを受信して、「すこし気晴らしをしたい。無料ならばいいだろう」と指定された事務所に来所したところ、担当者から英語の教材を購入するように勧められ、80万円の教材を購入してしまった、という場合です。

●ネガティブ・オプション

　ネガティブ・オプションとは、消費者に一方的に商品を送り付け、消費者から商品の返送や購入しない旨の通知がない限り購入する意思があるとして代金の請求をする、というものです（「送り付け商法」ともいいます）。

　そもそも、消費者が「購入する」という意思を表示していないので契約は成立していません。ですから、消費者が代金を支払う義務はありません。また、送り付け

られてきた商品を返還する義務もありません。

　ただし、その商品の所有権は事業者にあることから、消費者が自由に処分をすることができない点が問題となりますが特定商取引法では、次のように定められています。

　商品が届いても、消費者が購入することを承諾しない場合に、商品到着から14日間が経過すれば、事業者は、消費者に商品の返還を求めることはできません。また、消費者が、事業者にその商品を引き取るように請求してから7日間を過ぎても事業者が引き取らない場合にも、同じく、事業者は、商品の返還を求めることはできないことになります（特定商取引法59条1項）。

(6)　消費者被害に対応するには専門家へ相談しましょう

　消費者被害へ対応するには、その契約や販売方法を理解し、複雑な法律を読み解いて事業者と対峙していかなければなりません。クレジット契約が混在すれば、さらに複雑になります。被後見人がこのような消費者被害にあっていることを発見した場合には、消費者問題について専門的に対応してくれる消費生活センター、弁護士や司法書士に相談するようにしましょう。

3　借地借家法

(1)　3つの法律が統合されてできた借地借家法

　借地借家法は、旧借地法、旧借家法、建物保護に関する法律を統合し、平成4年8月1日から施行されました。

(2)　借地借家法における借地権・借家権

　借地権は、旧法には堅固建物かどうかで存続期間の長短がありました。現在の借地借家法では、堅固建物（鉄筋コンクリート造や鉄骨造等の建物）、非堅固建物（木造等の建物）とも30年となっています。

　存続期間が満了した場合、賃借権設定者側（貸し主側）に借地権を解除する正当事由がなければ、借地契約は自動的に20年間、更新されます。

　定期借地権は、50年以上の期間を定めて設定される借地権であり、借地権者に更新する権利を与えないという特約を定めることができるものです。

　定期建物賃貸借権（定期借家権）は、定期借地権と同じように、賃借人に更新を認めない特約を結ぶことができるようにするものです。期間の制限はありません。

　なお、借地借家法が施行される前に結ばれている契約については、平成4年8月1日以降も、依然として旧借地法・旧借家法等の適用を受けることになりますので、注意が必要です。

(3)　消費者問題としての借地借家関係

　本人が賃借権設定者（地主や大家）であるという場合もありますが、ここでは、本人が借地・借家の利用者である場合に限って説明していくこととします。

　借地・借家をめぐる問題としては、主に、契約を結ぶときの問題、契約が継続しているときの問題、契約を更新するときの問題、契約を解除するときの問題に分類することができます。

　また、借地権者・借家権者に不利な契約はその部分が無効です。契約の取消しや無効となりうる場合には本人がそこに住んでいるということを踏まえ、本人の最善の利益を考慮しながら、今後の支援方針を立てる必要があります。

　多くのケースでは、立ち退き料を支払うことで、解決が図られています。

　なお、被後見人である本人の自宅に関して、借地契約や借家契約を解除し、本人がそこに再び住むことができなくなる場合には、家庭裁判所の許可が必要です（☞第3巻第2章Ⅵ④1(C)）。

(A)　契約を結ぶときの問題

　借地契約・借家契約を結ぶ場合、契約内容そのものが問題になることが考えられます。

　借地権を設定する際には、目的、期間、借地料・借家料、修繕義務、原状回復義務などの契約内容が適正なものであるかどうかを検討すべきです。

　契約内容が適正なものではないときは、後見人は、その借地契約または借家契約の締結を見直すことになります。

(B)　契約が継続しているときの問題

　本人に賃料不払いがあったときは、未払賃料を含めて、賃料を支払っていくことができるかどうかを検討する必要があります。支払いが可能な場合には、相手方に交渉して、賃料の支払いと借地権・借家権の継続を働きかけるようにしましょう。契約書に、未払いがあった場合には契約を解除することができると決められている場合でも、未払賃料等を支払えば解除されないこともありますから、「もう何カ月も支払っていないから」などというだけで賃借権設定者との交渉をあきらめることのないようにしましょう。

　建物が老朽化しているにもかかわらず、大家が修理や修繕をしてくれないといったこともあるでしょう。そういった場合は、契約をした当時の建物の老朽化の

調査、負担の有無やその限度について確認する程度や本人の認識、契約書の建物の躯体<small>くたい</small>や付属設備に関する契約条項等を確認する必要があります。

(C)　契約を更新するときの問題

契約を更新するときには、更新料が必要とされることがあります。この更新料については、そもそも更新料を定めることが認められるか、認められるとしてもその金額が妥当か、ということが問題になります。

判例は、さまざまな事情を総合的に考慮したうえで、高額すぎるなど特段の事情がない限り、更新料を定めることについては適法であるとしています（最高裁平成23年7月15日判決）。

しかし、その額は合理的である必要がある、というだけで、その他の明確な基準はありません。契約時における当事者の認識、設定されている更新料の有無、周辺の賃料等の価格の状況、事例における特殊な事情、地域の慣習などを考慮することになります。

(D)　契約を解除するときの問題

(a)　立ち退き

契約を解除するときには、立退料や原状回復が問題となります。

賃借権設定者が、借地権者（借家権者）に対して、立ち退いて自分に引き渡してほしいと求める場合には、正当な理由が必要になります。たとえば、正当理由には、「大家や家族が自分で住む場合」「老朽化による建て替えの場合」などがあります。場合によっては、正当事由を補充するために立退料が支払われることもあります。

(b)　原状回復

契約を解除する際には、賃借人は、賃貸人から原状回復を求められます。原状回復とは、借りていた居室を、借りた当時の程度まで回復することをいいます。

そもそも民法の賃貸借契約に関する規定では、建物の修理は貸し主の負担で行うこととされています（民法606条1項）。

しかし、この規定は任意規定であることから、当事者がこれに反する契約をすれば、そちらが優先されることになります。

そのため、賃貸借契約においては、原状回復義務を借り主側に負担させる内容の特約が付けられることが行われています。そして、賃貸借契約を結ぶ際に差し入れさせた敷金で、原状回復に関する費用を賄い、残った分だけを借り主に返す、ということが行われていたのです。

しかし、そもそも建物や居室を利用させてそこから収益を得るにあたっては、

利用に供される借家そのものが、年を経るに従って自然に耗損すること（経年劣化）がわかってしているのですから、借り主が支払う賃料には、経年劣化に対応するためのコストが含まれていると考えられます。だからこそ、民法でも、自然損耗分については貸し主が負担すべきとしているのです。

　このような問題から、現実に多くの紛争が生じ、裁判にもなりました（たとえば、大阪高裁平成16年12月17日判決）。そこで、このようなトラブルを事前になくすため、国土交通省が、原状回復についての考え方を「原状回復をめぐるトラブルとガイドライン」として公表し、この中で、貸主が負担すべき部分と借主が負担すべき部分とを示しています。

　たとえば、通常使用では発生していないと思われる損傷など特段の事情がない限り、6年以上の居室賃借期間であれば、大家（貸し主）が家屋の自然損耗部分について、ほぼ100％の負担を負い、借り手側は負わないとされています。

　なお、令和2年4月1日施行の改正民法でもそのような規定が新設されました（民法621条）。

（第3章Ⅲ　松本　恵子）

第３版あとがき

　市民後見人の育成については、これまでは先進的な市町村が取り組んできたという感じが否めませんでした。また、最高裁判所事務総局家庭局が毎年公表している「成年後見関係事件の概況」において、成年後見人等の選任数のデータとして「市民後見人」という言葉が初めて登場したのは平成23年でしたが、その後の選任数の伸びは鈍いものがありました。

　しかし、平成28年５月に「成年後見制度の利用の促進に関する法律」が施行されてから、全国各地における成年後見制度に関する取組みは、明らかに進み始めています。そして、国の成年後見制度利用促進基本計画では、市民後見人については、その育成だけでなく、地域連携ネットワークの中でその活用・支援体制も含めて取り組むことが求められています。地域福祉における社会資源として、市民後見人に対する期待はますます高まっていくとともに、市民後見人となられた方々が安心して活動できる環境が構築されていくものと思います。

　支援を必要としているご本人には、表情を失っている方々もいます。後見人として活動していく中で、ご本人の表情に変化が生まれ、そこに笑顔を発見したとき、私たち自身も笑顔になります。市民後見人の皆様には、市民後見人としての特性を活かしご本人に寄り添い、多くの笑顔をつくっていただくことを期待します。

　本書は、市民後見人育成のためのテキストとして、専門職後見人として豊富な実務経験を蓄積してきた本法人が総力をあげて編集したものであり、実際に市民後見人としての活動を始めた方々にも座右の書として活用していただいております。そして、市民後見人の皆さまとともに、本書もまた成長を続けていかなければならないと考えております。

　編集に際しては、各界の第一線でご活躍され、これまで私たちに多くの知識や助言をくださった方々に多大なお力添えをいただきました。今回第３版の改訂にあたっても、お忙しい中、重ねてご協力を賜りました関係機関の皆さま並びに執筆者の皆さまに深く御礼申し上げます。

公益社団法人成年後見センター・リーガルサポート出版委員会委員長　山竹　葉子

事項索引

〔編者所在地〕

公益社団法人　成年後見センター・リーガルサポート

〒160-0003　新宿区四谷本塩町4番地37号　司法書士会館

電話　03-3359-0541

http://www.legal-support.or.jp/

市民後見人養成講座　第1巻〔第3版〕
　成年後見制度の位置づけと権利擁護

令和2年7月15日　第1刷発行

令和5年10月6日　第2刷発行

定価　本体2,300円＋税

編　　者　公益社団法人　成年後見センター・リーガルサポート

発　　行　株式会社　民事法研究会

印　　刷　文唱堂印刷株式会社

発 行 所　株式会社　民事法研究会

〒150-0013　東京都渋谷区恵比寿3-7-16

〔営業〕TEL 03(5798)7257　FAX 03(5798)7258

〔編集〕TEL 03(5798)7277　FAX 03(5798)7278

http://www.minjiho.com/　info@minjiho.com

落丁・乱丁はおとりかえします。ISBN978-4-86556-363-4 C2036 ￥2300E

カバーデザイン・関野美香